エリーザベト・フルトヴェングラー 一〇一歳の少女

フルトヴェングラー夫妻、愛の往復書簡

Lektorat: Ulrike Bruckner
Printed in the European Union

目次

日本語版刊行にあたって（エリーザベト夫人から訳者へのメッセージ）…… 5
はじめに…… 6

第一部　エリーザベト・フルトヴェングラーとの対話 …… 9

プロローグ…… 10
日記　その一…… 14
第一章　カティンカ…… 16
日記　その二…… 33
第二章　ハンス・アッカーマン…… 34
日記　その三…… 49
第三章　マリア…… 50
日記　その四…… 61
第四章　ヴィルヘルム・フルトヴェングラーとの結婚…… 62
日記　その五…… 73
第五章　第三帝国と戦後…… 74
日記　その六…… 86
第六章　残り少ない人生…… 87
日記　その七…… 96
第七章　フルトヴェングラーの性格…… 97
日記　その八…… 107

第八章　モニ・リックマース……109
日記　その九……114
第九章　アルマ・マーラーとオスカー・ココシュカ……116
日記　その十……121
第十章　アクラ・シルヴァ……122
日記　その十一……127
第十一章　三人のベルリン子たち……129
一、カルラ・ヘッカー……129
二、ボレスラフ・バルロク……131
三、ヘレネ・マチェンツ……133
日記　その十二……136
第十二章　死後の名声……138
日記　その十三……151
第十三章　カルロス・クライバーとの文通……152
日記　その十四……160
第十四章　ＥＦへの最後の問い……162

第二部　往復書簡

第二部　往復書簡……189
訳者あとがき……343
参考文献……346

日本語版刊行にあたって（エリーザベト夫人から訳者へのメッセージ）

親愛なる野口さん、

このたびクラウス・ラング著『エリーザベト・フルトヴェングラー〜九五歳の少女』（原題）が、日本語に訳されて出版されることを、私は本当に嬉しく思っています。あなたの堅実かつ高度に専門的な翻訳の仕事に対し、心からお礼を申します。

あなたの国には、ヴィルヘルム・フルトヴェングラーの作曲と演奏にたくさんのファンがおられますから、この本にも高い関心が寄せられることでしょう。著者のクラウス・ラングが努力した点、つまり感情の面でも、情報の面でもヴィルヘルム・フルトヴェングラーのイメージが新たに正しく伝わることを願っています。

やがて刊行されるこの訳書が、どんな反響を生むことでしょうか。これにもとても関心があります。今から三十年前に私は日本にまいりましたが、これまで多くの日本の音楽愛好者の訪問を受けました。私はあなたの国との深い絆を育むことができました。

あなたもよくご存知のように、私はそうこうしているうちに百歳になりました。この本のタイトルも、もはや過去のものとなってしまいましたね。あなたと出版社の大坪社長には、本当にお疲れさまと申し上げます。

「心から心へ」挨拶申し上げ、失礼いたします。

二〇一一年十一月八日、クララン

あなたの
エリーザベト・フルトヴェングラー

はじめに

もともと私は、自分の仕事には一区切りつけていた。放送局を退社して年金暮らしになり、それからは自由な著作家として、二〇〇三年から二〇〇四年にかけて、『モーツァルトの生家』と『エーリヒそしてカルロス・クライバー』という著作を書きあげた。また、ヴィルヘルム・フルトヴェングラーと彼の個人秘書アガーテ・フォン・ティーデマンが戦後やり取りした手紙を熱心に読んでもいた。そこに誘惑が訪れる。二〇〇五年八月初旬、私の留守番電話に七回もの録音が残されていたのだ。「すぐに電話を下さい！」悪い予感がした。なぜなら、私と妻はエリーザベト・フルトヴェングラーをスイスに訪ねたばかりで、とても元気そうなのを知っていたからだ。いや、彼女が元気だったのは良いのだが、彼女について一冊の本を書くという提案が様々な面からなされていたのである。私が著者にならねばならないのは明らかだというのだが、私にとってはそんなに明らかではなかった。彼女の九五歳の誕生日まで、数ヶ月しかなく、この仕事には時間が足りない。調査の上でこの本を執筆するには、むしろあと一年は必要だと思った。

エリーザベト・フルトヴェングラーと私は、ヴィルヘルム・フルトヴェングラーの二十回目の命日である一九七四年十一月三十日に知り合った。以来三十年以上もの歳月が流れているが、私が音楽担当者として自由ベルリン放送に勤めた三十三年間に、彼女に匹敵する人には出会わなかった、と白状せざるを得ない。数えきれない手紙のやり取り、インタビュー、放送、出版、そして定期的に訪問し合うことを続けるうちに、私たちはとても親しくなった。だから、エリーザベト・フルトヴェングラーについて一冊の本を書くという提案を受けるということは、彼女に借りを感じていた友人としての務めを果たすことになるだろう。そして結局、彼女は筆者に私を選んだのだった。

今や全く確かなのは、私はスポークスマンとしてはふさわしくないということだ。前にセルジュ・チェリビダッケ（一九八八）やヘルベルト・フォン・カラヤン（一九九二）について書いた著作では、私は彼らについての知識を全く持たず、影響を受けることなく執筆できた。だから、これらの著作は批判的で公正なものになったが、当時の二人の指揮者からの賛同は得られなかった。一方、エリーザベト・フルトヴェングラーにおいては、そうした明快なスタンスをとるのがとても難しくなる。彼女は私を非常に信頼してくれているからである。もちろん、彼女ほどの人なら、一冊の本にその人生をまとめるのには意味がある。彼女はヴィルヘルム・フルトヴェングラーの未亡人であるというだけでなく、皇帝の時代にさかのぼる歴史を生き抜いた、非常に知的で自立した比類ない人間なのだから。

だから私は、テープ・レコーダーを再び持ち出してきて、予定された対話を、全てそれに収めることにした。そして、二〇〇五年九月にそちらにうかがいたい、とクラランに住む彼女に連絡した。十日間のインタビューは彼女の生涯全体にわたり、少女時代の写真や手紙を必要とするまでになったのだ。九五歳にもなる女性にとっては何と傍若無人な頼みであったことだろう！

まず解決しなければならない問題があった。つまり、私たちは「du（君＝親称）」で話すべきか、「Sie（あなた＝敬称）」で話すべきか、ということである。自由ベルリン放送にいた時分、私は何百人もの音楽家と話してきたが、いつも「君du」を避けてきた。なぜなら、その呼び方は本当に仲間になってから使うものだからだ。エリーザベト・フルトヴェングラーはしかし、私に三回も「du」で話そうと提案してきた。二回は断ったものの、三回目も断れば彼女の気分を損ねるだろうから、ついにそれを承諾した。私たちは二人とも正直であり、そうでありたかったので、本書でも親密な「du」を残している。［訳注　ただし本訳書ではドイツ語をそのまま翻訳することで生じる日本語としての違和感、また質問者ラングとエリーザベト夫人の年齢差を考慮し、二人の間の親密さは尊重しつつも、やはり夫人に対しては敬称で呼びかけ、丁寧語で話すように訳した。日本人が読む場合はこのほうがしっくりすると判断したので、読者のご了解をいただければ幸いである。］

しかし、私はそれにもかかわらず、読者に興味と信頼を得させるような距離を、いかにして取るべきだったろうか？　これは難しいことだった。なぜなら、エリーザベト・フルトヴェングラーは、いつも私の問いに保留することなく、喜んで答えたからである。この自発性への喜びを、彼女は今日まで持ち続けている。対話を始める前にもなお、彼女は言った。「私は努めて本当のことを言いたいのよ。」率直に、誠実に、正確に、そして確実に・・・私が彼女と知り合ったのは最初からそのようだったのだ。今回は―私は急いでいた―彼女に最大の集中を要求することになった。

そして彼女の心の部屋へと私は迫っていった。なぜなら彼女に、ヴィルヘルム・フルトヴェングラーとのラブレターを読ませてくれるよう頼んだからだ。一九四一年から一九五四年にかけて書かれたこの五百通もの手紙は、貴重な宝石箱の中で、注意深くしっかりと守られている秘密であった。しかし、驚いた。何の確認も制限もしないで、彼女は私にこう言って宝を全て渡してくれたのだ。「これの中身、あなたの好きなようにしていいわよ。」信頼されるのは良いが、それが私を数ヶ月に渡って必死に働かせることになってしまったのである。

手紙には封筒に入れられているものもあったが、消印の付いた切手という、私には価値ある証拠がしばしば得られないことがあった。だから、日付のわからない手紙は、その内容を確かめ何度も分類しなければならなかった。興味深かったのは、二人の手紙が別々のファイルにあったということである。エリーザベト・フルトヴェングラーは夫の手紙を読み、彼女自身のは読まないようにしていたのだ。それゆえに、私は二つの点において開拓者であった。すなわち、第三者としてそもそも手紙を閲覧できるということと、分類した後に文通を時系列的に初めて読めるということである。ヴィルヘルム(W)はドイツ字体で、エリーザベト(E)はラテン字体で書いていた。だから彼らの二五年という年齢差は、世代の違いでもある。彼らによって言われたり書かれたりしたものから矛盾が生じているかもしれない場合、コメントはしないでそのままにしてある。回想と事実はまさにここでは「相まって正しくなる」のである。

材料はたっぷりあったが、制限を設けなければならない。古くからある作劇上の原則は、材料を集めた後にようやく、作品の形式が生まれるということである。材料とはここでは彼女との対話、私自身の二〇〇五年九月の日記や覚え書き、そしてEとWの往復書簡である。私の覚え書きはエリーザベト・フルトヴェングラーの日常生活を活写するものであるので、「今ここで」言われているものとして十四の回想の対話に組み込んだ。そして、私の全く個人的なコメントが加えられ—再び強調するが—EFが全く検閲することのなかった書簡集が、この本の最後の部分である。

昔の写真は、クララン のフルトヴェングラー邸である「バセ・クーロ」に潤沢にあった。それに私はどこでも自分のカメラを離さなかった。表紙の写真では十三歳と九五歳のエリーザベトが一堂に会している。本の副題「九五歳の少女」について彼女は何も異を唱えなかった。それどころかクエスチョン・マークをニヤニヤしながら付け加えてくれたのだ。

二〇〇七年六月

クラウス・ラング

第一部　エリーザベト・フルトヴェングラーとの対話

プロローグ

KL（クラウス・ラング）「戦いは続く」・・・エリーザベト、この副題をヴィルヘルム・フルトヴェングラーは彼の最後の作品である第三交響曲の終楽章に与えています。これによって彼は何を考えていたのだろう。そして彼の死後、それはあなたにとって何を意味したのですか？

EF（エリーザベト・フルトヴェングラー）　言ってみれば、それはそもそも二重の戦いだったのよ。第三帝国が崩壊した後に悲劇的だったのは、フルトヴェングラーはかつての状況を取り戻すために大いに戦わねばならなかったということなの。彼はその前にも後にもアメリカから全く不当なひどい仕打ちを受けているのよ。亡命したユダヤ人、たとえば、ヴァイオリニストのナタン・ミルシテインのような人たちがアメリカから彼を弁護したのにね。当時ドイツ人は確かに皆、非ナチ化の審議を受けていた。有名人になると、戦勝四ヶ国、つまりイギリス、フランス、アメリカ、ロシアの全てが許可を与えなければならなかったのよ。フルトヴェングラーの場合は三つの連合国が既に許可を与えていた。そもそも全てが明るみになっていたからなのよ。アメリカだけがそれに抵抗した。彼の死後までそれは続いているのよ。否定的な事が出て来るのは、たいてい彼らからだったわ。おそらく競争相手とのいがみ合いのためでしょう。

KL　なぜアメリカ人はこんなに長くフルトヴェングラーに反対しているんですか？

EF　おそらくトスカニーニと彼の支持者たちのためよ。彼らが使ったのは―後でわかったように―フルトヴェングラーに対して使うことができない論拠だった。

KL　フルトヴェングラーは既に一九二五、二六、二七年に、ニューヨーク・フィルを指揮するため招待されています。当時それはアルトゥーロ・トスカニーニとの重大な軋轢を生みました。

EF　でもそうなったのはフルトヴェングラーのせいではなかったのよ。

KL　フルトヴェングラーはトスカニーニから脅されていると感じていなかったのですか。

EF　いいえ、全くそんなことはなかった。フルトヴェングラーは確かに異質だったのよ。彼は異質であろうとした。較べるとそれがはっきりしたのよ。既に当時アメリカではかなり多くの人々が、偉大なドイツ音楽を―彼がそれらを指揮するように―理解していた。彼らはフルトヴェングラーを非常に評価していたの。いいえ、フルトヴェングラーもトスカニーニの演奏にとても感銘を受け、一度は彼をミラノのスカラ座まで聴きに行ったのよ。当時、私はヴィルヘルムとまだ結婚していなかった。彼はトスカニーニを信じられないくらいすばらしい存在だと思っていたわ。

KL 全然違う解釈でも、完全に受け入れることができたのですか？

EF ええ、フルトヴェングラーが欲していなかった唯一のことは、実際は褒められるべきでないトスカニーニの演奏が褒められることだったのよ。

KL たとえば、ベートーヴェン。

EF そう、そしてブラームスも。

KL 話を第三交響曲の終楽章に戻しましょうか。「戦いは続く」

EF つまり、彼はまず国際舞台へ復帰するという自らの戦いをしなければならなかったのよ。

KL でもフルトヴェングラーは、何よりもドイツ文化のため、同時代に優れた作曲を残そうと戦っていたのでは。

EF もちろん。彼の戦いはいつも実際的なものだった・・・

KL ・・・彼自身の作曲でも、たとえば調性やソナタ形式を守ろうと戦った。十二音技法を彼は有機的ではないと思っていた・・・

EF ・・・でも、彼はずいぶん他の現代作品に関心を寄せ、指揮しているのよ。忘れてはいけないのは、彼はストラヴィンスキーの《春の祭典》を指揮し、シェーンベルクの変奏曲の初演をしたということなの。

KL ヒンデミットは・・・

EF 彼はヒンデミットととても親しくて、その作品を評価していたわ。他の人の曲にはもちろん理解できないものもあった。でも彼はある時こう言ったのね。「僕が現代の作曲に興味がないという主張ほど、間違っているものはないね。まず僕自身が作曲しているのだから。」

KL 彼の考えは、聴衆が最良のものを聴かねばならないということでした。結局、彼は作曲家として、自分の作品も演奏されることを望んでいた。なるべく自分の死後もです。だから、「戦いは続く」のであり、これは彼が亡くなった後では、あなたにとっての戦いでもあったわけです。

EF ええ、そう言えるわ。私は何度も物事を正さねばならなかったのよ。友だちと何かを話し合った後でもよ。たとえば、彼についてそもそもとても肯定的に書いた人がいたの。でもこの筆者はそれからこう言ったのよ。フルトヴェングラーは非ナチ化の審議で、自分はナチの占領国では指揮しなかったと主張しているが、デンマークとプラハでは指揮しているではないか、と。しかし事実はというと、フルトヴェングラーはドイツが戦火を交えたフランスとベルギーでは戦時中は指揮をしなかったのよ。偉大なドイツ・オーストリアの指揮者の中では唯一そうなのね。彼はベルリン・フィルとはフランスを演奏旅行していないの。それを彼はしたくなかったし、「いや、僕がそれをするのはよくない」と言っていたのよ。

KL 彼は占領地域では指揮しなかった。

EF でも、これをフランス人は完全に理解していた、と言い切ることはできないわ。たとえば、クナッパーツブッシュとベームは演奏旅行をした。「クナ」のことは詳しく知っているわ。ヴィルヘルムは「クナ」をよく思っていたけれど、「彼が演奏旅行をしても、僕はしない」と言っていたのよ。

KL でも、フルトヴェングラーは一度プラハには行きましたね。

EF そう。そこの人々は彼を好きだった。望まれていたのよ。でも、もっと重要なのは、彼が一度コペンハーゲンに行ったことね。それはこういう次第だったのよ。彼は一九四二年にベルリン・フィルとストックホルムに招待されていたの。そこでオーケストラは彼に頼んだのね。「おお博士、お願いです。コペンハーゲンまで一緒に行くのはとても遠くて大変です。我々が少し休んでいる間に、行って指揮してきていただけませんか。」これを彼は納得したのよ。ドイツ人はコペンハーゲンには全くいなかった。デンマークはノルウェーへの通過点として使われていたのね。それをナチは、乱暴なことにも手中に収めてしまったのよ。彼らはデンマークでは何もせずにこの国を占領したわけよ。

KL フルトヴェングラーがコペンハーゲンで指揮したことは問題ないと?

EF ええ、もちろん。彼は自分に懇願したベルリン・フィルを喜ばせたのよ。「お願いです。これで我々の演奏旅行はかなり楽になります。」これにフルトヴェングラーは同意し、ストックホルムでは二回の演奏会をしたのよ。ホールは超満員で、まだ人々が入ってこようとしていた。彼らはデンマーク人だったの。ベルリン・フィルとフルトヴェングラーを求めていたのはデンマーク人たちだったのよ！　彼らは抗議し、それに対して戦おうとしていたのか？　いいえ、彼らはフルトヴェングラーを聴きたかったのよ。

日記　その一

昨日、九月五日の木曜日、私はクラランに着いた。「イージー・ジェット」によるベルリン・シェーネフェルト空港からジュネーヴまでの飛行は、私が思ったほど「イージー」ではなかった。予約番号を持ってチェックイン・コンピューターのところへ行かねばならなかったのは、チケットがもうなかったからである。少なくとも私のかばんを持ってくれる、親切な人はいつものように見つけた。ここでは「早く来た者から乗せる」のがモットーなのに、飛行機には全く乗せてはくれない。二時間早く着いておくべきだった。飛行機の出発は二時間遅れたのである。途中で着陸するブダペスト空港の滑走路で、バス運転手たちがストライキをしていたのだ。

ようやく十八時三十分にジュネーヴに着くと、すぐ列車に飛び乗ったが、この列車はモントルーにはどうしても停車してくれなさそうだった。ローザンヌで別の列車に乗り換えモントルー着、そこからタクシーに乗り、ＥＦ邸「バセ・クーロ」に着いた時にはもう二十一時になっていた。高齢の女性には、余りに遅い時間だ！　私は携帯電話を持たないことにしているので、遅刻をあらかじめ知らせることができなかった。何度となく謝ったものの、なんとも気まずいことだった。

ＥＦは私を、驚くべきことにベートーヴェンの「ミサ・ソレムニス」が流れる中で抱きしめてくれた。手に鞄を持ったまま、私はそれがベームの録音ではないかと考えていた。ピザが温め直された。おいしそうなサラダがちょっと気になる。仕事のアウフタクトでつまずいてしまった私は—いくらか気分が落ち込んで—ＥＦ、そして新しい家政婦のベルベルと食卓を囲んだ。

クラランでの私は、まだまともに仕事のできる状態ではなかった。これから十日間ここに住んで、毎日自分のマイクを取り出しては、働きに働かねばならないのだ。昔、このような仕事をしていた時にずっと苦しめられていた不安がよみがえってきた。対話をちゃんと導くことができるだろうか。機材は作動するだろうか。ＥＦと私の健康は大丈夫だろうか。二人で対話に集中を続けられるだろうか。

この晩は遅くはならなかったが、就寝する前、なんとしても確かめておきたかったのは、テープ・レコーダーがこの旅行中で壊れていないかということだった。考えてみると、私は二年半もの間、録音をしていなかったのだ。

レコーダーを電源と繋ぎ、カセット・テープを入れ、マイクの調子を確認し、スタート・ボタンを押してしゃべってみた。

「一、二、三、四」全てはすらすらとうまく運んだ。嬉しかった。少しほっとした私は眠りについた。

第一章

カティンカ

KL エリーザベト、まずあなたに関してお聞きします。私たちが一緒にさかのぼってみたいのは、あなたの出自、子供の時代、そして青年時代です。家系の最初には、あなたの祖母ファン・エンデルトがいます。彼女はあなたと同じエリーザベトという名前でした。レマン湖を臨むテラスには、彼女のブロンズのレリーフが掛かっています。これは遺品ですか？

EF ええ、そうよ。この祖母エリーザベト・ファン・エンデルトはノイス・アム・ラインに住み、七人の子をもうけ―こういう子だくさんは当時は普通だったのだけれど―、そして三十二歳で未亡人になったの。一九〇〇年より前、祖母は祖父が始めたルドルフ・ファン・エンデルト商店を引き継いだのよ・・・

KL ・・・まだブラームスが生きていた時代です。

EF ・・・そうね、本当に。当時デュッセルドルフの人々は、ファン・エンデルト商店で自分の娘のための持参品を購入したのよ。大きな物をね。商店には衣服、家具、そして食器もあったのよ。運河沿いの通りにあった祖父の家はとてもきれいだったわ。

KL 名前からすれば、あなたはもともとオランダ出身なのですね。

EF そう。とても面白いわ。

KL あなたはそうは思っていないでしょう。

EF いや、それでいいのよ！　何も反対することはないわ。

KL あなたは祖父ファン・エンデルトを覚えていますか？

EF いいえ、全く。彼はずいぶん早くに亡くなったのよ。とても重要なのは、母たちがいつも大きな役目を演じたということよ。祖母、そして後には再び彼女の娘たちが―つまり女性が―いつも前面に出ていたのね。知ってほしいのだけれど、このエリーザベト・ファン・エンデルトが信じられないほど有能な女性だったのよ。私の母は確かに何かにつけて文句があったとしても不思議でないのに、彼女については決して悪口を言わなかった。そのブロンドの巻き毛と態度は、彼女を聖女のように見せていたのね。巻き毛は私にも受け継がれているの。彼女の娘の一人は、エリーザベト・ベーム・ファン・エンデルトだった。

KL またエリーザベトですね。まずあなたの祖母、それからあなたのおば、そしてさらに続いていきます。このエリーザベト・ベーム・ファン・エンデルトという人は、ノイスに生まれ、フルトヴェングラーより十歳年上の音楽家でした。

EF 彼女はノイスの合唱団で歌手のキャリアを始め、若い頃にドレスデンの宮廷歌劇場で歌って認められ、それからベルリンの宮廷歌劇場とドイツ歌劇場で歌ったのよ。

KL 一九〇九年、彼女はドレスデンでのリヒャルト・シュトラウス《エレクトラ》初演で端役を歌っていますね。

EF そうね。彼女は音楽家でもあったベーム氏と結婚した。彼女の妹だったカティンカ、つまり私の母とは、自分に合うと見るや男を変えるという点で共通していたのよ。彼女たちは魅力に溢れていたわ。エリーザベト・ファン・エンデルトはとても美しい女性だった。私の母はそんなに美しくはなかったけれど、とてもチャーミングではあったのよ。

KL エリーザベト・ベーム・ファン・エンデルトは―あなたが言ったように―ベルリンの王立歌劇場、後のベルリン州立歌劇場で歌いました。ですから、もちろんうかがいたいのは、彼女をヴィルヘルム・フルトヴェングラーは知っていたかどうか、そして彼は彼女と共演したかどうかということです。

EF いいえ、面識や共演は全くなかった。しかし、私はヴィルヘルムに尋ねたことがあるの。「あなたは当時エリーザベトおばさんが歌うのを聴いたことがある?」「ああ、シュトラウスの《薔薇の騎士》をね。」「彼女はどんな風に歌ったの?」「どう歌ったかはもう覚えていないな。でも一つだけは言える。彼女の脚はこれまで僕が見た中で最も美しかったんだ。」これは当時ではなかなかエキサイティングなことだった。女性は皆長いスカートをはいていたから脚は見えなかったのよ。でもエリーザベトおばさんの脚がすばらしいのはわかったのね。後には彼女は歌曲をよく歌っていたわ。

KL 彼女はベルリンで声楽の先生もしています。二度目の結婚はエレクトローラ社の社長クルトとでした。

EF ええ、ユダヤ人とね。彼女は夫とイギリスへ、それからアメリカにも行ったのよ。

KL レコード会社エレクトローラに関して言えば、「ヒズ・マスターズ・ボイス」がフルトヴェングラーと何の結びつきもなかったというのは、私には驚きなのです。

EF　いいえ、レオ・ベルンハルト・クルトは世代が違ったの。エリーザベトおばさんが生まれたのは既に一八七六年、私の母は一八七九年、そしてこの時代の夫は基本的に妻より年上だったのよ。LBおじさんと家では呼ばれていた彼はとても親切だった。そして彼は何とか難を逃れたのよ。夫婦はナチ時代が始まってすぐに亡命したわ。ベルリン時代、LBはエレクトローラ社の代表として歌手たちのためにとても尽力したのね。フルトヴェングラーは当時彼との関係はなかった。関係を持つのはだいぶ後になってのことだったの。彼をまだ知らなかったのね。

KL　いよいよあなたの母親カタリーナ・ファン・エンデルトについて話しましょう。彼女は信じられないくらい長い名前を持っていた。カタリーナ・ファン・エンデルト＝デーレン＝アルベルト＝フォン・オーハイム＝フォン・カルドルフ。四回結婚すると名前が五つになります。このカタリーナは「カティンカ」と呼ばれていました。最初からそうだったのですか？

EF　ええ、そうよ。彼女は音楽を愛していたわ。そして私がずいぶん早くからオペラを知ることができたのは、母がベルリンに何度も連れて行ってくれたからなの。しかし彼女の才能は、政治と歴史を考えることに一番発揮された。その才能が際立っているのは、当時フォン・ミルバッハ伯爵によって見出されたのよ。彼は言ったの。君は国会へ行くべきだ、やってごらんなさい、とね。彼女は言われた通りにし、一九二〇年マグデブルクでDVP［訳注　ドイツ人民党］から立候補したの。DVPはドイツの大衆政党で、グスタフ・シュトレーゼマンが一九一八年に作った。彼女はだから本当に国会議員になったのよ。

KL　しかし、さしあたって彼女は政治の世界には入らず、リヨンの修道院寄宿学校に行きました。

EF　ファン・エンデルト家はカトリックだったの。これは大きな役目を果たしていて、彼女は十九歳の時カトリックの男と最初の結婚をしているわ。彼の名はフェリックス・デーレンといい、とても優しい人だった。一九〇五年までに彼女は四人の子をもうけることになるの。長男、つまり私の兄ヴィタルは一九〇〇年に生まれ、それから姉のカティアが一九〇一年、マリアが一九〇三年、最後に兄のパウル・フェリックス、いわゆる「ボーイ」が一九〇五年に生まれたのよ。また後で全部を話すことになるでしょうね。

KL　驚かされるのは、あなたの母カティンカは既に十九歳で結婚し、あなたの祖母からは職業上の影響は受けていないということですね。

EF　ええ。ちょっと待って。母は全てを自分でしたのよ。彼女はとにかく非常に高い知性と関心を持ち、まず自由な女性であろうとしたのよ。

KL 彼女は若くして結婚してすぐに子供を作りたかったのでしょうか？

EF 子供に関しては自然とそうなったのよ。母は自慢の子供たちといつも一緒に写真を撮ったわ。彼女はどこでも魅力的にふるまった。そして彼女の姉エリーザベトは―私は彼女を弁護しなければならないけれど―しっかり歌手として職業訓練を受けていたの。アメリーおばさんは、この中では一番若くてきれいな脚をしていて、結婚していてチャーミング。でも、―私もそうだったけれど―無職だったのよ。魅力的にしていてそれがよい結婚へと至るのは、私には別に悪いことだとは思えなかった。アメリーおばさんとは違って、他の姉妹はまるでシャツを替えるように男を替えていたわ。

KL 一九〇五年か一九〇六年には、あなたのお母様の最初の結婚が既に終わっています。彼女はただ逃げ出したのです。ともかくこの時、子供たちはようやく五歳、四歳、二歳になったばかりくらいの若さでしょう。

EF 最も若い「ボーイ」は父デーレンの子ではなかったのよ。この子は既に私自身の父エルンスト・アルベルトとの間にできていたの。私の母は最初の夫と別居していたのよ。エルンストはそもそもとても気品があって親切な人だった。私自身の父に至るまでの全てのことは後で知ったの。彼が転落死した時、私は生まれて六ヶ月だったからよ。

KL カティンカの最初の夫、フェリックス・デーレンは工場主だった。

EF いいえ、彼は技術者だったの、特殊金属のね。一九一八年に戦争が終わると、自動車がたくさん作られるようになったのだけれど、まだまだ足りなかった。フェリックス・デーレンは私の母と別れた後で、とても安定した合金を見つけたのね。それはどこでも高値で売れたので、彼はグリコ金属工場を設立することができたのよ。たちまちにこのとても有能な人は大金持ちになっていたのね。私の母の最大の望みも、お金持ちになることだった。彼女はお金が貯まらない性格だったので、上流階級の人になるにはお金が必要だったのね。でも、デーレンがまだ月々普通の稼ぎしかない時に、彼女は私の父であるエルンスト・アルベルトと知り合ったの。彼は母にはうってつけの人だった。百万長者の息子だったのよ。彼の父ハインリヒ・アルベルトは商業顧問官で薬剤師。化学肥料を考案し、アルベルト化学工場を作ったの。アルベルト家というのはとてもしっかりして、極めて品のある、真面目な、古めかしいほど真面目な人たちだったのよ。

KL だから、エルンスト（Ernst ＝真面目）と言うんですね、あなたの父は。

EF　そう、まだあるのよ。アルベルト家はそもそも自然だけを愛し、それで十分だったの。そこで母は考えた。今や自分の時が来た、とね。彼女はそこに人生を移したのよ。

KL　そして、彼女は夫フェリックス・デーレンと四人の子供を残し、「一人で罪をかぶって別離した」。

EF　可愛そうなフェリックス・デーレンには二人の姉妹がいたの。この姉妹は修道院長だったけれど、彼にこう言ったの。「エルンスト、カティンカは酷い女よ！　一番若い子は他の男との子でしょ？　これは私たちの子よ。」二人は子供たちにカトリックの教育をするよう彼に頼んだのね。可愛そうなフェリックス・デーレンは、命じられたことをしたにすぎないのよ。

KL　それでは子供たちはどうなったのですか？　突然彼女たちには母親がいなくなったわけだから。デーレンはすぐに再婚したんですか？

EF　彼の再婚はずいぶん後だったわ。子供たちがもう大きくなってからのことね。大変な時代だった。彼から母に宛てた手紙をみんな持っているわ。最後の彼の手紙は読まなかった。今にも彼が自殺すると思っていたから。

KL　あなたの父エルンスト・アルベルトはどんな人だったのですか？　あなたが彼のことを覚えていないのは、一九一一年に亡くなっているからです。

EF　彼は理想主義者だったのよ。何よりも彼にとって大事なのは自然と教養で、読んだり学んだりすることだった。彼はアルベルト工場を引き継ぐ準備をしていたのよ。人から聞いたのだけれど、彼はとても謙虚で、ものすごくスポーツが好きだったらしいのよ。今では皆がやるような水泳とか山登りにも熱心だった。とても男前だったけれど、色男ではなかったのよ。母は彼とほんのちょっとダンスをしただけで、彼をものにしてしまったの。思うに、彼は母に会う前には女性というものを知らなかったのね。

KL　この結婚からはあなただけでなく、兄ハインツ＝エルンスト・アルベルトも生まれています。

EF　そう、言った通りよ。「ボーイ」というもう一人の兄もいたわ。でも、あなたが言うこのハインツは私より二歳年上なの。彼と一緒に私は育てられたのよ。彼は気立ては良かったけれど、父のような賢さはなかった。言わば公式には、彼はアルベルト家の最初の跡継ぎということになっていたけれど、それは母がお金のために私たちをもだましていたためなのよ。賢い息子ボーイを前夫デーレンは引き取っていて、この子は私たちの中で一番頭が良かった。でも彼はママの愛を受けないで大きくなったのよ。

KL　あなたのお父様の不幸はお母様にとっての不幸になりました。

EF　一九一一年に三五歳の彼は、ティロルのローテ・ヴァントで転落したの。登山綱と楔を使って登っていたのよ。彼の一番下の弟、クルトおじさん―他に恋人もいた―が彼を探して見つけたの。アルベルト家の人は皆とても浮世離れしているくらい立派だわ。でも、この事件については、恐ろしく様々な憶測がささやかれたのよ。

KL　どのような?

EF　最もひどいのは、私の母が彼を転落させたのかもしれない、というものなの。これはあまりにも良くない想像で、絶対に本当ではないわ。でも、彼女はアルベルト家の遺産相続人になりたがっていた。夢のような話があったので、彼女はフェリックス・デーレンから逃げ出したというのよ。百万長者と結婚するためにね。でも、二人が別れた後、デーレンの方が百万長者になってしまった。一九二三年に彼は金持ちになり始めるの。そして四人のデーレンの子供たちにとって、それは確かによいことには違いなかった。なぜって、ボーイは工場の経営もすることになったのだから。

　母はここクラランに来た時、こう愚痴を言ったことがあるわ。「ああ、子供たち皆が今では自分の家を持っているのに、私にはない。フェリックス・デーレンと別れなければよかった。」もしそうしていたら―そしてこれは彼女の人生の一番の関心事だったの―お金には困っていなかったでしょうね。彼女のこうした面が私は嫌だったけれど、その時の母は愉快で、魅力的ですらあったわ。彼女は私と長男ヴィタルを愛してくれた。私たちは二人ともお気に入りの子供だったけれど、そうなったのは彼女からの影響ではないのよ。彼女があゝだったから、私は一つのことだけを、彼女のようにはならないということだけを考えていたのよ。

KL　お母様の三番目の結婚相手は男爵ヨッヘン・フォン・オーハイムでした。今や彼女は貴族になったのです。男についてあんな考え方をしてはいけないということよ。

EF　彼は私の生きがいだった。

KL　お母様が一九一二年に結婚した時、あなたは二歳でまだとても若かった。

EF　彼を「お父さん」と呼んだの、自然とね。私の少女時代、多くのことで彼にはとても感謝しているわ。彼はヴィルヘルム・フルトヴェングラーの後に亡くなったのよ。彼の葬式のためにヴェストファーレンまで行ったわ。そこには彼の財産があった。

彼は騎士領の所有者だったのよ。

KL　結婚しても子供はできなかった？

EF　ええ、それから彼女は子供を産むのをやめたのよ。

KL　一九二〇年、カティンカは二度目の離婚をして、今度は政治の仕事を始めました。ヴァイマール共和国の最初の国会議員に選ばれます。ドイツ人民党（DVP）のです。

EF　クルト・トゥヒョルスキーは、テオバルト・ティーガーというペンネームで母のために詩を書いたの。そこには彼女についてぴったりの描写があったのよ。彼女は当時そのように見えたし、事実そうだったの。トゥヒョルスキーは平和を唱える人文主義者であり、左翼の風刺作家だった。この詩はやっと一九九四年になって、ミュンヘンのオークションに登場したので、今日まで公にはされていないのよ。

フォン・オーハイム夫人へ

（テオバルト・ティーガー）

君といると笑いが止まらない。
どうか、気を悪くしないでくれ！
ただ教えてほしいのだ、彼らが君に何をしているのかを。
君には見えないのか。周りは悪ふざけばかりだ。
フロックコートに身を包んだ官僚たち、
タレーラン気取りの外交官たち、
リベリアや―そしてミンカからもやって来る・・・
　　　　カティンカ！

ああ、君たちは大げさに、
この時代の困窮について語る。
車のラジエーターにはラクダの毛のカバーがかけられ・・・
婦人たちは丈の長すぎるドレスを着ている・・・
無定見なジャーナリストが書けば、君は喜ぶ。
君たちはおしゃべりにうつつを抜かす。利益は残る。
紅茶とコーヒーを飲みながら、いちゃついている。
カティンカ！

共和国は君の部屋で会合を開いている。
おお、共和国などご免だ。
彼らは夢遊病者だ。夢を見ながら統治している・・・
改革などクッキーのようなものだ。
ソロモンはこの絶頂を見て、言った、
全ては空である、と。
右寄りの客百人につき、左寄りの客は一人しかいない・・・
カティンカ！

カティンカ、よい子だ！　君は可愛らしく、
自分を大した者であるかのように思っている。
しかし、よく聞くのだ。落ち着いて話そう。

居心地のよい部屋はまだサロンではない。
君は政治のことは全くわかっちゃいない。
プロレタリア大隊の歩みが聞こえないか?
我々の時代は変化していくのだ。
君が思う以上に、カティンカ。

KL ヨッヘン・フォン・オーハイムとの結婚は八年しか続きませんでした。その後あなたのお母様は政治に向かいます。

EF そう。ちょうどテオバルト・ティーガーが「居心地のよい部屋はまだサロンではない」と書いたようになっていくのよ。母はハルツのゴスラーに大きな家を持っていたの。グスタフ・シュトレーゼマンが定期的にやって来たわ。そこでは一度ドイツ人民党の幹部会議も行われたの。面白いことに、母は猟もしたのよ。

KL 何を狩っていたのです?

EF 彼女が銃を持って、一度何かを撃っているのを見たことがあるわ。私たち子供はこの猟を、とても楽しそうだと思ったの。なぜって、狩りは森の中で行われたからね。でも彼女が真面目に猟をしていた時は、私たちはそばにはいられなかった。

KL 一九二七年、離婚して七年後、カティンカは四度目の結婚をします・・・

EF ・・・ジークフリート・フォン・カルドルフとね。彼はもともとドイツ国民人民党の党員で、だからまたさらに右寄りだった。そして母は、彼をDVPへ入るよう説得したの。彼女は—今まで否定的なことをたくさん話してしまったけれど—積極的なよいところも持っていたのね。彼女からは政治的なことをずいぶん多く教わったわ。するべきことと、するべきでないことをね。彼女はフリードリヒ・エーベルトを尊敬していた。ヴァイマール共和国の最初の大統領よ。そして、母は私たち子供にいつも言ったわ。彼は私たちをボルシェビズムから救ってくれる、共産主義がドイツに来て広まることを防いでくれる、とね。それから、母は内務大臣とあらゆる点でものすごく親しくなったのよ。彼は私たちの後見人だった時もあった。でもカルドルフのことに戻るわね。彼はDVPの国会議員となり、後には副大統領になった人だけれど、母から迫られて私と兄のハインツを養子にしたの。

なぜなら当時のドイツではまだ、女性は父親がいないと—たとえ生活していくお金には困らなかったとしても—後見人というものを必要としたのよ。だから私にもたくさん後見人ができたの。今、私の名前はエリーザベト・フォン・カルドルフ＝アルベルトというのよ。

KL　この時、あなたはちょうど十七歳でした。このカルドルフをあなたは好きでしたか？

EF　ええ、彼はとても親切で、真面目で、普通の人間だった。私たちとは散歩もしたわ。母はずいぶん早くから彼に目を付け、ゴスラーでの彼女の政治サロンへいつも招待していた。でも私には、彼は退屈な人のように感じられたのよ。一方オーハイムは魅力的に思えた。彼が父親だった時代、私は六歳だったけれど、皇帝ヴィルヘルムII世とも知り合ったのよ。

KL　どこでですか？

EF　路上でよ。当時、百万長者だった母は、私とベルリンの動物園を散歩させるために一人のお嬢さんを雇ったの。私たちが住んでいたのはベンドラー通り四番地、そこは今ではシュタウフェンベルク通りね。私たちの家の向かいにはアメリカ人の歯医者の診療所があった。当時—第二次大戦のずっと前—は、アメリカの歯医者は断然優れていたのね。よい歯医者になろうと思ったら、合衆国に学びに行ったものなのよ。ヴィルヘルムII世もこの歯医者に通っていたの。一九一六年のことで、まだアメリカは参戦していなかった。だからアメリカ人の歯医者もまだいたし、皇帝の威光もまだ失われていなかったわけね。裕福な人々は馬車を持っていたわ。二頭の馬と御者のいる馬車よ。だから、アメリカの歯科医院の前に灰色の自動車が止まったのは、当時ではとても珍しいことだったの。

KL　しかし、歯医者が皇帝のもとへ行かずに、皇帝が歯医者を訪れる、というのは驚きですね。

EF　確かに。でも、治療の機械がそこにあるからだわね。これは考えてみれば仕方がない。皇帝が車を降りて診療所の中に入ると、二十名くらいもの人々が戸口の前で待っていたわね。彼が出て来るまでよ。エミー嬢は皇帝がそこにいると聞くと、もちろん私とそこに出て行ったのだけれど、子供だから前に行くことができたわ。私は確かに当時、ブロンドの巻き毛と少し上に反った鼻をした、快活で魅力的な子だったのよ。

KL　まさしく自慢の少女です。

EF　その通り。いつもそうよ。当時だって、子供から歓迎されるのはとても喜ばれた。皇帝は出て来て、手を差し出したので、私はちょっとお辞儀をして、こう言ったの。「こんちは、皇帝さん。」彼はたずねたわ。「君のお父さんはどこで働いているの？」「参謀本部で」と私は言わねばならなかったかもしれない。なぜならフォン・オーハイムはそもそもミンデンで騎士領を持っていて、戦争中は将校だったのだから。でも、「参謀本部」という言葉はまだ言うことができなかったの。気が変になりそうなくらい恥ずかしかったわ。皇帝陛下は先に歩いていったの。当然だけどね。そこで私はエミー嬢と家に戻った。愛するパパ、フォン・オーハイム男爵がそこにいたので私は言ったの。「今ちょうど皇帝と会って「こんにちは」と言ったのよ。」「ほう、それで？」そこで一部始終を話したら、彼は言ったわ。「おまえは何ということをしたんだ？」彼は確かにすばらしい魅力的な人間で、もちろん皇帝をそんなにすごい人間とまでは思っていなかったけれどね。

KL 軽くお辞儀をしたのが、そんなによくなかったのですか？

EF ええ、彼は言ったわ。「お前は宮廷の深いお辞儀の仕方を学ぶべきだ。」愛する父オーハイムから、努力するべきだと言われたことは、少女時代の思い出の一つになっているわ。今ではとても滑稽に思えるのは、皇帝に私が手を差し出したことね。―あるいは彼が私にね。

KL では、あなたのお母様の四番目の夫、ジークフリート・フォン・カルドルフに話題を変えましょう。

EF 母から望まれて二人は一九二七年に結婚したの。その後、私はますますたくさんの名前を持つことになるわけよ。最初はエリーザベト・アルベルトだった。それがエリーザベト・フォン・カルドルフ＝アルベルトになり、さらにエリーザベト・アッカーマンになり、最後にエリーザベト・フルトヴェングラーになったの。でも、私はいつだって離婚もスキャンダルも起こしていないからね！

KL 一九三〇年―あなたは二十歳でした―には、新聞に載るような事件がありました。ヒルデスハイムの地方裁判所での長い裁判です。ジークフリート・フォン・カルドルフに関して、また何よりもあなたのお母様と救済申し立てに関することでした。この訴訟にあなたと兄ハインツ＝エルンストは加わっています。

EF 父エルンスト・アルベルトの母、つまり私のもう一人の祖母は、非常に厳しい、しかしとてもスタイルのよいすらりとした美人だったの。父もすらりとしていたわ。でもこの祖母は女性として、私の母を憎んでいたの。これは理解できるわ。なぜって、カティンカはフェリックス・デーレンのもとから逃げ出したのに、彼には四人の子供を託し、今や彼女の最愛の息子エルンストと結婚しようとし、実際にそうしてしまった女性だからよ。これら全てのことが、祖母には我慢ができなかった。だから彼女は当時、財産相続の確約を—彼女は確かに大金の相続人だった—要求したのよ。二人の子供が—つまり私や私の兄が—歳をとっても、まだお金があるようにと・・・

KL　・・・彼らが三百万マルクを受け取れるようにと。

EF　そう。これは大金だったのよ、今と同じで三百万は。

KL　あなたのお母様は生涯にわたって年金を毎年三万マルク受け取れるはずでした。でもインフレが来ると、彼女は明らかにあなた方の財産を貸し付けてしまった。つまり、彼女は「子供たち」の総額六十万マルクを貸付金として取り上げたのに返さなかったのです。これは全ての新聞が報道しました。あなた方は法的手段によってお金の返還を要求しました。

EF　これを全て私の兄ヴィタルがしてくれたのよ。私がそういうことについて全く疎かったから。今もそうだけれど。母がいつもお金をどうやって他の人々から得ていたか、彼は知っていたのよ。

KL　あなたはお金が必要だった。

EF　彼の助けがなければ全く取り戻せなかったわね。その時はまだ学生だったし。私は母のもとを去ったの。それは私も伯爵や百万長者と結婚するべきだ、と彼女が考えていたからなのよ。私の最初の夫は伯爵でも百万長者でもなかったけれど、私にはちょうどよい人だったの。そして今、もう七十歳を超えてしまったのも二人いる私の子供たちを見ていて思うのは、ハンスは経済感覚を持っていたということよ。ハンス・アッカーマンは三六歳で戦死したのだけれど、既に彼自身の家を建てていた。それができる地位を持っていたのね。法律家だから法学博士号を持っていた。それから経済の方へ行ったのよ。そして、さらに彼は自分で小さなとても可愛らしい家を、ヴィースバーデンの北の方に立てることができたの。そこに私も最初のうちは住んでいたのよ。

KL　もう一度、裁判の話に戻ってもよいでしょうか。あなたはヒルデスハイムに行ったのですよね?

EF　いや、いや。兄弟たちが私の分もやってくれた。私が行きたがらなかったから。

KL　全ては酷い結末となりました。なぜなら支払命令そして最終的には執行命令が、あなたのお母様に下されたからです。家は差し押さえになりました。

EF　やれやれ、あれはもうこりごりだったわよ。私自身お金をアルベルト工場のために工面したりしたのにね。そこで働いていた兄弟へもよ。

KL　あなたはお金には執着していなかった？

EF　全くなかった。それにもかかわらず私がお金を得たのは、愛する神の親切によるものなのよ。「いつも―私が行く所、私が立つ所には―愛する神がおられた。神は見えないので、ここにおられてもわからないのだ。」ということね。

KL　もう一度あなたのお母様について話したいのですが・・・

EF　・・・カティンカね・・・

KL　・・・彼女の政治サロンとヴァイマール時代の初期についてです。彼女は当時、グスタフ・シュトレーゼマンとの関係が深かった。彼はドイツ人民党を設立した人です。

EF　それにしても、シュトレーゼマンは彼女のことをよく知っていたわ。彼女の弱点もきちんとわかっていたの。

KL　では彼女の政治上の立ち位置はどこなんでしょう？　左ですか、右ですか。あるいは中道ですか？　当時はまだこういう呼び方がありましたね。

EF　言っておきたいのは、彼女はそれら全てについてたくさんのことをわかっていたということなの。父が苦境に陥った時、彼女はアルベルト工場全ての所有者になった。三つの支社があったわ。オフシュタイン、ヴォルムス、クリンゲンベルクにね。そこではタイルと皿を製造していたの。みなうまくいっていたけれど、まずオフシュタインが駄目になると、ヴォルムスがそれに続いた。母は得たお金を再び会社につぎ込まなかったから。全くしなかったのよ。しかし､彼女が最初の夫フェリックス・デーレンを見返してやろうとして、彼との息子ヴィタルをクリンゲンベルクで働かせていたことは大きな幸運だったの。ヴィタルはクリンゲンベルクの工場を倒産から救ったのよ。また彼はお金を彼の二人の妹のために貯めておこうとするような男でもあったのよ。カティンカがどんな女か、彼にはだんだんわかってきたからなのね。母のことを考えると悲しくてたまらなくなるのよ。彼女については何も話さない方がよいくらいだわ。男を誘惑してスキャンダルを起こすようなことは、実際そんなにたくさんはしていないのよ。誰もこのことをちゃんとは知らなかった。グスタフ・シュトレーゼマンもそうよ。彼は彼女をもちろん大変評価してもいた。彼女はとても冗談好きで機転が利き、自分の子供たちにはとても厳しかったの。

KL　彼女はそれからどうやって国会に登場したんです？　彼女は最初の女性議員でしたが。

EF　いや、当時は女性議員は四人いたのよ。共産党員のクララ・ツェトキンとかね。しかし、カティンカは疑いなくナンバー・ワンね。すごい女性だったのよ。ある時、議場で一人の社会民主党員が言ったの。「オーハイム男爵夫人の下着外交を我々は問題視している。」すると母は跳び上がって応じた。「私は現代の女性です。スリップは付けていないけれど、パンティーならはいてるわ！」とにかく言えるのは、全議会が熱狂したということよ。右翼から左翼まで果てしない拍手だった。これが母のやり方だったのよ。

KL　彼女の政治サロンでは金持ちも貧乏人もいました。報道人もいれば、ユダヤ人、画家、音楽家もいました。あなたもときおりはそこにいたのですか？

EF　当時ベルリンで、私は上の階から聞いていたのよ。まだとても小さかったから。母が国会議員になった時、私は十三歳だった。でも、後になって、ゴスラーでのＤＶＰの大きな事件で、グスタフ・シュトレーゼマンと共に彼の息子ヴォルフガングが・・・

KL　・・・後のベルリン・フィルの支配人です・・・

EF　・・・ヴォルフガング・シュトレーゼマンはとても優れた作曲家で、ピアノも上手だった。彼と私は、夫の亡命後に再び友情を育んだわ。私たちが最初に会った時のことを彼は言ったの。「僕らがまだ起きていてよい時に、君はもうベッドに入らねばならなかったんだね。」きっと彼は私たちの四歳の年齢差を強調したかったのよ。もちろん当時、母は私たちが起きているのを許してくれなかった。

KL　サロンはどんな風でした？　晩毎に何か決まったテーマでもあったのですか？

EF　いいえ。母は客人に挨拶し、高級なおいしい食事が出たの。私の母はうまくやったのよ。国会議員の仲間もお茶に招待したのね。そこで彼女はそっと盗み聞きをしたり盗み見たりし、それをずっと続けたの。だから彼女のする話は人からの受け売りだったのね。でもエーベルトについて話す時は、彼女の人間性も表われていてとても見事だったわ。言ったように、彼女は現代的な女性で、スリップを着ていなかった。私に髪を刈ることを望んだ彼女は、ショートヘアーをした最初の女性でもあったのよ。

KL　あなた自身はどうしたかったのです？

EF　私はお下げ髪のままでいたかった。

KL　隣にあるこの有名な絵ですね。
EF　そう。でもそれからある日のこと、私は髪を切ったの。長いのには嫌気がさしてしまったからなのよ。私が部屋に入っていくと、いつも彼女は「髪がだらしないわね。櫛を入れなさい。」と言っていたの。これが彼女のやり方だったのよ。そして私はすぐに髪を切ることにしたの。
KL　その時あなたが切った髪をまだ持っていますか？
EF　それを私は母へのクリスマス・プレゼントにしたのよ。後で彼女はこう言っていた。「クリスマスにもらった物の中で一番すばらしかったのは、娘の髪ね。」その絵が描かれた時、私はここに描かれたような長い髪では全くなかったのよ。画家が気をまわしすぎたのかしらね。
KL　ヴァイマール時代について長く話しましたね。しかし、一九二十年代も終わりになると、失業者の増加、経済危機、そしてナチスの台頭によって全ては変わってしまいます。一九三三年にはヒトラーが政権の座につきます。
EF　母はいつもヒトラーには反対だったわ。彼女には責められても仕方ない良くないことが一杯あったけれど、政治的に右寄りだったと言われるのは、全くばかげたことね。DVPで彼女は再び当選することはなかったの。この政党は一九三三年ではわずか国会に二つの議席しか持っていなかったのよ。
KL　カティンカはずっとグスタフ・シュトレーゼマンを支持していたのですか？
EF　ええ、ええ、もちろんよ。
KL　彼は一九二九年十月に五一歳で亡くなっていますが、息子のヴォルフガングが私にこう言ったことがあります。父がもっと長く生きていれば、ヒトラーが首相になるのを阻む唯一の存在になり得ただろう、と。
EF　そうかもしれないわね。
KL　それでは、お母様は第三帝国では危険にさらされたのですか？
EF　やれやれ、違うの。既に彼女の歳ではそんなことにはならなかったのよ。
KL　彼女は公にはナチスに反抗していませんね？
EF　してないわ、でも個人としてははっきりと反対だったの。まだ正確に覚えているのは、ベルリンの新聞にある時こんな記事が載ったの。「ここではフォン・オーハイム男爵夫人がしていたようなサロンの政治はもはや行われていない。そんな時代はもう終わったのだ。」

KL 第二次世界大戦が終わる頃、彼女はアーレンスドルフへ移り、そこの町長になっています。

EF 彼女は常に政治への関心を抱いていたの。でも危険な目にはあわなかった。すごく有能というわけではなかったからなのよ。そこを彼女は真面目に考えなかったから、もはやお金持ちになることもなかったのね。最後に彼女が移り住んだのはデュッセルドルフだった。

KL 新聞が報じているところによれば、一九五二年に彼女は驚くべきことに、DDR［訳注　旧東ドイツ＝ドイツ民主主義共和国］への共感を表明しています。

EF ええ、そうね。でもそれは共産主義者への共感ではなかった。彼女は当時、二つのドイツ国家が統一されるのを望んでいたのよ。

KL 戦後、彼女は社会福祉に打ち込み、赤十字のためにも働きました。彼女のよい面も書いておきたいのです。

EF 多くのことを彼女は見事にきちんとしたの。多くの点で最も自然な人だったからよ。とても厳しくもあったので―私たちの態度に関して言っているの―、彼女は物事をいつも良くしようとしていたわ。それには私もただ感謝するのみなの。そう、彼女は面倒見が良かった。家政婦は―どのくらいたくさんいたか全くわからないけれど―みな彼女にほれ込んでいたわ。

KL 一九六二年、あなたのお母様はデュッセルドルフで亡くなりました。八三歳でです。今、回顧すると、あなたは彼女を赦していますか。それとも、今でもまだ恨みを感じていますか？

EF いえ、恨みなんてないわよ。私は母をクラランのこの家に連れてきたことがあるわ。フルトヴェングラーは彼女と個人的に知り合いたがり、彼女は自分の姑であるべきだ、と言っていた。ベルリンで非ナチ化の審理を受けている時、夫は彼女からこんな電報を受け取ったの。「お会いし、私の娘と孫についてうかがいたい。」もちろんこれは私と小さなアンドレアスのことよ。私の他の四人の子供には、母は既にもう長い間関心がなかったのね。夫は車で出かけて行き、私に後で語ってくれたの。戦争の終わった時のことが必ず話題になる頃だったのだけれど、彼からたずねられた母はこう言ったのよ。「あなたも知っているでしょう。ロシア兵が女性たちと何をしたかを。私たちの所にも二人来たのよ。上官は私を襲い、もう一人は姉妹のヒルデガルトをね。

それから彼らは私たちを半時間も弄んだのよ。」

KL あなたはお母様を恥ずかしく思ったことはありますか？

EF そう思ったことはしばしばあったわ。しかしこの時ヴィルヘルムはとても興奮していたので、私はこう言うだけだったのよ。「あら・・・、まあ・・・、でもこれが私の母なのよ。」しかし彼は驚愕して私にこれを三回も全く冗談めかさず話したの。彼女によってショックを与えられ、彼は何度も「これがエリーザベトの母なのだ！」と考えたのね。私は確かに彼にとっては、そんな驚きの女の娘だったのよ。母や姉妹のことを考えても、これが私でもあるのよ。でも、私はあのようには決してなりたくなかった。あのようにはね。私は最初の夫とは既にずいぶん早くから、高校を卒業する前には婚約していたの。その時は十八歳だったわ。

日記 その二

私は家の中でもＥＦの人生にとって重要な物をなるべく多く撮影しようとした。だから、彼女の孫マリアがとても幼い時分に作った繊細な粘土彫刻を、ガラス戸棚から出して撮ってもよいかを尋ねたのだ。全部ＯＫだった。

真面目な目つきをしてすばらしい衣装をまとった少女を、まず窓枠に立てかけ一枚撮った。これは歴史に残る一枚になった。なぜなら、注意深く戸棚に戻そうとした時、彫刻の右腕がもげてしまったからだ。このことは彼女の家に来た時に遅刻したことよりも、私をはるかに気まずい思いにさせてしまった。

汗が吹き出てきた。後に有名になったマリア・フルトヴェングラーが彼女の「おばあちゃん」へ贈った物を、私は傷つけてしまったのだ。申し訳なかった。しかし、ＥＦは全く平然として静かに言った。「また糊でつければいいわよ。」

私はこのことにはなるべくふれないで、今日までに彼女がそれを忘れてくれているのを望んでいる。しかし、それは私の全くの思い違いであるかもしれない。結局、その晩はレストランに行った。驚いたことに彼女は粘土用の接着剤、まさしくうってつけのものを持っていたので、私はもげた部分を再び難なく繋ぎ合わすことができた。水彩塗料は旅行荷物の中にあり、これで糊付けされた箇所のわずかな継ぎ目を目立たないようにできる。

しかし、それでもこの写真は歴史的なものである。悲しい目をしたその少女が、当時はまだ全く無傷だったからだ。

第二章

ハンス・アッカーマン

KL　エリーザベト、もうすぐ九五歳のあなたは、はるか昔に生まれたのであり、それは一九一〇年十二月二十日にヴィースバーデンでのことでした。今日、私たちは昼食をとりながら、あなたのお母様について話しました。彼女はいつも一月一日に自分の誕生日を祝いたがっていたのですね。

EF　ええ。私たちが全く後になって知ったのは、彼女は実際は一月二日に生まれているということなの。これは彼女にはいささか都合が悪かった。私は誕生日が十二月二十日であるために、いつも残念な思いをしていたのよ。面白いのは、私が最も妬みには縁がない人間であったに違いないということよ。私より二年半年長の兄ハインツは六月十一日が誕生日だった。いつも大掛かりなお祝いがあったわ。私はそこに居合わせて、すごいと思ったの。私の誕生日が来ると、母の二人の使用人は毎年プレゼントをくれたわ。でもそれは―正直に言えば―全く嬉しくはなかった。母はそれに気づいて、やって来て言ったわ。「よい子よ、ああそうだよ。お前にも誕生日があるわね。でも明後日はクリスマスなのよ。」こう言ってよければ、私は子供としてはいつもたくさん贈り物をもらったわ。ただ後になっても、私の誕生日はちっとも盛り上がらなかった。六十歳になった時以外はね。その後で私は十二月二十日に祝わずに、いつもそれに続く復活祭に、子供たちや孫たちやそこにいた全ての人と祝うことにしたのよ。すばらしかったのは私の九十歳の誕生日で、これを私たちは日付通りに子供たち、二人の親友、またココシュカの未亡人のオルダとだけ祝ったの。私たちはベルナー・オーバーラント鉄道の一等車を借り、モントルーで乗り込み、グシュタードまで行った。すてきだった！　九五歳の誕生日については今ゆっくり考えている最中よ。

KL　あなたの誕生を喜んだ父エルンスト・アルベルトは、その数ヶ月後に不幸に遭いました。そして一九一二年、あなたのお母様は騎士領を持つヨッヘン・フォン・オーハイムと結婚します。だから彼は事実上あなたの最初の父親となります。

EF　彼は魅力的な人で、とても私を気にかけてくれたの。人の良さが彼にはあった。彼が根っからとても朗らかで、機知に富み、もちろん「ルックスのよい」男だったので、母は彼と結婚したのに違いないわ。よく覚えているのは結婚式で、その時私は二歳だったの。その場には全然いたくなかった。とても騒々しい見知らぬ人たちがやって来たからなの。後で私はこのことで自分を責めたのよ。私が好きな人たちは素敵な写真に収まっているのに、私だけがそこにいなかったから。彼らは言ったわ。「そこにいなかったなんてお前は愚かだなあ。」その後、私はこういう機会は逃さないようにしたのよ。

KL　あなたの幼少期はいつも幸せでしたか？

EF　学校に行くようになるまでは全て良かったのよ。私は母に手紙を書いて頼んだの。なぜ私は—他の子供たちのように—学校に行ってはいけないのか、とね。これを彼女は欲していなかった。他のそれほど素質のない兄弟には家庭教師をつけていたので、母は私にもすぐに家庭教師をつけたのね。これは私が十二歳になるまで続けられたの。後で私はラテン語にはとても苦労したわ。

そもそも私たちは当時ゴスラーに住んでいて、そこでは近所がみな顔見知りだったわ。一緒にスキーやそり滑りをしたのは、たいていは少年たちだった。私は兄弟が一人いたことで受け入れられたのね。たぶん私が下手に化粧をするのが好きでなかったということもあったのかと思うわ。女の子が頭に大きなリボンを付けているのを見ても、私には全く愚にもつかないことのように思えた。少年のように見られようとも思わなかったし、ズボンもはかなかったわ。お祝いのクライマックスで国立歌劇場から借りた衣装を着てみたことがあったっけ。少年たちと私は荒々しく暴れまわり、木に登ったりしていたので、七歳から十一歳の子供たちと全く同じように見えたのね。でもすごく早い頃の思い出は、少年たちがちょっと不器用な子をいじめていたことね。そこで私はその場をすぐに抜け出し、彼のずっと年上の姉の家に走り込み、彼女に言ったの。「お願い、すぐに来て。カールが他の子から叩かれているの。」十五歳の彼女がすぐ来たので、事態は収束したの。そこで私は少し冷静に考えたのよ。もしこういうことがあるなら、自分も足を洗わなければいけないかな、とね。

KL　ゴスラーについてはずいぶんたくさん聞きました。しかし、あなたはいつも自分をベルリン子と呼んでいますね。どうしてです？

EF　私たちはベルリンとゴスラーにいたのよ。母はベルリンに住居を、ゴスラーには家を持っていたの。家は彼女が一九一八年に購入したのよ。当時、私は七歳だった。私は十二月の終わりに生まれたので、いつも滑稽に思うのは、自分の歳は一年そこから引かないといけないということね。

KL　一九一四年から一八年までは第一次世界大戦でした。

EF　とても興味深いのは、私が一九一四年と一九三九年に二つの世界大戦の始まりを経験しているということよ。二つの大戦で動員数がいかに違っていたか、それは想像をはるかに超えていたの。第一次大戦で万歳しながら出征した若者たちは、みな上機嫌だった。そして三歳だった私は、彼らがみなこんなに楽しそうなのはすばらしいと思った。その時私はもちろん、戦争が何であるかをまだ知らなかったのよ。それを思い知るのは後になってのことだったわ。私はいつも楽観主義者で、本質的に気分が落ち込むことってないのよ。断固として母は、万が一にも私が戦争への抗議を表明したりしないよう、それは禁じていた。彼女自身がただ言うことができたのは、もし何か悪いことがあっても、それは私たちには及ばないだろうということね。しかし、一九三九年には全てが変わってしまった。出征した全ての人々が、戦争の意味するものを知ったのよ。誰も嬉しくなどなかった。

KL　革命をあなたは覚えていませんか？

EF　いいえ。戦争が一九一八年に終わった時、ゴスラーに二台の大きな車が海軍の兵士を乗せて来たけれど、彼らは自分たちが共産主義者であると言っていた。憂慮すべきことだったわ。

KL　そして、あなたとも知り合っていた皇帝は退位します。

EF　有難いことにね。それはとにかくよいことだったのよ。私は皇帝がいることは良いと思っていなかった。でも十二歳になる頃には、歴史への興味がだんだんと芽生えてきたのよ。ドイツ人としては自然なことだったわ。一番わくわくしたのは、ルターの時代だった。三十年戦争とか他にもいろいろおもしろいと思ったのよ。

KL　当時、ヴォルフガング・シュトレーゼマンについては何か知っておられましたか？　音楽家であり、後にベルリン・フィルの支配人になった彼は、一九二十年代には父グスタフを政治の面で大いに助けています。

EF　彼の兄弟ヨッヘンやヴォルフガングとは当時ダンスをしたわ。彼らの母ケーテ・シュトレーゼマンはユダヤ人で、少し私の母とは張り合っていたのよ。「カティンカ」は少しずんぐりしていたけれど、「ケートヒェン」・シュトレーゼマンは確かにすごくプロポーションは良かった。

KL　あなたは彼女を個人的に知っていたのですか？

EF　もちろん。そして―もう言ったけれど―彼女の夫グスタフ・シュトレーゼマンは、ゴスラーの私たちの家に来て泊まったのよ。私の母のところでDVPの大きな集会があった時、私は生まれて初めてボディーガードを見たわ。その時シュトレーゼマンは、確か一九二三年だったか、宮殿で話したの。二人の若い男が彼の後ろに立っているので、いったい何をしているのだろう、と私は思ったわ。

KL　シュトレーゼマンは外相として、一九二五年にフランスとベルギーに対してロカルノ条約を結び、西の国境と、ラインラント地帯の非武装を決めたわけです。これによってドイツは一年後に国際連盟に加盟し、シュトレーゼマンはノーベル平和賞を受けました。彼の息子ヴォルフガングは九四歳まで生きています。

EF　ケーテ、ヴォルフガング、ヨッヘンは一九三九年にアメリカに亡命したわ。とにかく、ヴォルフガング・シュトレーゼマンがよく知っていた。彼は戦後私に、母がどうであったか、また彼女が政治的には極めて左寄りであったということを語ってくれたの。民主党員でしばらく国防相をしていたオットー・ゲスラーを、彼女はどうしても夫にしたいと思ったことがあったけれど、幸いにも彼女はカルドルフの妻になったので、彼はもはや必要ではなくなった。母についてはそんなことばっかりよ。そして、私はいつもただ一つのことを決心していたの。私はそうはならない、ということよ。ところで、既に早くから私の興味は絵画にあったの。だからとても悲しかったのは、後にヴィースバーデンのヘンデル通りにあった私の家が占拠された時、ほとんど全ての水彩画がどこかへ失われてしまったことね。私は自分の家族をみな描いたのよ。すごく面白かったわ。

KL　なぜあなたは絵を描くのをあきらめたのですか？

EF　ええ、簡単にはわかってもらえないわね。そもそも、私はこれをフルトヴェングラー夫人としてあきらめたのよ。他のミューズには自分を捧げたくなかったの。でも、展覧会がある所へはどこへでも、特に現代絵画が見られるとなれば、すぐに出かけたものよ。

KL　いつあなたはそもそも家庭教師から離れて、学校に行ったのですか？

EF　十二歳でゴスラーとベルリンの間にあるマグデブルクに行ったわ。そこには母の親友で、後に私の姑になるハンナ・アッカーマンがいたのよ。彼女はとても親切な女性で、情熱に溢れていたわ。娘のバルバラ「ベアヒェン」が私の同年輩だったので、母はこう言ったのよ。「ああ、いろいろなことですごく忙しいのよ。エリーザベトがあなたの所から学校に通うことはできないかしら？　医者の家庭だから役に立つかと思うのだけど。」私はまず女子高等中学校へ行き、それから一九二五年に女子ギムナジウムに入ったの。認めるのは、前は個人教授を受けていたために多くの科目で最初は難儀をしたということね。でも、全て挽回してよい成績をとったわ。数学の卒業試験は特別よくはなかったけれど、まあまあだった。いつも国語の授業では考えさせられたわ。初学年の時にマリー・クラウスケという本当にすばらしい国語の先生がいたこともその理由ね。マグデブルクにあった衛生顧問官オスカー・アッカーマン博士の家では、「ベアヒェン」の他に、もう高校を卒業してゲッティンゲンで法律を勉強する息子がいたのよ。彼は私を愛してくれた。もちろんいくらか後のことだけれど。でも、私はとても遠慮していたのよ。ハンスをいつも好きだったのは、彼が尊敬すべきものを持っていたからなの。私の父を思い出したわ。ベルリンで学ぶ時、彼は私の母のもとに住んでいたけれど、母にとって彼は娘婿としては十分に金持ちではなかった。お金を隠し持っているということもなく、あるのはただ彼自身の能力だけだった。それは―たちまち明らかになったように―はっきりしていて十分なものだったのよ。何より私にとって十分だった。だから私は自分の母のもとを離れたのよ。この二人、当時はまだ若い女性ハンナとカティンカは、それから自然と疎遠になったわ。二人にとっていくらか難しい状況になったからね。十八歳だった私はハンス・アッカーマンと密かに婚約したのよ。

まだはっきりと覚えているのは、ベルリンの母の所へ行った時のことね。彼女はベッドに横たわり、少し泣いていた。「どうかしたの？」「婦人自動車クラブの会長として、明日スピーチをしないといけないのだけれど、気分があまりよくないのよ。」「そうなの。私たちはどうすればいいかしら？」そして、彼女は突然再び私の知っている母に戻り、言ったの。「あなたがスピーチしてちょうだい！」「いいわよ、お母さん。でも何を話せばいいの？」「それをあなたに言うわ。」突然、彼女は全く元気になり、手順を私に説明したの。まず、三人の女性に挨拶すること。「それから、こう言うのよ。ここにはとてもたくさん若い淑女がいらっしゃる。皆さんはいつかは結婚するでしょう。そして、自分の娘たちにも言うべきです。結婚する前に運転免許をとりなさい、と。それ以外は何も言う必要はありません！」私は素直に認めなければならないわ。彼女は確かに全く正しかったのよ。なぜなら―人は想像したに違いないけれど―彼女は女性自動車クラブの会長だったのに、運転ができなかったからなのよ。今、私について話させるのはやめて。人も知るように、私は有名な運転手だから・・・

KL　・・・十八歳以来のね。

EF　そう。運転するのはいつも大好きだったわ。妻が運転すると夫は文句を言いがちだけれど、私の二人の夫は妻が運転しても文句を言ったことはなかったわね。私がベルリンでスピーチをしてから十四日間は、何人もの婦人が母を訪ねてきて言ったのよ。「カティンカ、彼女はあなたに一番似ているわね。」私には彼女たちが知っている年上の姉が二人いたのによ。「この子は本当にあなたにそっくりね。実にすてきだわ。」しかし私は、ちょっと待った！と思ったの。今やハンス・アッカーマンにこう書かねばならなくなったのよ。「残念ですが、私たちは一緒になれません。なぜなら、私がこの女性に一番似ているなら、あなたを不幸にしてしまうからです。彼女は自分の夫を皆不幸にしてしまったのです。もうたくさんです！」彼はやって来てこう言ったわ。「君のお母さんを僕は知っている。そして君をもだ。こんな馬鹿げたことを話すのはやめよう。」

KL　大ベルリンは一九二十年代には四百三十万の人口を擁する世界都市でしたが、そこの文化も比類のないものでした。フルトヴェングラーは一九二二年、ベルリン・フィルのシェフになります。そして、エーリヒ・クライバー、オットー・クレンペラー、ブルーノ・ヴァルター、レオ・ブレッヒがこの町の演奏会場や歌劇場で指揮をしていたわけです。

EF　私はもう一九二六／二七年のシーズンに旧フィルハーモニーでフルトヴェングラー指揮のベートーヴェンを、そしてエーリヒ・クライバー指揮のオペラを聴いていたの。母はいつも入場券を手に入れて、私の教養を本当に気づかってくれたわ。この分野では彼女はとても親切だった。だから、滅多に上演されない演目も観たわね。たとえば、サンタクロースの出てくるハンス・プフィッツナーの《クリスマスの妖精》。《フィガロの結婚》はもう当時観ていた。また、メトロポール劇場でのオペレッタにはみな行ったわ。《こうもり》だけでなくね。高校の卒業試験を受けた時、私たちのクラス十七名は全員でベルリンへ行き、レオ・ブレッヒ指揮で《神々の黄昏》を観たの。これはまだまざまざと思い出せる。私たちの歴史教師であるクレッチュマン博士が同行したわ。そこでは母はすばらしかった。彼女は私たち皆をマタイ教会通りでの食事に招いてくれたの。その通りは今では・・・

KL　・・・ヘルベルト・フォン・カラヤン通りです・・・

EF　・・・そこは戦争で全部破壊されてしまった。まさしく今のフィルハーモニーがある場所に、私たちは住んでいたのよ。大変美しい一帯だったの。今でもわからないのは、ベルリンの美しくない場所がなぜ爆撃されなかったかということね。とにかく、母にクレッチュマン女史がたずねたのは、自分がクラスの学生たちとユースホステルで過ごすにはどうしたらよいかということだった。母は「恐ろしい。きれいじゃない所よ。」などと答えていたのよ。そして、「それじゃあ、うちにいらっしゃい。」と母は言って、近所の婦人と協力し、カーペットやマットレスの上で皆を二泊させてあげたの。そこでのサービスは十分だった。それが母なりの積極的なやり方でもあったのよ。他にもあるわ。ティアガルテン通りに住んでいる人たちは—今言った女学生のことではないわ—馬車を持っていたのよ。私の母はいつも自動車だった。もちろん、運転手付きよ。彼女がハンドルを握っているのは見たことがないわ。運転手の一人は女性の私に運転を教えてくれた。

KL あなたは十八歳で運転免許をとったばかりか、婚約もしました。まだわからないのは、なぜあなたが高校卒業の後—つまり二十歳で—職業に就かず結婚したのかということです。

EF 自分が一人前の女性であることを示そうとしたのよ。たいていの女性は結婚する時にそんなことは考えないけど。

KL ハンスはあなたの最初の夫であり初恋の相手だったのですか？

EF ええ、そうね。不便なことはなかったのよ。いつもボーイフレンドはいたしね。

KL 彼らをあなたは全て拒絶したのですか？

EF とても簡単なことなのよ。今だって男たちには愛想よくしているわ。ヴィルヘルム・フルトヴェングラーが亡くなった時、私は四四歳だったけれど、その後とてもたくさんの人と知り合ったの。何も困ることなどなかったわ。多くの人が私を可愛らしい魅力的な女性であると思っただろうけれど、彼らがすぐに気づいたのは、私が再婚を望んでいないということだった。それにもかかわらず私が楽しそうで親切なので、彼らはまた来るの。そういうことよ。こういうことはハンスが亡くなった後既にあったの。

KL 彼はあなたより年上だった？

EF ええ、七歳上よ。彼が生まれたのは一九〇三年の十月、私は一九一〇年の十二月。だから七年よ。

KL あなた方では役割がどう分担されていたのですか？　誰がこの結婚でリーダーシップを持っていたのですか？

EF 私は彼をとても信頼していたけれど、彼が優位に立っていたのでもなかったわ。

KL それなら間違いなく物事はスムーズに進みます。あなたは子供たちを育てる。そして彼は自分の職業に没頭していました。

EF これが役割分担だったのよ。でも彼と旅行もしたわ。私はまさしく—人はそれを信じないでしょうが—二つの人格を持っていたの。今では多くのことをしようとしたら、お金を払わないと無理だけれど、当時は私の中の一人は料理をして、もう一人は子供たちの世話をしていたのよ。私がハンスの脇に立っていなければならないこともあった。大事なことをしている時は、彼は私がそこにいることを望んでもいたのよ。

KL 彼はどんな仕事をしていたのですか？

EF 彼は博士号を取った法律家だったけれど、次に商売を始めたのね。全てはあっという間に進んだわ。私たちはマイホームも手に入れた。でも、それから彼は戦争で命を落とすの。

KL 結婚してすぐ二人は子供を授かります。一九三二年にペーター、一九三五年にクリストフ、一九三八年にカトリン、そして一九四十年にトーマス、という具合にです。ハンス・アッカーマンも、たくさん子供のいる大家族を持ちたいと望んでいました。

EF もちろんよ。これは最初からの約束だったの。私がゴスラーにいた頃からちゃんとわかっていたわ。隣の家で子供が生まれると、すばらしいと感じていた。子供が新たに生まれるというのは奇跡だと思うのよ。だから、子供を持とうとしたことは、私には当然だったのね。

KL そして出産はみな無事に行われたのですね？

EF 私はいつも無益な抵抗をしていて、子供は家で産みたかったの。ベルリンでは最初の二人を授かったのだけれど、ブリュッケン・アレー四番地の家でだったわ。とても残念なのは、その名前の通りはもはやないことよ。戦争で爆撃されたの。ベレヴュー宮のすぐ裏だけれど、橋はまだそこにあるわね。通りそのものはあるけれど、名前は変わってしまった。では出産の話に戻るわね。私は妊娠中は医者の指導を受けていて、助産婦にもあまり迷惑をかけなかったの。私たちは五階に住んでいたけれど、大家はお金が十分になくて、エレベーターを修理できない。だから私は身重のまま、毎日階段を必死の思いで上っていたのよ。ペーターが生まれたのは日曜日で、クリストフは土曜日だった。いつも夫が家にいたことはうっとうしかったわ。彼をもやきもきさせるなんてことはしたくなかった。私は出産を助産婦のハーゼルベルク夫人とだけでしたかったのよ。彼女はとても親切だったわ。でも、他の子供はもう家では産めなかった。医者が「だめ、だめ、医院に来て下さい。」と言ったからね。

KL これは既にヴィースバーデンでのことですね。

EF ええ。私たちは引っ越したのよ。アルベルト家は当然どんなことでも母に反対していたわ。叔父のクルトもそう。彼は私の早くに亡くなった父の一番下の息子よ。この叔父クルト・アルベルトは、何度かハンス・アッカーマンを誘い、ついにそれは成功したの。ハンスはヴィースバーデンのアルベルト工場全部の主になったのよ。

KL　あなたは子供の教育はちゃんとできましたか。どのくらい彼はそこに関わっていたのですか？

EF　その質問で思うのは、全く問題はなかったということよ。

KL　工場主としての職業的ストレスに耐えながら、彼にはそもそも子供たちのための時間はあったのですか？

EF　彼は確かに自分の子供たちにはたいへんな誇りを持っていたわ。でも、私は全然思い出せないのだけれど、彼が子供たちに何か教育の規範のようなものを当てはめていたことはないと思うのよ。そこには完全な一致があったの。

KL　全く想像ができません。

EF　あなたの質問が私には全く驚きなのよ。そもそもこれは私の二度目の結婚でもそうだった。ヴィルヘルムはどんな変更もしなかったのよ。

KL　でも思うのですが、あなたは子育ての大部分を引き受けたのではないですか。

EF　それは私には全く当然だった。だから二人の夫はとても満足したのよ。

KL　となると子供たちは皆、父親よりもあなたになついたのですか？

EF　さあどうかしらね。私の子供たちの中では長男ペーターだけが父親を思い出せる。他の子はそうではないの。ハンスの肖像画を一度油彩で描いたことがあったのだけれど、戦争で失われてしまった。私は彼の死後その絵をソファーに置いていたので、一番小さい子もそれが見られたはずよ。カトリンは彼が亡くなった時には二歳だった。そしてハンスは娘の手にいつもキスをしていた。彼は手の甲へキスをする時代の出身なのよ。いつもまず手にキスして、それから別のところにするの。これをカトリンは覚えたのよ。もし誰かが彼女に手を差し出したら、まず間違いなくそうしたわね。彼女はとても小さいのにね。私がハンスの絵を寝椅子に置いた時、彼女はソファーの所に来て、絵に向かって手を伸ばして、彼の口元に触れていた。私は泣いたわ。

KL　ここの隣の食堂にある絵にはどんな歴史があるのか、ざっと教えて下さい。

EF　子供の私が描かれているこの絵は、有名なデュッセルドルフの画家で、私の母の肖像画を何度も描いているフリードリヒ・クライン＝シェヴァリエがゴスラーで描いたものよ。この時の私はやっと十三歳、私の姉マリアはたぶん二十歳だった。当時は今より少し大きい絵だったのよ。ごめんなさい。これを急いで修理させればよかったわ。ハンスは彼の義妹たちととても仲がよかった。私のお気に入りの姉マリアともね。義妹たちはみな彼より年上だったの。母がずいぶん後にこの絵を私たちに贈ってくれた時、ハンスはマリアが描かれている部分を切り取ったのよ。彼は言ったわ。「これは違う。画家が彼女をさっぱり描けていない。これは彼女じゃないよ。」フルトヴェングラーは後になって、私の姉マリアと三年間付き合い同棲し、休暇を過ごしていたのだから、私が絵の全体を集めて持っていられたらよかったわね。確かにこの細長いものがまだあったのよ。それをなんとか取り付けられたらよかったのだけれど。でも、ヴィースバーデンの私の家で引き出しの中にあった全ては、この家がアメリカ軍に占拠されたときに、どこかに行ってしまったのよ。そもそも彼らはとても礼儀正しくふるまっていたけれどね。ドイツで受けた扱いが良かったからかもしれない。

KL　ではマリアがいなくなっても、絵の大部分はまだあなたの所にあるわけですね。そしてあなたの顔は輝いている。

EF　私のお下げ髪はもちろんもうそんなに長くなかったの。画家はこれをたんに誇張したのね。まさしく、元気溌剌とした少女といささか不機嫌でじっと中を見据えている若い女性による対立が、彼に理屈抜きに興味を抱かせたのね。

KL　あなたは一九四十年に四番目の子であるトーマスを懐妊しますが、あなた方を不幸が襲います。最初の夫が戦死した時、彼は何歳でしたか？

EF　一九四十年六月、ハンスは三六歳で亡くなり、トーマスは十一月に生まれたの。私はまだ三十歳にもなっていなかった。ハンスはこう言っていたわ。「もし男の子が生まれたらトーマスと名付けよう。」おそらく彼はトーマス・マンにあやかって、この名前を選んだのね。トーマスという名前は当時はとても珍しかった。今だと「トマッセ Thomasse」というのもあるわよ。彼は両親から自信をもってハンスと名付けられたのでしょうね。洗礼名はハンス・トーマスというの。

KL　トーマスの父ハンス・アッカーマンはどのように亡くなったのですか？

EF　彼はフランスびいきだったのに、フランスに出兵したのよ。他の三人の同僚と一緒に、彼はピエールフィットという小村で戦死したの。彼の不運は土地勘がなかったことね。一緒に住むとそれはすぐにわかったの。彼はいつもすぐにこう言うのよ。「ねえ、どうしてこんなに長く歩くんだい？」彼は方向を間違え、村民でなく、アルジェリア人たちから機関銃で一斉に撃たれたのよ。即死だったのは間違いない。そこに居合わせた同僚の兵士たちが、帰還してから私にこのことを話してくれたの。誰も乗っていない自動車が見つかった。ハンスと二人の他の兵士の遺体はピエールフィットの教会堂に安置され、そこの小さな墓地に埋葬されたのよ。私はそこに行ったわ。ハンスが倒れた場所に案内してもらったのよ。

KL どうやってあなたはそのことをヴィースバーデンで知ったのです？

EF 人々は驚いて言った。今あなたは身重だから知らない方がいい、と。しかし私は言ったのよ。いいや、反対に教えてちょうだい、と。私は彼のものをまだ持っていたのよ、このお腹の中に！　全てがとても恐ろしかったけれど、この心配は夫を出征させた妻にはみなあったのよ。おじのクルトは、アルベルト工場が彼を緊急に必要としているから帰還できるようにと、いろいろ働きかけをやってくれていたの。でも、彼はその前に撃たれていたのね。

KL ハンス・アッカーマンとの最初の結婚から、あなたには三人の息子と一人の娘が遺されました。あなたはどの子とも等しく強い絆を持てましたか？　少女というのはちょっと特別な立場にあると思われがちですが。

EF 四人の子には同じように愛を注いだわ。でもカトリンはもちろん少女よ。全く別の関係が生まれたの、明らかに。私の母も可愛い子供たちを生んだ。だからとても悲しかったのは、母がパウル・フェリックス・デーレンに苦痛を与えたことね。彼はそもそも母の二回目の結婚、つまり私の父エルンスト・アルベルトとの子なのよ。母が誰より愛していたのは一番年長の息子ヴィタルだった。ハンス・アッカーマンもヴィタルも怒ったのは、彼女の犯した法外な間違いといいかげんさだったの。子が一人前になった時、自分の母に関することに耐えられなくなったのよ。そこでヴィタルは母とはとても不和になり、彼女は彼とずっと会ってこなかったことを嘆いていたの。私がうまくやったのは、ヴィタルを母が死ぬ前にもう一度会わせることだった。これは忘れられない体験だったわ。再会した時、二人はまさに昨日まで会っていたかのようだった。もはや不和はなく、信じられないくらい感動的で美しかった。母は私にそれから手紙をくれたのよ。「愛する子よ、有難う！」とね。私たちが車で帰る時、彼は感謝していた。彼らは何年も会わなかったのに、驚くべきは、二人の間にあった感情が突然こんなにも強くなって再燃したということね。

KL 自分の子供たちを公平に扱うことは自然とできるものなのでしょうか。それとも意識的な努力が必要なのでしょうか。どんな人でも今は知っていますが、子供たちを不公平に扱うと、後々、とりわけ親子の関係にとって大きな問題が起きかねません。

EF それは私にはわからないのよ。母は一人を他の子よりもひいきした。でも私自身はそこでは確かに幸福だったのよ。私の子供たちもみな健康に育っているし、挫折はなかったわ。

KL　カトリンへのあなたの関係は何が特別だったのですか？　あなたの娘として彼女は―今もまだ同じ名字です―カトリン・アッカーマンです。しかし、彼女はフルトヴェングラーと、つまりフルトヴェングラーの弟ヴァルターの息子と結婚しています。これをさかのぼると、カトリンの子供たちは皆ヴィルヘルム・フルトヴェングラーと血縁があるのだから、彼らの祖父はフルトヴェングラーの父アドルフです。カトリンとベルンハルトの結婚は家族の祝いごとになったのですか？

EF　おお、違うのよ。私は子供たちのことではタンネックでとても忙しかったから。

KL　タンネックとは？

EF　テーゲルン湖畔のバート・ヴィースゼーにあるとても美しい家よ。これは既にアドルフ・フルトヴェングラーが建てさせたものなの。そして家族はみな、特にヴィルヘルムは、この家族が所有する家を非常に気に入っていたの。これは彼の人生において大きな役割を演じたのよ。彼は自分の兄弟ととても仲が良かったので、ヴァルターが妻ヒルデとタンネックに住むのは望むところだった。ヒルデはとても有能な妻で、そこで小さな住居付きの喫茶店を営んだの。その後ろにはまだ何かが建てられていたわ。明らかにヴィルヘルムの助けでね。彼は家族の皆を支えていたのよ。いつもよ。彼らは五人の息子をもうけたけれど、うち二人は戦争で亡くなったわ。子供たちはだからタンネックで知り合ったの。カトリンもベルンハルトもよ。

KL　カトリン・アッカーマンは女優です。

EF　彼女は女優になろうとして、実現させたのよ。演劇でも映画でも活躍してるわ。もちろん、私は応援したわよ。彼女はすばらしい女性だわ。

KL　そして彼女は三人の子供、つまり二人の息子と一人の娘をもうけました。フェリックスのことから話しましょうか。

EF　三人ともとてもよい子よ。フェリックスは音楽を勉強し、ヴィルヘルムが弾いたベヒシュタインのピアノですばらしく演奏したわ。音楽の勉強をいつ再開するのかは、彼にもう一度たずねてちょうだい。彼は今ギムナジウムの先生として、情報処理学、数学、経済学をローザンヌで教えているわ。彼の植物についての知識はたいしたもので、私のこの家にもたくさん熱帯の果物を植えてくれたの。その果実を私は彼ほど好きではないけれど。でも確かなのは、私にとって彼はほとんど息子のようであり、疑いなく幼い頃のフルトヴェングラーに似ているということなのよ。

KL　ダヴィッドは経済学の・・・

EF　・・・魅力的な奥さんがいるわね。もう四人も子供をもうけているの。主婦として彼女は才能があるわ、女らしくて親切で。何でもできるの。そしていつも調和があるのよ。

KL　カトリンの産んだ三番目の、そしてあなたの孫である最も若い子は、一九六六年生まれのマリアです。前にあなたは彼女の小さな粘土彫刻を見せてくれましたね。それを彼女は幼い時に作ってあなたにプレゼントしたのです。

EF　マリアは本当に多才な子よ。彼女が何でもできるのには驚かされるわ。

KL　彼女は美術を勉強しようと考えた時もあったのですか？

EF　面白いことに、彼女は医学を学んだの。勉学を終えると、医師としてインドにも助けに行ったのよ。既に学生時代にはフーベルト・ブルダと婚約していたけれど、まずは勉学を終わらせようとしたの。それから妊娠した。フーベルトはマリアと結婚したかったけれど、彼女は言ったの。「いえ、いえ！　博士号を取るまでは結婚できないわ！」洗礼を受ける時もそんな感じだったのよ。ブルダ家はカトリックで、私たちは本来プロテスタント。私がすぐに思ったのは、この家族では熱心な方の宗教が行われることになるに違いないということよ。フーベルトはよい意味で厳格なカトリックであり、子供たちと教会に通っていたので、彼らのヤコブ派カトリックによる洗礼が行われたの。教会はブルダに、彼がマリアと今結婚するべきだと言った。「はい、でもお願いがあります。」とブルダは答えた。「彼女にもそれをもう一度言って下さい。」そして彼らは結婚したのよ。彼女が二人目の子を授かる前のことだった。

KL　マリア・フルトヴェングラーの芸術家そして医師としての面を話しましたが、皆が知っているのは女優としての彼女であり、ARDのテレビ・ドラマ『犯行現場』で警部役を演じる彼女です。全く驚くべき経歴です。

EF　マリアはすばらしいやり方をマスターしているのよ。彼女は映画では愚かにも軽薄にも見えない。私の知る中で最も自然で、尊敬すべき、賢い女性だわね。

KL　あなたを除いてはでしょう。

EF　いいえ、私はマリアのように聡明ではないわ。彼女はきちんとしているし、『犯行現場』でも事実に即して冷静だし、それこそ私が非常に称賛するものなのよ。まばゆいばかりね！　私は―今は自分のために―自分の人生を全うするの。そうすれば私も、おそらく今までよりは賢明だと皆から思われるだろうね。

KL　このマリアは—既に言いましたが—出版業を営むフーベルト・ブルダと結婚しました。二人の年齢差は二六年。

EF　その年齢差は私も知っているわ。ヴィルヘルムと私は二五年あったのよ。

KL　音楽界で最近私たちが知っているのは、ヴァイオリニストのアンネ＝ゾフィー・ムターと、作曲家、指揮者でピアニストのアンドレ・プレヴィンの結婚です。夫は妻より三五歳年上です。また、思い起こせば、パブロ・カザルスの三度目の結婚相手は、チェロの弟子のマルタで、年齢差は六十年でした。

EF　それは極端な例だけど、二人は愛し合ったのよ。その愛が本物かどうかということが肝心なのよ。彼らはたとえ二、三年でもすばらしく過ごしたのよ。

KL　あなたはですね、エリーザベト、大きな家族のピラミッドの頂点にいるのです。あなたは最初の結婚では四人、次のヴィルヘルム・フルトヴェングラーとの結婚では一人の子供をもうけました。

EF　ええ。その後に十三人の孫と、二十一人のひ孫ができたわ。

KL　そして彼らはここでいつも交流しているのですか？

EF　ええ。彼らが全員で一度に来ないのはよいことね。なぜって、場所の割り当てが難しいのよ。前は私もよく彼らの所に行ったのよ。でも、もう今では旅する気がしなくなったしね。なぜかって？　クラランは私にとってかけがえのない所なのよ。庭にある大きな杉の木を見てごらんなさい。結局今では多くが、残念ながらだめになってしまっているわ。

KL　七月には大きな嵐がありました。

EF　真昼の十二時頃だった。私の頭上が突然すっかり黒い覆いをかけられたようになったの。世界の没落のようなね。雷雲が優に十はあったわ。それから嵐が来て氷が降り注いだのよ。二方向から暴風雨がやって来て、鳩の卵大のひょうで家の二六個の窓ガラスが壊れてしまったの。ひょうは窓を突き抜け、家の中に入って来た。ガラスは粉々に割れ、砂のように見えたわ。この辺りの他の家は、窓ガラスで似たような体験をしたけれど、急いで修理することができた。ただよくなかったのは、私の家では無防備のものに被害が出たということね。大事にしていた大きな木々もなぎ倒されてしまったわ。それ以来、トビももう巣を作れないの。巣は落とされてしまうか、つぶされてしまったのよ。巨木の一本は道路に倒れかかってしまい、あと少しで家の全部と私を押しつぶしそうだったわ。葉も揺さぶられて落ちてしまった。五十年もここに住んでいるけれど、こんなことは初めてよ。

嵐は過ぎ去るまで一時間半も続いたの。

KL あなたがその年齢と性格でこれを克服したということには驚くばかりです。

EF もともとは例年通り、ヴァーグナー音楽祭のためにバイロイトへ行きたかったのよ。もう一度《トリスタン》を体験できるはずだった。それを七月三十一日にキャンセルしたわ。私には死の宣告のようなものだった。もしあの杉の木が—樹齢百五十年でここでは誰でも知っているの—裂けてしまったら、もうクラランにいる意味はないわよ。これは私には耐えられないことになったでしょうね。今年はさらに特別なことがあった。四月に突然雪が降ったの。風もなく静かに二十一時間も降り続けたのよ。とにかく—計ってみたのだけれど—三十五センチは積もったわね。私の杉の木では二本の枝が折れてしまった。嵐には耐えられたのにね。とはいえ、それ以外は無事でよかったわ。毎晩お礼を言っているのよ。

全くあつかましくも、EFにお願いしてあった。私たちがテープで対話を録音する数日間は、なるべくそれに専念したいということをだ。つまりそれは、私の考えによれば―泊まり客の訪問を断ったり、彼女のその他の活動を縮小してほしいということであった。既にEFのもとに泊まっていた私のわがままということになる。彼女は不動の姿勢で敬礼し服従を示し、少し意地悪そうに私に言った。「承知しました！」

日記　その三

普段の彼女は全く命令されることはない。当然である。ただ、集中した仕事をしようとすると、私は何度も心配しなければならなかった。特に戸がノックされたり、いろいろな電話がかかってくる場合である。そんな「演奏会」がしょっちゅうだったが、私がじきに例外として有難いと思うようになったのは、老人が高い周波数をもはやうまくは聞くことができないということだった。とにかく、EFは私に前にもしばしば感謝していたのだ。彼女を私があまりにも多くの騒ぎから守った時である。

晩には指揮者のカール・アントン・リッケンバッヒャーが立ち寄った。この人は明らかに家族ぐるみの付き合いの人で、近所に住んでおり、日曜日にはカーゲル作品の初演を聴きに、モントルーへ私たちを連れて行ってくれるのだ。私はリッケンバッヒャーとは話したことがなかった。SFBのオーケストラ担当官として、頻繁に彼の録音を音楽番組に使っていたにもかかわらずである。彼が今しがた見せていたような、情熱的でオープンなやり方に、私はとても共感した。カラヤンのもとで彼は指揮の講習を受け、オットー・クレンペラーと仕事をした。この男はもちろん音楽界のことをよく知っている。また彼の興味はピアニストのアンドラーシュ・シフ、指揮者マイケル・ティルソン＝トーマス（MTT）や、マルティン・エングストレームを監督とするヴェルビエ音楽祭に及んでいた。悲しい知らせだ。ピアニストのニキタ・マガロフの未亡人が亡くなったらしい。この地域の人々はマガロフ家のことを何十年もの間知っていた。

リッケンバッヒャーは既に八時半には来ていた。私にはちょうどよかった。もともといつも早くに自分の部屋で起きていたからだ。さて、私はインタビューアーとして一貫した主題を持っているのだが、対話は何度もそこから脱線してしまう。したがって次のインタビューではある程度のキーワードを削除し、他のものを補充するか変更しなければならない。いずれにしても多くのことを熟考し常に新鮮さを保たねばならないのだ。

第三章

マリア

KL　「エリーザベト・アッカーマン、ヴィルヘルム・フルトヴェングラーと知り合う」これは大変に美しい、しかし悲劇的でもある物語です。私はこの章を一つの準備研究から始めたいと思います。すなわち「フルトヴェングラーと女性たち」です。よく知られていることですが、ここでくり返しておきます。ヴィルヘルム・フルトヴェングラーは一八八六年一月二五日にベルリンで生まれました。母アーデルハイドは画家、父アドルフは重要な考古学者でした。一八八十年から父はベルリン大学の教授をしていましたが、一八九四年にミュンヘンの博物館長になると家族を挙げて移住します。最初ベルリンで学校に通っていたヴィルヘルムは、ミュンヘンでは父親譲りの高い天分のために、古典語系ギムナジウムを退学し、ヴァルター・リーツラーとルートヴィヒ・クルティウスという二人の家庭教師の指導を受けました。フルトヴェングラーの法外な音楽の才能は既に幼い時に開花していました。七歳で彼は最初のピアノ伴奏付き歌曲を作曲します。作曲を彼はそれからヨゼフ・ラインベルガーとマックス・フォン・シリングス、ピアノをコンラート・アンゾルゲから学びました。

EF　奇妙なことに、ヴィルヘルムは自分が指揮をどこで学んだかは言っていないのよ。これは全く実地の体験から学んだのね。

KL　一九〇五年、つまり彼が十九歳でブレスラウの歌劇場の練習ピアニストという最初の職を得るまでに、彼は百十を下らない作品を作り上げています。大きな交響曲やピアノ協奏曲こそありませんが、歌曲、ソナタ、カルテット、合唱や小オーケストラのための作品があります。このものすごい精神上の仕事には、肉体上の成長が伴なっていました。彼は既に弱冠十六歳でベルテル・ヒルデブラント、ミュンヘンの彫刻家アドルフ・フォン・ヒルデブラントの娘と婚約しています。あなたはベルテルの一家を知っていますか。

EF　ええ。彼女は後にヴァルター・ブラウンフェルスと結婚したのよ。この作曲家のほうが、当時は彼女の興味をそそったのね。ヴィルヘルムは五年間、彼女と婚約していたけれど、すぐに結婚したくはなかった。そうしてもよいとは、まだ十分に感じられなかったのよ。彼は芸術に心ゆくまで打ち込みたかった。

KL 三十歳で彼は最初の息子ヴィルヘルム、「ヴィリ」をもうけます。

EF それからさらに四人の未婚の子供が生まれるのよ。

KL 一九二〇年にダグマール、一九二一年にフリーデリケ、一九二三年にイーファ、そして最後に一九三四年にアルムートです。充実したプログラムです。なぜ彼は子供たちの母親と結婚しなかったのでしょう？

EF 私はこれらの女性たちも知っていたわ。彼女たちはフルトヴェングラーとの子供たちが生まれた時、皆三十歳を超えていた。最初の四人は彼より歳上だったのよ。例外だったのは最後の女性、アルムートの母のシュヴァーブ夫人ね。事情はみな違っているの。一人は既に結婚していたけれど、子供ができなかったのよ。しかし、医者は彼女にそれは可能だと言った。この女性は有名なチェコの音楽家の娘でピアニストで、音楽の才能ある子供を産みたかった。だから、彼女はベルリンへ行き、フィルハーモニーでフルトヴェングラーを自分の相手だと思ったのね。彼女が受け入れられるまではたったの三日だった。ヴィルヘルムの住居に彼女はやって来て、彼と寝たら子供を授かったのよ。しかし、彼女が彼にそれを告げたのは、五歳になった子供が音楽の才能を豊かに恵まれているとわかった時だった。この二人の子だったら不思議はないわ！その子とはダグマール・ベラなのよ。私がヴィルヘルムに会いにヴィーンへ行くと、彼が指揮する時は二人の女性がいつも座っているの。娘の母は後に別の男と結婚したわ。フルトヴェングラーとの愛は「ゼロ」だったのよ。彼にとってはまさに一度の快楽だった。

KL 彼はこれらの子供たちとはどんな関係でいたのでしょうか。責任は感じていたのでしょうね？

EF 経済的に必要な時、彼は助けていたわ。

KL 何とも高くつく話です！

EF いや、そうでもないのよ。彼らはみな誇り高かった。唯一、彼に似ていたのは息子のヴィリね。彼はとても親切な男でまた息子をもうけたけれど、その子もヴィルというのよ。

KL 想像されがちなのは、この五人の未婚の子供たちは、ヴィルヘルム・フルトヴェングラーのような人に自分たちの父親になってもらおうとし、彼を利用もしたのではないかということです。

EF ヴィリとフリーデリケは「フルトヴェングラー」と名乗ることができたし、彼もそれを望んだのよ。

KL どのくらいの頻度で、彼らは父親に会おうとしたのですか？
EF 彼らは皆いつも演奏会に来たのよ。オーストリア人はヴィーンで、他はベルリンなどでね。アルムートはずいぶん長く私の所にいたわ。彼女は私の子供たちの年頃だったからね。ヴィルヘルムの未婚の子供の二人は亡くなったの。でも、他の三人、フリーデリケ、アルムートそしてイーファとは、まだ文通をしているわ。とにかく、フルトヴェングラーは五人の母親の誰とも一緒に暮らそうとはしなかったのよ。
KL 彼の最初の妻はデンマーク人のツィトラ・ルントで、二人は一九二三年に結婚式を挙げています。その時、彼は三七歳でベルリン・フィルとライプツィヒ・ゲヴァントハウス管の常任指揮者になっていました。
EF 彼に一度尋ねたことがあるの。「なぜそもそもあなたはツィトラと結婚したの？ 彼女にあなたは全く惹かれていなかったのに。」彼は言ったわ。「僕も若かったんだよ。」他の時にはこう言った。「結婚していない男たちと突然に知り合った。僕はそうはなりたくなかった。普通に結婚して子供が欲しかったんだ。」ツィトラが子供を産めなかったことに、もちろん彼はがっかりしたのね。彼女は前の二回の結婚でうまくいっていなかったけれど、彼は自分ならうまくいくと信じたのが単純すぎたのね。でも、彼女は魅惑的でとても美しく、彼より一年歳上だったのよ。歌手でもあったけれど、夫が指揮する時は歌わなかった。音楽的に彼女はとてもすばらしかった。でもそれが後で彼には邪魔になったのよ。どうしてかというと、彼が歌手と演奏する時、彼女がいつもそれにはいろいろ文句を言って自分を持ち上げたからなの。彼女はとても親切で、未婚の子供たちに対してもそうだったけれど、賢くはなかったわ。
KL あなたは彼女とはいつ知り合ったのです？
EF 彼が一九四二年に彼女との離婚手続きをとった時ね。
KL なぜ彼はそんな遅くになるまで離婚しなかったのですか。一九三一年には既に別居をしているのに。
EF 婦人たちにこう言うことができたからよ。「うん、僕の妻は別れてくれないんだ。」
KL ということは、彼は結婚によって他の女性たちから自分を守っていた。
EF まさにそうね。それは同時に彼に自由をもたらした。でもツィトラは彼の意向には従順だったのよ。これが彼女には三度目の結婚であり、それがはなはだ不本意なことになってしまったからには、三度目の離婚をしてデンマークに帰らねばならないはずだからね。彼が私と是が非でも結婚したいと思った時、彼は言ったの。彼が私に望む唯一のこと、それは彼女がベルリン・フィルハーモニーで桟敷席を持っていられるように、ということだったの。そこに彼女が座ると、私は十列目でちょうどよいと思ったわ。彼女はヴィルヘルムの没後ずいぶんたって亡くなった。そして私は彼女にかなりたくさん支払ったのよ。

KL エリーザベト、今から私たちはあなた方姉妹の一大恋愛ドラマへと話題を移したいのです。

EF 私の愛する姉マリアは、母とフェリックス・デーレンとの最初の結婚でできた子よ。彼女は私より七歳上。だから、私はいつも小さな「フラウヒェン」なのよ。マリアは病院の医師をして、それからベルリンで自分の診療所を持ったの。彼女はとても有能で有名になった。彼女の生き方には感嘆しているわ。

KL マリアはあなた方に共通の母カティンカをどう思っていたのですか?

EF マリアは母が社会でとてもすばらしい女性ぶりを発揮したことを賛嘆していたわ。母のこの苦労を姉もすることになるの。彼女の男は身分の高い人ばかり。たとえばフランス大使とか。彼女は聡明で魅力的な女性だったのよ。

KL 彼女は政治的な興味は持っていたのですか?

EF いえ、私とは全く逆。まさしく政治を、私は母のおかげでとても魅力的に感じたの。一方マリアは政治には関心がないにも関わらず、大使や、外交官、そしてもちろん医師仲間へと向かったのよ。マリアと私は政治について話はしたことがないわ。その頃、私は夫のハンス・アッカーマン、そして最初にできた三人の子供とヴィースバーデンに住んでいた。でも姉とはしょっちゅうベルリンで会っていたわ。鉄道や自動車で行ったのよ。

KL ところが異常事態が生じます。このあなたの愛する姉マリアは、一九三六年からヴィルヘルム・フルトヴェングラーと恋愛をするのです。これはどういうわけでだったのでしょう?

EF 彼らはとても親しくなり、マリアは彼が結婚してくれるのをいつも望んでいたの。ハンスが亡くなった時、彼女はヴィースバーデンに、私を慰めようと訪ねてくれた。私と彼女はお互い信頼していたから、いつも彼女から―既にずいぶん前から―どんな男と一緒にいるのかは聞かされていた。カニッツ伯爵が彼女の最初の男だったのよ。私は尋ねたの。「フルトヴェングラーと結婚することになっているの?」すると彼女は「ええ、もちろん。」一九四〇年のことよ。

KL しかし、あなたがこのカップルと初めて会ったのは、あなたの最初の夫が亡くなる前です。

EF　ハンス・アッカーマンは一九四〇年の初めに、日本人の仕事仲間とアドロン・ホテルで会う約束をしていたの。そこで私たちは夜十時くらいにまた会うことになった。私はベルリン滞在を利用して、マリアとフィルハーモニーのフルトヴェングラー演奏会に行ったのよ。その後、私たち三人だけでクアヒュルステンダムにある小さな酒場にちょっと立ち寄ったの。私はとてもわくわくしていたのよ。ここはベルリンだし、ヴィルヘルムをまだ個人的には知らなかったから。

KL　フルトヴェングラーは毎日どうやって移動していたのですか？　彼はベルリンでは非常に有名な人であったし、その風貌も音楽もよく知られていました。彼はグスタフ・シュトレーゼマンのように、二人のボディーガードをつけていたのですか？　彼だと皆わかったのですか？

EF　もちろんベルリンの人にはわかったけれど、それは彼には全くどうでもよいことだったのよ。彼はこの点では、考えられる限りで最も控えめな人だった。いつも警備はつけなかったわ。彼は見知らぬ酒場に入る時も、特に目立たず簡素だったの。

KL　もう一度まとめてもよいですか。この決定的な瞬間に、あなたは姉マリア、そして彼女のボーイフレンドであるヴィルヘルム・フルトヴェングラーと、クアヒュルステンダムの小さな酒場にいた。あなたは、幸せな結婚をした妻として三人の子がいて、四人目を妊娠していた。

EF　いやいや、この時点では妊娠はまだだった。もう数ヶ月先のことだわ。

KL　今や私たちが忘れてはならないのは、全ては一九四〇年、つまり第二次世界大戦の最中に起こっていたということです。あなた方は政治的状況についても話しましたか？

EF　とても陰鬱な時代だったのよ。私の母、そして彼女の娘は熱心な反ナチスだった。褐色の制服のナチスの人間が現れると、私たちは煩わしく感じたものよ。死んでもそんなものは必要なかった・・・

KL　・・・私の質問の仕方が良くなかったですね・・・

EF　・・・こいつらの一人と握手しなければならないとはね。フルトヴェングラー夫人としてでも嫌よ。

KL　そこで、私は決定的に重要なことを考えさせられるのです。多くの人が今日まだ、ヴィルヘルム・フルトヴェングラーはナチか反ユダヤ主義者ではないかと疑っているとしても、私はあなた、エリーザベト・フルトヴェングラーが、ナチか反ユダヤ主義者の男と結婚していたとは全く思えないのです。

EF　その通りよ。おお神様！　私にはユダヤ人の友人が大勢いたのだから。これはヴィルヘルムにとってもそうだったの。彼には数え切れないユダヤ人の音楽家の友人がいたのよ。彼の死後も私は彼らと生涯に渡って親しく交わっていたわ。たとえば、ナタン・ミルシテインよ。ヴィルヘルムの女性秘書もユダヤ人だったし、ユダヤ人に対する彼の態度は全く明らかなのよ。彼らはヴィルヘルムを尊敬し愛していた。特に彼と音楽をしていた人たちはね。これについてはもう話す必要はないわ。まさしくつまらないことよ。

KL　後でまた話しましょう。では、また一九四〇年の始め、クアヒュルステンダムの酒場に戻ります。

EF　フルトヴェングラーは演奏会についていくつか話したけれど、二人の姉妹がいるので話題を変えたの。翌日、私はマリアの所で昼食をとった時、謝ったのよ。「夕べはちょっとしゃべりすぎたわ。ごめんなさい。」すると彼女は、彼が「君の妹は他のどんなガールフレンドよりもずっと親切だね。」と言っていたと教えてくれたのよ。

KL　「ガールフレンド」ですか。

EF　ええ。彼女はいつもガールフレンドが周りにいたのよ。彼女はヴィルヘルムに、自分には同性愛的傾向があり、一度短いながらそういう時があったと告白したらしいの。私はそれを、ヴィルヘルムと結婚した後で彼から聞いたのだけれど、全く信じなかった。彼女はわずかでもそんな素振りを見せたことはなかったのよ。彼女と一緒に旅行に行った時もよ。

KL　このことで彼は傷付いたのですか？

EF　いいえ。それを彼は真に受けなかったから。

KL　あなたが彼に一番最初に会った時、どんな印象を受けましたか？

EF　すごく驚いたわ。私がこれまでの人生で会った人の中で、彼は最も控えめで内気な人だったからよ。これは全く想像できなかった。少し前には指揮をしていた人がよ。

KL　それに続いて六月には、あなたの最初の夫がフランスで戦死しました。あなたはトーマスをお腹に宿し、父親がいないいま一九四〇年十一月二九日に出産します。再婚をあなたは考えていませんでした。

EF　新たに夫を持とうと考えたことなんてないわ。全くないわ！　私は四人の子供たちと喪に服し、ヴィースバーデンの家の上の階でさらに生きていこうとしたの。友人や親戚とも一緒にね。

KL　マリアは？

EF　フルトヴェングラーはこの頃、彼女のためにシャルミュッツェル湖畔のザーローに小さな家を買ってあげたのよ。私が彼から気に入られていることにマリアが気付いた時、私を通して彼が自分と結婚することになるように、と彼女は考えたのよ。私はだから結婚の仲人ということよ！

KL　何ともおめでたい話だ。

EF　彼には最初から気に入られたのよ。でも、それから彼は急速に私への愛を深めたので、私はもうベルリンには行かなかった。

KL　一九四一年三月、フルトヴェングラーはスキーの最中に重傷を負い、半年は演奏会もオペラ上演も一切の演奏活動を断念せざるを得ませんでした。

EF　それはマリアから電話で聞いたわ。彼はスキーで滑りまくり、降下する際に運悪く頭から落ちてしまったのよ。ひどい脳震盪だった。

KL　戦争未亡人のあなたは、十四ヶ月も喪服を着ていました。一九四一年八月末、あなたはシャルミュッツェル湖で彼とまた会います。なぜですか？

EF　マリアとはいつもたくさんの時を一緒に過ごしていた。彼女が言ったの。「あなたも来るのよ。」確かに彼女は私を元気づけたかったのね。彼も招待されているのを私は知らなかった。これには思い至らなかったわね。たいてい私は多くの人に最初は気に入られるのよ。

KL　最初だけでなく。

EF　最初だけ、と言ったでしょ。

KL　とにかく、あなたは喪服を着ていた。これはマリアにはもちろん気に入らなかったわけですね。

EF　シャルミュッツェル湖畔で彼女は言ったわ。「上の客間に私の服があるの。私たちは背の高さは同じよ。いつも喪服を着ているあなたを見るのは、子供たちにもよくないわよ。」彼女は正しかった。でも、私はいつもさんざん子供たちのことを考えていたのよ。彼らに完全に夢中だった。他の仕事と同様にね。明朝、私はマリアの服を着て階段を下り、二人の前に現われたの。そこでヴィルヘルムは彼女の手をとって他の部屋へ連れ込んだので、私は何かを話し合っているのかなとだけ思ったの。彼女はそれから笑いながら出て来たので、私は言ったわ。「人を迎える時、あなたたちはいつもそのようなことをするの？」「いいえ」と彼女。ヴィルヘルムが彼女にだけこう言おうとしたらしいのよ。「ねえ、君の妹とすぐにでも結婚したい！」

KL マリアにとってそれはどうだったのですか？　彼女は遅くとも事の次第を理解していたに違いないのだから。

EF 彼女はただ嘲笑するように繰り返しただけだったのよ。「あなたはまず私と始めるべきよ。」そしてやっとのことでおどけてみせようとしたのよ。もちろん私の考えも彼女と同じだった。

KL ここのベヒシュタインのピアノの上には、フルトヴェングラーの写真があります。それは彼があなたに贈った最初のものです。下にはこうあります。「エリーザベト・アッカーマン夫人へ　親愛と尊敬を込めて！　ヴィルヘルム・フルトヴェングラー　一九四一年八月三十日」一通の手紙も添えられていました―あなたが受け取った最初のものです。こちらの方が彼にははるかに重要でした。「あなたとじかにまた会えるのなら嬉しい。」

EF 彼はこの手紙をこのように始めているの。「愛するフラウヒェン」彼がこの呼び方をそもそも好んでいなかったのにね。ヴィルヘルムからの最初の手紙は、もともとポーランドから来るはずだった。そこに彼は友人を訪ねていたのよ。彼は手紙をそこで書いたけれど、発送はしなかった。この写真を入れるための箱が見つからなかったからなの。だから彼はこの手紙を九月三十日の手紙の中に入れて―だから二重の手紙よ―ベルリンから送っているのよ。彼は自分が完全に私を愛してしまうかもしれない、しかし他方でマリアを喜ばせたいと書いていたの。私はこれを真に受けなかったのよ。私はそのことを後で彼に説明した時、怒らせてしまった。ポーランドで書いた手紙は残念ながら失われてしまったわ。

KL スキー事故の後、最初の演奏会は一九四一年十月十九日に、フィルハーモニーで行われました。調べてみると、この時はヴェーバーの《オイリアンテ》序曲の他に、ルートヴィヒ・ヘルシャーをソリストに迎えてカール・ヘラーのチェロ協奏曲の初演、そしてベートーヴェンの《エロイカ》が演奏されました。マリアはあなたと、このフルトヴェングラー・アーベントを聴こうとしたのです。

EF この演奏会は信じられないほどすばらしかった。このようなものは今日ではもはや全くないわね。その後、私たち三人は食事をしにポツダムのサンスーシの庭園に行ったの。彼はそこのファザネリーで家政婦のレンヒェンと一緒に住んでいたのよ。私たちはその家を眺めてから階段を下り、下の部屋で本を見ていたの。マリアが出て行った時、彼は私の腰に腕を回し、固く抱きしめたの。私は怒って、彼の腹を肘でついたわ。このことは今まで言ってなかったわね。ヴィルヘルムの行動は私をとても怒らせたので、彼については何も考えたくなかった。マリアのことだけを考えていたの。そして、彼は自分が間違ったことをしたということに気付いたのよ。

KL クライスト通りにあるマリアの家では、その後も食事をすることがあったようですが。

EF そこには彼女の診療室もあったの。全てを彼女は、フルトヴェングラーとの結婚を前提に作り変えていたのよ。彼女は私に母のような調子で言った。「今日は彼に言ってね。彼は私と結婚するべきだと。」当時、私にはヴィルヘルム・フルトヴェングラーは何より偉大な芸術家であり、愛する人にはまだなりえていなかった。これを私は自分に禁じていたのよ。マリアは一人の患者から呼び出されたので、私は彼と二人でそこに座ることになった。私はたずねたの。「あなた方はもうずいぶん長く一緒にいますね。なぜ結婚しないのですか？」私は彼の目の中にまず反発を見てとったけれど、彼はこう言ったのよ。「相性がいいのですよ。私は職業を持ち自由ですし、彼女もです。だから私たちはとてもうまくやっていけるんです。これは素敵な同棲ですよ。」後でこれをマリアに言うと、彼女はこう言っただけだった。「ずいぶんと簡単に言うものね。」

KL あなた方のヴィーン旅行で、マリアは最後の大きな過ちを犯しました。

EF 彼女はだんだんと気付いたの。フルトヴェングラーが私をとても好きになっているということをよ。これを彼女はずっと自分のために利用していたのね。彼女は私をヴィースバーデンに迎えに来て、私たちは一九四二年をヴィーンで迎えるために列車に乗ったの。ヴィルヘルムはヴィーン・フィルと、私のお気に入りの二つのオペラ、《トリスタン》《フィデリオ》を演奏した。私たちは一月一日の朝に到着し、秘書アガーテ・フォン・ティーデマンの出迎えを受け、彼に会うためにホテルへ向かったわ。彼はマリアを、それから私を抱擁し言ったの。「君たち今からすぐに行きなさい。クレメンス・クラウスがニューイヤー・コンサートを指揮するよ。シュトラウスのワルツだ。彼の演奏はすばらしいよ。」彼がこう命じると、私も素直に一緒に行ったのよ。その時ただ一つのことをわかったの。お前はほれている、と。自分を叱りつけながらも、既に楽友協会の建物へと向かっていたの。これはあってはいけないことだと思ったけれど。

KL 今まだ一つのことが気にかかります。もしマリアがフルトヴェングラーの子をはらんだら、あなたはそれでも彼を愛しましたか？

EF　全く別の状況になっただろうね。既に子供がいるというのなら、そもそもこういうことが問題にはならなかっただろうね。ああ、たまげた。答えは「いいえ」よ！　私が自分から身を引く理由がもう一つくらいは欲しかったかもしれない！　多くの点でこの方がましかもしれなかったわ。私の「いいえ」はもっと長く詳細になったかもしれない。私は男などほしくなかった。そうだったのよ。四人の子供がいるだけでとても満足していたの。

KL　それからヴィーンでのオペラ上演がやって来ます。

EF　私は待ちきれない思いだった。フルトヴェングラーは明らかに気付いていたのよ。私がもう肘つきすることを望んでいないということをね。マックス・ローレンツがトリスタンを歌ったわ。それから、私たちは五階にあるクロークで彼と会った。戦争中だったの。もし私が既にホロコーストについて知っていたら、全てにノーを言うことになったでしょうね。それは誰も知らなかった。私は知らなかったのよ。

KL　フルトヴェングラーも知らなかった？

EF　ええ！　それについて話されることはなかったわ。後になってからわかったのよ。ユダヤ人が招集され、外国に連行されていたことだけは知られていた。そういうことなのよ。そしてこれだけでも十分に悪いことだった。私の知っている多くの人はその前に既に亡命したわ。

KL　オーストリアは、ですからヴィーンも、一九三八年からヒトラーの帝国に併合されていました。街中や歌劇場でそれとわかるものはありましたか？

EF　いいえ。ナチ党の幹部も見かけなかった。私はまず《フィデリオ》、それから《トリスタン》を見たわ。マリアはローレンツ夫人とずいぶんおしゃべりをしていたわ。夫人はユダヤ人だったけれど、まだ留まることができたの。彼女に特例が認められたのは、帝国で第一級の歌手と結婚していたからなのね。私の最初の夫ハンス・アッカーマンのおじ、フリードリヒ・アンドレおじさんは、ブレスラウ大学の歴史学の教授だったの。彼はユダヤ人と結婚していた。彼が亡くなった時、マリアおばさんは危険になったのよ。ハンスはロンドンでたくさん商売をしていた。彼が彼女を一九三九年七月イギリスへ連れて行ったのも当然ね。そうでなければ彼女は追放されていたでしょう。恐ろしいことだわ。私が話したマックス・ローレンツはヴィーンでトリスタンを歌っていた。マリアが彼の夫人と話している間、ヴィルヘルムは私に手を差し伸べると、一緒に階段を大急ぎで降りて行った。戦争中はエレベーターが故障していたから。私たちが階下へ着くと、彼は腕をまわしキスをしてきた。私もしたわ。そうだったの。これが私たち二人の恋の勃発だった。後で彼は私に言ったわ。既にシャルミュッツェル湖畔で会った時に、私と結婚することを決意したそうなの。そもそも彼がもはや結婚を望んでいなかったにもかかわらずよ。自分に必要な人は誰かということが、彼にはっきりわかったのね。

日記　その四

ＥＦは人が想像しうる最もすばらしいホストだ。たいへん美しい客間を、彼女は私に再び使わせてくれた。机にはいつもみずみずしい薔薇が置かれている。そろそろ客人が到着する頃になると、彼女はひときわせっかちになり、ポルトガル人のメイドが準備したいくつもの部屋を最終点検するのだ。

食事はＥＦにとって儀式でもある。食卓の端に、彼女は庭をじかに見ながら鎮座する。自分の左や右に誰が座るかは、彼女が決めるのだ。私は右で、新しい家政婦のベルベルは左だと予想していたが、これが彼女のお望みでないということは、様々なナプキンリングの置き方でよくわかった。その置き方によって、次の日も人がどこに座るかは正確に決められていた。彼女が自分の前にあるものを少しつまみ上げると、それを私たちはジャガイモだと言う。その際に彼女は同時に、全員の皿に同じものがあるようにと非常に気遣う。「もっと野菜を取りなさいよ！」人が何かをまだ食べていなかったり、ソースでも肉でもサラダでもあまり手がつけられていないのは、いつも彼女を落ち着かなくさせるのだ。

もともと助産婦であったこの家政婦に対して、そもそもＥＦはとても厳しく忍耐がない。しかし何と言っても、いつも電話が鳴り、いろいろな地域からフルトヴェングラーのファンが報告をしてくるのだから仕方がない。また、忘れられてはならないのは、スイスのフランス語圏真っ只中の、ここ「バセ・クーロ」では、ドイツ語だけが話されているということだ。可愛そうなベルベルは、自分が電話で話している相手が誰だかをどうやって知るのだろう。もちろん、彼女は「試用期間中」であり、ＥＦのために料理、買い出し、企画、事務、話し相手、守衛などをしているところだ。こんなに大きな家族のもとで、人々が押し寄せて来たら、いくらそうしたくても全てを二日間で習得などできないだろう。だから、皿がいつもちょうどよく温まっていなくても、料理から湯気が立っていなくても、量がおそらくまだいくらか少なく盛られていても仕方ないのではないか。確かに食事はすばらしい味であるべきだし、願わくば、デザートが出る前には、三つの塩入れは―全員が自分のを一つずつ持っている―下げてほしいが。こうした全てのことは、ＥＦが母カティンカから受け継いだものだ。彼女は明日の朝食では、こう言うだろう。「私は元気よ。でも昨夜はちょっと読書をしすぎたわ。」

第四章

ヴィルヘルム・フルトヴェングラーとの結婚

KL 一九四二年初めには、あなた方が結婚するであろうことははっきりしていました。どのようにマリアは自分の運命と折り合いをつけたのですか？

EF それは彼女にとってもヴィルヘルムにとっても難しかったの。彼はマリアを愛していたし、誰にもまして高く買っていた。マリアは彼を果てしなく責めたけれど、彼は彼女と結婚しなかったのよ。手紙を読めば、全てのいきさつがわかるわ。それは不幸なことだったけれど、私の愛を得たことは彼には大きな幸せだった。

KL マリアにとってフルトヴェングラーと別れるのは、たとえばベルリンの社交界では何を意味していたのだろう？

EF それについて彼女は自分のガールフレンドたちとだけ話しているの。彼女たちはひとりよがりで、残念ながら正しく理解したとは言えないわね。このグループはヴィルヘルムと私について、とても否定的なことを語っていたのよ。でも、私たちはそれにはほとんど関心がなかった。彼女たちには悪かったけれど。

KL では、あなた方の家族ではこの事件はどう受け止められたのです？

EF 私にそれを変えることはできないからね。私は昔も今も可愛らしい「フラウヒェン」なのよ。

KL つまり、皆は反対せず、あなたを理解することができた。

EF 彼らはただこう言っただけよ。「彼は彼女を愛しているに決まっている。」私の義理の両親の振る舞いはすばらしかった。彼らは言ったの。「お前はいつも同じだった。皆からお前が愛されていることは確かだよ。」

KL でもマリアとあなたとはその後どうなったのですか？

EF 最初、私たちはもう会わなくなったわ。私が彼女に書いた手紙があるけれど、もう会わないというのは馬鹿げている、と書いてあるわ。ヴィルヘルムもそう思っていたの。でも、彼の考えは一つだけ、つまり、自分は彼女を見つけた、エリーザベトを見つけた、ということだったの。マリアに私はとても遠慮していた。しかし彼女は全く私から離れてしまったのよ。私たちはもはや言葉も交わさなかった。フルトヴェングラーは前立腺の病に難儀していたの。彼は私の息子たちの今の歳くらいだった。だから私は彼らに前立腺のことを気にかけるよう言っているのよ。もちろん、彼はこのことをマリアにも話していた。彼女は医師でもあるからそれを理解できたの。それから彼女のサークルによって言いふらされたのは、私が結婚の一年三ヶ月後に得ることになった子供はヴィルヘルムのものではないというデマなの。つまり彼は前立腺の状態からしても子供を作れるような状況にはない。彼女以外の唯一いた人は、彼の家政婦の「レンヒェン」、ヘレネ・マチェンツだと。レンヒェンは怒ったわよ。なぜなら、彼女は私をすぐに好きになっていて、私も彼女を好きだったから。他にもう一つのことを、私はよく理解したの。フルトヴェングラーと目的を遂げられなかった女性の多くは、言ったり書いたりしたわ。「私たちがこんなにも多く感謝しなければならない、この高貴ですばらしい人が、もし四人の子供を持つ夫人と一緒になったら、いったいどうなるでしょうか。彼は安静と平和が得られるのでしょうか？」

KL　それに対して彼は何と言ったのですか？

EF　「これは本当に恐ろしいことだ、ねえ、僕は宣言するよ。僕は彼女と結婚する。彼女が四人の子供を持つゆえにだ。」

KL　あなたの側からの意見について知りたいのです。最初の結婚からすると、あなたは比較的静かな環境から来たのですが、それからフルトヴェングラーによって信じられないくらい混乱した関係へと連れ込まれたのです。

EF　母によって、私はそれには十分に準備ができていたの。彼女にはいつも果てしない活力があった。人が女性として正しく振る舞えるよう、私は努力しようと思った。なるべく苦しみたくはなかったけど、もしこの人から愛されたなら、それを覚悟することくらい簡単だった。彼は言ったわ。「彼らは話すがいい。君は慎み深いし感謝の念がある。言うことはこれだけさ！」

KL　一九四二年初めから一九四三年七月までは長い時間でした。あなた方はどうやって戸籍上の結婚までこぎつけたのですか？　あなたはヴィースバーデンに住んでいた。彼はベルリンにいるか、演奏旅行に出かけていた。

EF　私はしばしばベルリンに行ったわ。一度彼は密かにヴィースバーデンにやって来たの。子供たちとまだ会っていなかったからよ。年長で九歳のペーターが楽々とリンゴの木に登ったことを、彼はとても気に入っていた。ヴィルヘルムが列車でやって来た時もしばしば会ったわ。たとえば、一度はフランクフルトで。ハイデルベルクでもよ。彼はハイデルベルクの自分の母を訪ね、説明したかったのね。
KL でもベルリン・フィルやヴィーン・フィルとの演奏旅行には、当時あなたはまだ一緒に付いて行ったりはしていない。
EF ええ、全く。
KL その間に一九四三年の春に、フルトヴェングラーは最初の夫人、ツィトラ・ルントと離婚しています。同年七月二六日には、あなた方の結婚式がポツダムでありました。
EF それには一つ条件があったのよ。誰にも知られないようにするということ。厳重に秘密を守るため、彼は口の非常に固いポツダム市長と話したのよ。保証人が二人だけいたわ。まず、ズーゼ・ブロックハウス。出版業者の妻である彼女を彼はライプツィヒ時代から知っていたの。そして、トーマス教会の楽長カール・シュトラウベよ。この友人はヴィルヘルム・フルトヴェングラーを信頼し、何より彼の作曲家としての真価を見抜いていたの。ヴィルヘルムより何歳か年上だった。彼は愛されていたに違いないわ。ファザネリーのレンヒェンのもとでは祝宴があった。私たち四人の他に、彼の息子ヴィリも加わったわ。当時、彼は兵士としてポツダムで任務についていたの。
KL 結婚は報道されましたか？
EF いいえ。完全に成功ね。私の家族にも、フルトヴェングラーと付き合っているということや、彼と結婚するだろうということは言ってあったのよ。でも、結婚がいつかは誰も知らなかった。その頃ポツダムはまだ爆撃されていなかったの。全面的に破壊されたのは、一九四五年の一月、二月、三月になってからよ。そもそも既に戦争の決着はついていたのにね。ドレスデン、ヴュルツブルク、マグデブルク、そしてポツダムへ爆撃が行われた。全てが過剰だったわ。連合軍は礼儀正しく振る舞ったとは言えないわね。爆撃を避け、私たちは一九四三年九月に、住みかを求めてオーストリアのアハライテンへ引っ越したの。ペーターは隣のリンツにあるギムナジウムに通わせた。アハライテンではロマネスクの壁に囲われ、上部がバロック建築のすばらしい小さな城があった。これはベルナルダ・フォン・アイヒンガーという、私たちからも愛された友だちで、フルトヴェングラー家と既に長い間付き合いのある女性の持ち物だったのよ。上には大きな部屋があって、そこでヴィルヘルムは作曲することができた。子供たちと私も快適に住んだわ。私たち家族はたっぷりと一緒の時を過ごした。子供たちのことは若いクリステル・ローゼンタールに頼み、私はヴィルヘルムとある時などは急いでヴィーンへ行くことができたのよ。

KL でもこの牧歌は長くは続きませんでした。あなたは三人の子供、ペーター、クリストフ、そしてカトリンをマイン河畔のクリンゲンベルクへ行かせねばならなかった。あなたは薄情な母親だったのでしょうか？

EF いや、いや、やめてよ。あなたが考えるのとは違う事情だったの。ペーターが毎日小さな色付き馬車でリンツまで行っていた道に、爆弾が落ちたのよ。私はもう彼を行かせはしなかった。一番上の兄ヴィタルに、ペーターをもっと安全なクリンゲンベルクに行かせ、そこから隣のミルテンブルクのギムナジウムに通わせたいと頼んだの。彼は私の最初の夫の姉妹バルバラ「ベアヒェン」と結婚していたのよ。当然、その頼みはすぐに了承してもらえた。子供たちの祖父母、アッカーマン家の両親がそこには住んでいたの。彼らはその前はマグデブルクに住んでいたのに、ヴィタルが爆撃を避けるために出ていった二日後、彼らの家は破壊されたのよ。だから、クリンゲンベルクではヴィタルと「ベアヒェン」、彼女の娘ベアーテ、私の代女ウルリケとフェリキタスだけでなく、祖父母アッカーマンもいたの。それはペーターにとって理想的だった。少し後にヴィルヘルムは、他の家族も安全なところに住まわせようとしたの。これを彼は当然のことと考えていたのよ。ルツェルンでフルトヴェングラーは、一九四四年八月に音楽祭を指揮する招待を受けていたの。私もルツェルンに行ったのだけれど、最も若い三歳のトーマスを、一緒に連れて行くことになった。二人の大きな子、六歳のカトリンと九歳のクリストフは、私が二日後に戻って来るまでおとなしくしているということになったの。実はこれは彼のついた大変美しい嘘だったのよ。

KL 出産間近の状態で。

EF ・・・私が妊娠しても美しいのは有名だったの。お腹が極端に出っぱることもなかったしね。その日が近くなって来ると、お腹の中の子が下ではなく上から生まれるのではないかと思ったこともあったのよ。ハンス・アッカーマンですら、他の妊婦と私を比べて言ったことがある。「そんなくらいの出っ張りようじゃあ、子供はできないだろうな。」私は大柄だったから、お腹に子供がいても目立たなかったのね。何も恥ずかしがる必要はなかったわ。

KL 現代の女性たちも恥ずかしがらないですね。彼らは大きなお腹を隠したりはしません。

EF 私は誇りに思っていた。特に今やヴィルヘルムの子供を授かったということにね。ルツェルンで彼は私に言ったわ。「君は今はここに留まって、アハライテンへはもう戻ってはいけない。僕は既にクリンゲンベルクに電話をしたが、クリストフとカトリンは君の家族に預けよう。クリステル・ローゼンタールが彼らを連れて行ってくれる。」

これは子供を託すにはすばらしい家だった。彼らはそこでみな学校へ行くこともでき、マイン河畔のこの小さな場所はかなり安全だったの。でも、三人の子供からずいぶん長い間離れていることにどのくらい悩んだことか。

KL では三人の年長の子供たちは、後になってあなたを非難したことがあるのですか？

EF いいえ、決して！　女性そして母としての私に要求されたことを、彼らが恨めしく思ったことがないのは本当に驚きだった。私は確かに悪い人間ではないわ。党員でもなくナチでもなかった。でも私は戦争が終わった時もドイツ人であったのよ。アメリカ兵たちは私に、そっとドイツに入国できるがそうすればスイスには戻れなくなると言ったの。一度だけ私の二人の兄弟が、三人の子供をフリブールに連れて来てくれたので、私は彼らに会うことができたのよ。アメリカの厄介になることなくね。でも全く不可能だったのは、クリンゲンベルクに行くことだった。私たちにはお金もなかった。後にクラランにいた時、夜ヴィルヘルムは、眠れない私の手を取って言ったわ。「ねえ、君が何を考えているか、何に耐えなければならないか、僕にはわかるよ。信じてほしいのだけれど、僕ら二人がまた全ての子供たちと一緒にいられるようになるためだったら、何でもするつもりだ。」

KL 妊娠したあなたは小さなトーマスと共に、スイスで暮らしていました。そしてフルトヴェングラーは、ベルリンで酷い状況の中、ぎりぎりまで指揮をしていました。

EF 私はスイスに留まったの。そしてアトランティス出版社を営み、自らも三人の子供がいたヒュルリマン家が、親切にもトーマスを一時的に引き受けてくれたのよ。一九四四年十一月十一日、息子のアンドレアスが生まれた。ヴィルヘルムと私はまだ一度も互いに電話ができなかったのよ。その頃、彼はヴィーンで指揮をしていて、私は何度か電報を出したわ。「私とあなたの息子は元気です」とね。これをスイス人たちは許してくれた。彼からの手紙は四週間遅れて着いたわ。私の姉カティアの夫は、しばしばベルリンから仕事でスイスに来ていたの。彼は私たちの郵便配達人だったのよ。一度だけ、ヴィルヘルムはオーストリア経由でチューリヒに来て、子供たちに会ったことがあったわ。そこには彼の従兄弟で医師のアルノルト・フルトヴェングラー博士も住んでいた。彼は家族を挙げて私たちをとても助けてくれたのよ。

KL 一九四五年三月、つまり終戦の二ヶ月前、フルトヴェングラーとあなたは二人の小さな子供を連れて、レマン湖畔のクラランへやって来ます。なぜそこに？

EF 私たちはヴォー州の滞在許可をとったの。ここから下ってすぐの、湖から遠くない所に、当時は「プレイリー診療所」があった。所長のニーハンス博士は、彼の応接間を私たちに譲ってくれて、二人分のベッドを入れてくれたのよ。絵や大きなシャンデリアが備えてあるのは、私の趣味ではなかったけれど、それは大したことではなかった。

KL 「プレイリー」でニーハンス博士は、新鮮細胞療法を行って生計を立てていました。フルトヴェングラーはそのような処置に興味があったのでしょうか？ 彼はスイスに亡命した後はとても憔悴していました。

EF いえ、興味は全くない。彼は自然と運動を愛していたわ。

KL あなたと、それぞれ四ヶ月と四歳の子供であるアンドレアスとトーマス、そしてヴィルヘルム・フルトヴェングラーは、お金のないまま二つの小さな部屋に住みます。彼は指揮を禁止されており、再び作曲を始めていました。しかし、小さなアンドレアスは声を張り上げて泣く・・・こんな感じだったのかな？

EF いいえ、アンドレアスは叫び好きではなかったわ。それでも叫ぶことがあると、私は彼の手を取って部屋から出たのだけれど、「診療所」の廊下ではやはり迷惑になってしまう。ディレクトリーチェ・オデッテ・ニコデはとても魅力的な人で、世話をしてくれたのよ。彼女は、私たち皆が小さな事務所で食事ができるようにしてくれたの。フルトヴェングラーは彼の非ナチ化の審議のためもあり、ヴィーンやベルリンへ何度となく出かけたわ。スイスでは、たびたび指揮者のエルネスト・アンセルメ、ヴェルナー・ラインハルト、そして彼の従兄弟アルノルトのもとに出かけていた。ラインハルトは私たちを月々経済的に支えてくれた。彼らには本当に世話になったわ。

KL こう言えるでしょうか。フルトヴェングラーは彼の第二交響曲を完成するところであり、それが嬉しかったので指揮できなくても平気だった？

EF 指揮する必要がないということは、彼には特に影響はなかったわ。でも、禁止されることには立腹していた。それにヴェルナー・ラインハルトにはお金を返さねばならなかったので、なるべく早く指揮を再開しなければならなかったのよ。作曲に関しては、彼はある時とても面白そうに、それを迷子になった犬にたとえていたわ。「作曲している時、どうしたらよいか名案を探していると、突然にどうしなければならないかがわかったりするんだよ。」もともと彼は、作曲で生活できたらと考えていたので、それは彼には不断の誘惑だった。

KL 面白いのは、彼が作曲だけを「仕事」と呼んでいたということです。指揮というものは、彼には明らかに全く簡単だったのですね。

EF 彼はそれができたのよ。ベルリン・フィルでチェロの首席奏者だったエーバーハルト・フィンケからある時言われたのだけれど、彼らと演奏した指揮者で、フルトヴェングラーほどリラックスしてまっすぐに立っている指揮者はいなかったらしい。リハーサルでは彼は座らなかったのよ。彼と初めてバイロイトに行った時、私は全くばかなことを言ったの。「ここでは、オーケストラ・ピットにいるあなたは誰にも見えないのだから、《ヴァルキューレ》や《神々の黄昏》も全部を立って指揮しなくていいんじゃないかしら。」彼はこう言っただけだった。「座れば響かなくなるんだよ。」

KL だから彼は自分の指揮に誇りを持ってもいた。

EF もちろんよ。彼はいつも言っていたわ。「僕は自分のなすべきことを示そうとしたんだ。」彼は確かに指揮者という職業を愛していたけれど、何度となくそれには疑いを抱いたのね。そして昔の偉大な作曲の時代に思いをはせたのよ。「僕が自分を欺いてそこから離れてきたのは悲劇的だ。」ある見方をすれば、このことは彼にとってもう決着がついていなければならなかったのよ。まだよくわからないのは、どこに彼が青少年期の作品全部を保管していたのかということね。大きなソナタ、ピアノ協奏曲、大きないくつもの交響曲なら、彼は私にを見せてくれたし、ここでもピアノで弾いて聴かせてくれたわ。

KL 一九四五年三月から、あなた方はスイスのクラランの「診療所」に住みました。二ヶ月後、戦争は終わります。すばらしいレマン湖のほとりで、あなた方は無傷の世界にいました。一方、ドイツは完全に破壊されました。ときどき良心が痛むことはなかったですか？

EF 私はないわね。でも死ぬほど辛かった。私たちは子供たちとドイツに留まっていたほうがずっとよかったかもしれない。驚きでもあるのは、人はヴィルヘルムには―私とは逆に―すぐにまた戻ってくるのを許したということよ。私だって同じ申請をしたにもかかわらずね。

KL フルトヴェングラーはベルリンでは指揮することを禁止されていました。だから、レオ・ボルヒャートは戦後のベルリン・フィルを指揮した最初の人になりますが、彼は二十二回の演奏会を指揮した後、現在のブンデスプラッツにいたアメリカの番兵によって間違って狙撃され命を落としました。一九四五年八月二九日にはセルジュ・チェリビダッケが登場します。彼はほとんど無名でしたが、ヴァルト湖沿いのツェーレンドルフ公園で最初の演奏会を指揮します。一九四七年五月まで、つまりフルトヴェングラーの帰還まで、チェリビダッケは彼の代理を勤めました。そもそもフルトヴェングラーは、一九三四年以来もう首席指揮者ではなく、一九五二年まではそれを望まなかったのです。カラヤンによって脅かされるまでは。

EF チェリビダッケは彼にはとてもとても親切で、礼儀正しかったわ。ヴィルヘルムが一九四八年に、自作の第二交響曲をリハーサルして、興奮のあまり気を失ってしまった時にも、彼はそこにいたのよ。

KL あなたは二人の小さな息子と、もう一つの間奏曲をスイスのアッペンツェルで奏でることになります。どうしてですか？

EF フルトヴェングラーはまだ自身の非ナチ化審議のために方々に出掛けていたので、「プレイリー」では狭すぎてしまったのよ。また、診療所は部屋の賃料が欲しかった。だからアッペンツェルの、私たちを一時的に受け入れてくれる、とても親切なプロテスタントの人々のところに行ったのよ。ヴィルヘルムもそこに行った。でも最初、彼はヴィーンへ行き、名誉回復をしたのよ。なるべく早く彼らは夫に指揮をしてもらいたかったのね。

KL それにもかかわらず、戦後初めての演奏会は一九四七年四月、ローマとフィレンツェでのことでした。

EF 招待を受けた時、彼は私のところにいて、イタリア人にこう返事をしたのよ。「私はまだ指揮の許可が与えられていないのです。」しかし、彼らはこれに納得せず、すぐに夫がスイスから出てまた戻れるように手配したの。私にとっても、それに同行できることは久しぶりの息抜きだったのよ。アンドレアスとトーマスは、ここでとてもよく世話をしてもらえたわ。可愛くてたまらないと、皆から愛され人気者だったの。はるかに大きな心配は、ドイツにいる私の三人の子供たちだった。イタリアへ向かう列車の中で私たちはデイジー・ブルネッティと一緒に座ったわ。彼女はとてもとても親切で音楽的なオーストリア人で、イタリアで結婚していたの。戦時中から彼女は、いつもドイツの放送でヴィルヘルムの演奏会を聴いていた。ブルネッティが書き送ったことを、彼は気に入ったのよ。私たちは言葉の点で彼女から助けられ、彼女は私たちと一緒に行けることに感動していたわ。私たちは彼女が乗り込んでくるはずのイタリアの駅で待ち合わせをしていたのよ。ヴィルヘルムはのんきなものなので、「じきにプラットフォームに来るよ」と言うの。彼女からもらう手紙の便せんが、いつも鮮やかなオレンジ色であったのに、そのイメージにはそぐわない一人のすらりとした年老いた女性が現れたのよ。彼女の金髪は、ヴィルヘルムの年長の妹を思わせた。それがブルネッティ夫人だった。その後列車に乗りながら、ヴィルヘルムはこう言ったのよ。「おそらく僕はもう指揮はできないだろう。」彼はもう二年間も指揮をしていなかった。ローマで私たちはそこに住んでいたチェリストのエンリコ・マイナルディに会ったの。彼にヴィルヘルムが自分の思いを伝えると、エンリコは彼を演奏会場のリハーサルへ引っ張っていき言ったのよ。「頑張って、マエストロ！」フルトヴェングラーはまずブラームスの第二交響曲を稽古した。すぐに全ては元通りになったわ。これは私にとっては神聖な時間だった。そして彼らはフィレンツェ五月祭に関してすぐに電話をし、夫に二回の演奏会を指揮させようとしたのよ。私たちは周りからは金持ちだと思われていた。ヴィルヘルムはデイジー・ブルネッティに、彼女が私と着るものを買いに行くように言ったのね。私は何も持っていなかったのよ。ヴィルヘルムの最初の婚約者だったベルテル・ヒルデブラントもやって来た。彼女は当時フィレンツェに住んでいたのよ。私たちは一番高い店に行った。白黒の服を着て鏡に映ると「こんなに美しい女性がいるかしら」と思ったわよ。でも皆は、この服は高すぎると言うの。次の日の朝食で、ヴィルヘルムは私に「君は服を買うんだ。絶対だよ！」と言ったので、その通りになった。店の主人は「それを買わなかったら、彼女はきっと気が変になっていたかもしれない」と思ったに違いないわ。

KL　ベルリンで一九四六年十二月に、アメリカによる面倒な審理を受けた後、一九四七年五月一日にはフルトヴェングラーに完全な無罪判決が出ます。

EF　最初の演奏会は一九四七年の聖霊降誕祭の時で、ベートーヴェンのプログラムは大成功だったわ。しかし、エリカ・マンがアメリカからこの演奏会について書いたことはひどかった。彼女はフルトヴェングラーだけでなく、ドイツをも口汚くののしったのよ。嫌ってはいけないのだろうけれど、私は彼女が嫌いになった。でも私は彼女の本当に悪いところを言ったのよ。トーマス・マンは後でこの事についてとても美しい文体で書いているけれど、おそらくそれは、彼の娘がとてもひどい振る舞いをしたからだわね。私はエリカ・マンを既に彼女がベルリンにいた時から知っているの。当時、私はまだ少女だった。彼女は兄弟のクラウスと―とても上手だったけれど―政治の寄席芸を演じていたのよ。

KL　スイスでのあなた方の住環境は、一九四七年の夏に決定的に変わります。

EF　私たちがニーハンス博士の「プレイリー診療所」に住んでいた時、クラランを乳母車を押しながら歩いたの。この小さな遠足で私たちは、ハンブルクで船舶業を営むパウル・リックマース夫妻に会った。彼らは戦争末期にここに引っ越してきて、私たちがドイツ人であることに気づいたのよ。特に音楽と関係があるのではなかったけれど、彼らはもちろんフルトヴェングラーが誰かということは知っていた。私たちには本当の友情が生まれたの。これまで私がクラランで親友ができないことに、ヴィルヘルムはやましさを感じていたので、リックマース家に二人のとても優しい娘がいたことを喜んでいたわ。一人は同い年のウルジで、出会ってすぐに亡くなったの。モニは私より十歳若かった。彼女は私の最良の友だちになったのだけれど、当時既に経験豊かな秘書だった。私が二本の指でしかできないのに、彼女はピアノを弾くように十本の指でタイプを打ったのよ。ヴィルヘルムには釈明することが大事だったの。釈明書を彼は非ナチ化されるまでずっと提出しなければならなかった。モニは卓越した語学の知識もあり、彼の秘書になったの。ヴィルヘルムから雇われた時、彼女が「でも私は音楽のことはわかりませんよ」と言うと、彼はこう答えたのよ。「大丈夫。僕の音楽性は僕ら二人分あるんだよ。」

KL すぐにここから、通りを越えると、リックマース家が持っていた「皇帝邸」への入り口が始まります。この館の命名の由来は？

EF ナポレオンがここに住んだのよ。イタリアに出兵していた頃ね。十九世紀には別の家だったけれど、一九一二年に基礎壁の上に皇帝邸が建てられたの。

KL フルトヴェングラーにとってこれは一つの夢でした。なぜなら、ベートーヴェンの第五ピアノ協奏曲《皇帝》を想起させるからです。

EF まあ確かにね。この大きな庭園には、今でもまだ「皇帝邸」の他に小さな丘の上の「プチ・クレ」という小さな家があるわ。これをリックマース家がすぐに買ったのは、皇帝邸に誰がいても窓を通して見えるためだった。後に彼は「皇帝邸」から「プチ・クレ」へと移り住み、私たちが大きな家の一、二階に住めるようにしてくれたのよ。ヴィルヘルムはここでは自分の仕事部屋とピアノを持てた。それに、リックマースはクリスマスにやって来て、本当にたくさんの家具を、子供たちのためにはベッドをくれたの。大事なのは、ここは基本的にフランス語圏だということ。娘のカトリンを、私は可能な時だけクラランに引き取ったのね。彼女はフランス語を四週間習った。一方、ペーターとクリストフはドイツで高校を卒業したのよ。忘れられないのは一九四七年、三年ぶりに再び子供たちのもとに行くことができた時ね。クリンゲンベルクとトレンフルトの間の道で、彼らから迎えられたわ。子供たちはそれぞれもう十五、十二、九歳だったのよ。そこでとても面白いことがあった。ペーターとクリストフとの再会は全く自然だった。私たちが昨日まで会っていたかのようだったのよ。天国のようだった。一方、カトリンは後で私に言ったわ。彼女は他の婦人を見る時、自分の母親の姿をいろいろと考えていたらしいのよ。彼女が私に距離を感じていることはよく理解できた。彼女私が彼女をすぐにでも自分のもとに引き取らねばならないことは明らかだったの。二ヶ月後にはそうなったわ。クリンゲンベルクから帰る時、もう一度後ろを振り向くと、そこにペーターがいたて泣いていたの。「またしても彼女はやられてしまった」というわけよ。

日記　その五

私の仕事にとっては幸運な日だった。ＥＦは早朝に私の部屋に入ってきて、エレガントな見出しのついた重い箱を机の上に置いた。私の希望で、彼女にはヴィルヘルム・フルトヴェングラーと交わしたラブレターから一時的に離れてもらっていた。この文書があることを私はよくわかっていたが、彼女は私にそこから一つの文章も読んで聞かせることはなかったのだ。彼女の最も内奥のことがこれらの手紙に書かれているのは明らかだった。手紙が時系列に並べられていないため、私は後にベルリンでじっくり時間をかけて整理しようと思った。ＥＦが彼女の人生についての多くの質問に答えている時、私はこれらの手紙の内容をまだ全然知らなかったのだが、そのことがまた刺激となる。また、このＥＦの本の読者が興味を持つに違いないのは、二つの資料―実際の対話とそれにずっとさかのぼる手紙―が、一致するかどうか確かめるということだろう。

もう一つの「贈り物」をＥＦは私にくれた。「ブリュッケン・アレー四番地」というラベルの貼られた、彼女の若い頃のアルバムから、戦争の被害を受けなかった水彩画をいくつか持って行ってもよいということになったのだ。彼女は最初の夫ハンス・アッカーマンのために、ベルリンの住まいの中の様子を描いていた。この思い出の作品を、私は後でこの本に追加したかった。

ＥＦにとって、先の七月の嵐による破壊の様を回想するのは、全く心地のよいものではなかった。彼女は私と広い庭を歩き回り、「皇帝邸」の被害も見せてくれた。しばしば彼女は呆然として木の残骸の前にたたずんでいた。その残骸はまだ大地から奇妙に突き出ている部分もあれば、折れ曲がって垂れ下がったり、既に破片になっている部分もある。泣きたくなるような光景だ。しかし、彼女が二ヶ月前に泣いたのかどうかはわからない。おそらく、呆然自失してしまったのだろう、ヴィルヘルム・フルトヴェングラーが亡くなった当時のように。

前から知っていたのだが、散歩中に小枝が落ちているのを見つけると、彼女は身をかがめてそれを拾い、道端に片付けるのだった。彼女は自分の大きな杉のもとに来ては、木の周りにからみついている蔦を取り除いていた。全てやってしまうと、彼女は言った。「これをいつも自分でするのよ。蔦が木から力を吸い取ってしまうから。」

第五章

第三帝国と戦後

KL　エリーザベト、今や私はあなたをちょっと苦しい気持ちにさせてしまわざるをえません。もう一度ヴィルヘルム・フルトヴェングラーと第三帝国についてお聞きするからです。これは彼にその死まで付きまとったテーマです。もしあなたが五十年もの間、真実のために闘ってこなかったとしたら、この人の名声は今日どうなっていたでしょうか。

EF　確かに私は何度となく多くのことを正してきたわ。まず言わなければならないのは、私は彼とは個人的には一九四十年に初めて知り合い、一九四二年にやっと一緒になったということなのよ。夫の周囲は彼がナチスの連中とは関係を持たなかったということを正しく知っていた。しばしば彼らは演奏会に来ていたけれども、私は顔を合わせたことはないわ。ゲッベルスやゲーリングにしてもそうよ。ヒトラーが来ることを知ったなら、私は絶対に行かなかった。フルトヴェングラーにとってそれは永遠の苦しみだったのよ。よく知られているように、彼はヒトラーに会いに行き、話した後に決裂したことがあるの。ゲッベルスには、何か気に入らないことをされるととても厳しかった。ヴィルヘルムは多くの場所で、オーケストラの中でも、人を助けたのよ。特にユダヤ人をね。彼はとても大きな名声を持っていたので、上層部の人間は彼を大事にしたの。こういうことは結局一九四五年には終わり、もうそれ以降はないわ。ナチはいよいよ滅びようとしていた。彼らに味方しなかった者がいたの。第三帝国の建設総監で軍需大臣だったアルベルト・シュペーアは、夫を好きで、フィルハーモニーにやって来て、楽屋で警告したのよ。「あなたがアンセルメからジュネーヴでの指揮の招待を受けていると聞きました。その後にちょっと休暇を取ったらいかがですか。」シュペーアはフルトヴェングラーがマンハイムで楽長になった頃はまだ少年だったけれど、当時から既に彼の芸術を尊敬していたのよ。

KL　フルトヴェングラーはどうやって逃げたのですか？

EF　彼はヴィーンへ列車で行く時、一等車に二人の青年が座っているのに気付いていたのよ。ホテル・インペリアルで、別の日に朝食をとる時にも彼らはいた。自分が監視されているのは明らかだった。いつも驚くのは、彼はおそらく賢かったということよ。彼が不安を感じたのは正しかったのだから。もともと彼は指揮をするためベルリンに行かねばならなかったけれど、今度はいくらか違う用件もあったのよ。彼はヴィーンの秘書アガーテ・フォン・ティーデマンに秘密の相談をし、ローザンヌとジュネーヴで仕事をするのでその間はスイスに滞在できる許可をもらうよう頼んだのよ。だから彼はヴィーンからとても早くに、ベルリンにではなく、六時の始発列車で国境を越えるためフェルドキルヒに向かった。二人のスパイは朝食の時に博士がそこにいないので、彼の居場所をホテルにたずねたの。でも彼は出発した後だった。彼らはアガーテの住まいに飛んで行ったの。そこを彼らは知っていたから。彼女は言った。「彼はベルリンへ行きました。そこで演奏会があるんです。」なるほど、と彼らはそれを信じ、この件はうまくいったのよ。夫がスイスの国境まで来た時、既に三人のドイツ人が前に並んでいた。彼らのパスポートには、夫が持っていないスタンプが押してあったの。彼らは名前を呼ばれ、国境を通されたのよ。今や夫の番になった。国境警備員はパスポートを取り、ヴィルヘルムを見て―これを夫は私に何度も再現してみせた―非常に驚いて言ったの。「結構です。お通り下さい。」夫が逃げられたのはこの警備員のおかげなのよ。この人はフルトヴェングラーのことを知っていた。オーストリア人だったのよ。そこではフルトヴェングラーは総じてドイツ、ベルリンよりも高い名声を誇っていたのね。オーストリアで彼はまさにヴィーン人だった。

KL　今ここで引用するのはアルノルト・シェーンベルク、ヴィーンで活躍したユダヤ人である作曲家が、アメリカに亡命していた一九四六年に報道機関に言ったことです。「フルトヴェングラーがナチではなかったことを私は確信している。また、彼が反ユダヤ主義者でなかったということも。彼はトスカニーニ、オーマンディ、クーセヴィツキーはおろか、その他のどんな音楽家よりも優れた人である。」

EF　それ以上はもう言わなくていいわ。これにヴァイオリニストのナタン・ミルシテインが署名していたらよかった。そもそも彼は、フルトヴェングラーが戦後シカゴ響の首席指揮者になるかもしれない時に悪者呼ばわりされたことに反対したのよ。彼の妻は私に後で書いてきたわ。フルトヴェングラーへのユダヤ人の抗議について彼は怒っている、とね。ミルシテインはそれには加わらず、フルトヴェングラーに対してはシェーンベルクよりももっと近いところに立っていたのよ。ヴィルヘルム・フルトヴェングラーが親ユダヤであったことは、皆が知っていたのよ。

KL　このことは彼の実際の人間としての教養から考えられなければなりません。彼の父は考古学者であり遺跡の発掘者であり、伝統と人間に深い関心を持っていました。フルトヴェングラーはよい意味でドイツの愛国者であったと言えますか？

EF　彼はたんに一人のドイツ人であるにすぎない。ナチスがドイツを支配したことによって不幸になったのよ。フルトヴェングラーは悲劇作家だった。既に彼における作曲と指揮の関係だけでも悲劇的だったのよ。しかし、私たちは常に政治についても話し合っていた。ナチスの暗愚のためにいつも立腹させられていたからなの。彼はヒトラーの誕生日のために一度指揮した。これは確かよ。でも、そのようなことをしなければならなくなりそうになると、たいていは仮病で断っていた。当時の彼を映した音楽映画はとてもすばらしいわ。あのひどい鍵十字さえ映っていなければね。でも、鍵十字はそこここにいつもかかっていて、避けることはできなかった。一度ヴィーン・フィルとの演奏会の時、既に会場全体が他の祝祭のために旗で飾られていた時、ヴィルヘルムは言ったわ。「片付けて。どうか全部片付けて下さい。」後ではそういうことはなくなった。妨げられずに音楽をするために、いろいろ思い煩わなければならないとは、全く嫌でたまらなかったでしょうね。彼にはいつも音楽だけが大事だったから。

KL　一九二二年、フルトヴェングラーはアルトゥール・ニキシュの後任としてベルリン・フィルの常任指揮者になります。この決定はオーケストラ自らがしたことでした。しかし、一九三三年にはベルリン国立歌劇場の監督、プロイセン枢密顧問官、そして帝国音楽院の副総裁になっています。これはナチスが任命したものでした。

EF　彼は党員にはならなかった。これは彼にとって絶対に重要なことだったのよ。だからナチスはできる限り多くの、辞退できないような勲章を彼の肩にかけたのよ。それが名誉博士の帽子だった。

KL　枢密顧問官として彼はどんな仕事をしたのですか？

EF　全く何もしていないの。

KL　国立歌劇場ではどうだったのだろう。彼はエーリヒ・クライバーの上司にさせられたわけですが。

EF　彼らは大変よく分かり合っていたわ。問題は全然なかった。ヴィルヘルムは指揮者エーリヒ・クライバーを認めていたし、大変高く評価していたのよ。それについては戦後に彼らが再会した時の話でもわかるわ。

KL　一九三四年のヒンデミット事件で、フルトヴェングラーはナチスに実際に反抗しました。

EF　当時私は二四歳だったけれど、このことは新聞で知ったわ。ヒンデミットを弁護することによって、彼は公然とナチスへの反対を表明し、その政権の過ちをきちんと正したのよ。これには賛成で、すばらしいと思ったわ。この時フルトヴェングラーという人は私の中で好印象を残したのよ。六年後にようやく彼と知り合うことになるのだけれど。

KL 自分たちは帝国から出て行くべきだ、と彼に言ったことがありますか？

EF いや！ 全くないわ。でもスイスにいた時、私はとにかく幸せだったのよ。一度だけ彼に従ったわけ。もともと私は既に子供たちのためにドイツから出ようとは思わなかったのだから。それはもう話したでしょ。ルツェルンの夫の演奏会にいた時、彼から言われたの。「僕らの所には爆弾が落ちている。君はトーマスとスイスに残って、ここで僕らの子供を産むんだ。」これは彼のエゴでもあった。彼は自分の妻を失いたくなかったし、子供も傷付けたくなかったのよ。だから後になってしばしばたずねられてしまったわよ。なぜ私はスイスにとどまっていたのか、とね。こういう次第だったのよ。

KL フルトヴェングラーはナチスの時代のある時、あるいはずっと、亡命するべきかもしれない、と考えていたのでしょうか。

EF 私がまだ知り合っていない時から、彼は亡命しようと思えば可能だったのよ。亡命を考えていたかは知らない。一九四二年二月、シュテファン・ツヴァイクが亡命して命びろいをした。なぜなら彼はもはや出入国をしなかったからなの。私たちもそれをようやく二年後に経験するのよ。それはヴィルヘルムにとっては昨日に起こったことのようだった。彼は私に言ったの。「君は僕がこれをしていたらと思うかい。僕も彼のように疑いがかけられていたようだ。僕は出ていくことは全くできなかった。ドイツに留まらなければならなかったのだ。」これだけはわかるわ。彼はドイツに留まることで、とても多くの人々を幸せにしたのよ。後にベルリンの劇場支配人になったバルロクは、それをこう表現しているわ。「フィルハーモニーで全十四夜のフルトヴェングラー演奏会を聴けるということが、生き延びる理由だった。」

KL 一九四七年五月、ヴィルヘルム・フルトヴェングラーはベルリン・フィルに戻って来ます。そして、九月二八日にはヴァイオリニストのユーディ・メニューインと共演。彼らは一九三十年代にはまだ交友はありませんでした。どうやって二人は知り合ったのですか？

EF これはユーディから聞いたわ。私たちは後でとても親しくなったからなのよ。フルトヴェングラーのレコードを聴いたユーディはとても感動したのね。彼が気付いたのは、アメリカではヴィルヘルムについて酷いことが言われているということだった。演奏旅行のおりに、メニューインが他のユダヤ人にたずねるとこう言われたのよ。「とんでもない。私たちはみな、フルトヴェングラーがナチスに反対したことを知っている。」メニューインはフルトヴェングラーが助けてアメリカに亡命したベルリン・フィルのユダヤ人元団員にも会ったの。とにかく肯定的なことばかりを聞いた彼は、「誹謗中傷を受けている人を今こそ助けなければならない」と思ったのね。そして、そうしたのよ。フルトヴェングラーはメニューインと面識は全くなかったけれど、彼が超一流のヴァイオリニストであることは知っていたわ。

KL 当時のフルトヴェングラーとメニューインによるベートーヴェンの協奏曲の演奏を、私たちは録音で聴くことができます。認めざるをえないのは、メニューインが純粋に芸術家として幸福であった場所を見出すのは難しいということです。これに加えて、フルトヴェングラーの秘書だったモニの日記からまた引用します。一九四九年八月三十日、ルツェルンでブラームスのヴァイオリン協奏曲のレコード録音がありました。「朝、ユーディとの録音。かわいそうな人は何度も冒頭から始めなければならない。Fはいつも彼に何か文句をつける。彼は信じられないくらい忍耐強い。」

EF 初め夫はヴァイオリニストとしての彼をものすごく高く買っていたのではなかった。しかし、演奏を終えてみるとすばらしかったのよ。彼はまたとても温和な、気立てのよい、魅力的な人だった。私にはたくさんのユダヤ人の友だちがいるけれど、彼らはメニューインについてちょっと無礼なコメントをしたがった。しかし、こういうことをメニューイン自身はできなかった。彼はあまりユダヤ人らしくなかったのよ。グシュタードで彼がやっていた音楽祭には何度も出かけたわ。そこで彼は毎年自分のオーケストラと演奏会をしていた。彼はとてもしゃれた別荘も持っていて、そこに私は招かれたのよ。亡くなる半年前、彼は再びクラランに私を訪ねて来て言ったわ。「ああ、エリーザベト、僕らが知り合った時、まだ君はすごく若かったね。」私はこう応じた。「ええ、でもあなたはさらに四歳も若かったのよ。」「ヴィルヘルムが亡くなった時、君はまだ本当に若くて初々しかった。誰か他の立派な男と知り合って、愛し合いたいとは思わなかったのかい?」「もう一度、彼の後に誰かと? ユーディ、私は誰とも知り合わなかったし、結婚しようと思った人もいなかったのよ。一人の男とどうかなることはなかったの。」「彼がそこまでするに値する男だと思うかい?」これは無礼なコメントであり、彼が言いそうにないことだった。でも、私たちは二人とも涙が出るほど笑ったのよ。それから私は言った。「そうね、彼はそれに値したのよ、ユーディ。」そして彼は前と同じようにきちんとなった。「君もそれに値しているよ。」どうぞ。

KL 次の大事件はもちろん、ベルリンのアドミラル・パラストでフルトヴェングラーが自作の第二交響曲を指揮して初演したことでした。オーケストラはベルリン・フィルで、一九四八年二月二二日です。

EF 彼は信じられないほど興奮していたわ。練習中に気絶したことがその証拠よ。もう話したことだけれど。自分のしたことに満足できなかったので、彼は当然心配になったのよ、どうしたらこの新しい作品が聴衆に受け容れてもらえるかとね。

KL 当時の新聞ではこう書かれています。「主題による降霊術」「ぞっとするような時代錯誤」これを彼は読んだわけですか?

EF 彼は言ったわ。「あのね、よく思うんだけど、たぶん僕はそうなんだ。」でもオーケストラは、彼のことをよく知っていたから理解したの。彼自身の交響曲は、ベートーヴェンの「ミサ・ソレムニス」の時とは事情が違ったのよ。彼の人生の終わりまで、見るたびにとても興奮させられたのは、ヴィルヘルムが何度もこのテキストに取り組んでいたということなの。なぜ彼がミサ・ソレムニスをこれ以上指揮しようとしなかったか、誰も理解できなかった。でもこう言っていたわ。「僕は長い間この作品に没頭し、熟知し、暗譜したけれど、この中に隠されているものを引っ張り出すことができなかったんだよ。」第二交響曲はこれとはちょうど逆なのよ。

KL しかし、新聞からの批判で彼は打ちのめされなかったのですか。彼はすぐに大きな第三交響曲に取りかかります。なぜ諦めなかったのだろう。

EF 彼は言ったわ。「彼らが何を書くか、僕は前から知っていたんだ。」批評を読んだ私は、彼以上に怒ったわ。彼の意見によれば、人々がすぐには納得しないというのは、他の作品の初演の時と同じだというのよ。受け入れられるまでには時間がかかると。

KL シェーンベルク、ストラヴィンスキー、またはハインツ・シューベルトの作品を初演した時、彼はそういうことを知ったのですね。

EF その通り。もしそれらの作品で彼が理解できない箇所があったら、作曲者たちが説明したのよ。しかし、彼自身の交響曲について説明は必要なかった。

KL では、あなたはこの曲をどう思いましたか。彼の以前の作品を聴いていないところに、第二交響曲のような巨大な作品を聴かされたわけです。

EF 私もものすごく興奮させられたの。この第二交響曲については既にたくさんのことを知っていたのよ。彼がピアノで弾いて聴かせてくれていたから。でも初演で聴いた時、それは初めて一つのイメージを結んだのよ。この曲はまさしく彼そのものだった。もちろん私は心を奪われたわ。彼の作曲の方向性にはいつも賛成だった。

KL　一九四五年にフィルハーモニア管弦楽団を設立したウォルター・レッグは、レコード会社ＥＭＩの実力者でした。彼の結婚相手はエリーザベト・シュヴァルツコプフです。この二人との関係はどうだったのですか？

EF　レッグはとても音楽のことがわかっていた。何度も「皇帝邸」に私たちを訪ね、ヴィルヘルムにレコード録音をさせようとしたのよ。そしてそれはうまくいったの。確かにフルトヴェングラーはカラヤンを妬んでいた。レッグはカラヤンの方にずっと惚れ込んでいたからね。当時はヴィルヘルムをこれ以上ビッグにする必要はなかった。彼は既にビッグだったから。でも、レッグは新しいビッグな指揮者を求め、カラヤンを発見したのは自分だと自慢したのよ。このことを私はヴィルヘルムに確かめてもいるわ。

KL　一九五〇年の七月から八月にかけて、ザルツブルク音楽祭があり、フルトヴェングラーはすばらしい演奏者たちと《魔笛》を四回演奏しました。オーケストラはヴィーン・フィルで、ヴィルマ・リップが「夜の女王」を、イルムガルト・ゼーフリートが「パミーナ」を歌いました。それからウォルター・レッグと大きな騒動が持ち上がります。彼が少し後に《魔笛》のレコード録音をカラヤンに任せてしまったからです。ほとんど同じキャストでです。

EF　これにはフルトヴェングラーは明らかに気を悪くしていたわ。彼は《魔笛》をヴィーン・フィルで稽古していたのに、それをカラヤンがＥＭＩのためにかっさらってしまったのよ。ウォルター・レッグとの決裂は決定的だった。でも二人の指揮者のもとで歌ったイルムガルト・ゼーフリートを、夫は悪くは思わなかった。彼女には自身の考えがあってのことだったのよ。

KL　レッグの夫人だったエリーザベト・シュヴァルツコプフにとっては、とても面倒なことになったのでは？

EF　いいえ。彼女は夫とは違って「カラヤン派」ではなかった。フルトヴェングラーも彼女の声の大いなる信奉者だったの。夫が言うには、彼女と演奏すると信じられないくらい楽だったのよ。シュヴァルツコプフは彼が求めるもの、そしてモーツァルトやベートーヴェンが求めるもの全てを理解しているように感じられたから。彼女とは声楽のアンサンブルも問題なかった。でも、誤解のないようにしてほしいけれど、カラヤンは能力のある人で、ヴィルヘルムもそれは認めていたのよ。

KL　エリーザベト・シュヴァルツコプフは、カラヤンにはかなり問題を感じていても、フルトヴェングラーを最後まで信頼していました。

EF　ええ、彼女はフルトヴェングラーのもとではブラームスのレクイエム、バイロイトでのベートーヴェンの第九を歌い、そして一九五三年にもザルツブルクで彼にフーゴー・ヴォルフの歌曲のピアノ伴奏を求めているの。ヴィルヘルムはその場の人々を前に彼女に言った。「それではあなたは、私がピアノを弾いても満足してくれるのですね？」すごく彼女らしいわ。でも彼はたくさん練習しなければならなかったのよ。そしてそれは彼にとって、とてもスリリングなことだった。そこには私もいたのだけれど、多くの評論家もいたのよ。批評家たちはテンポのゆえに、彼にいろいろと文句をつけていたのよ。でも、他の皆は、シュヴァルツコプフも、幸せだった。彼らはとてもよく理解していたのよ。

KL　フルトヴェングラーはどうしてカラヤンを好まなかったのでしょうね？

EF　それはよくはわからないわ。彼は言っていた。「カラヤンはずば抜けて能力のある男だ。他の若い指揮者は、みな僕のところに会いにやって来た。ヨゼフ・カイルベルトもだ。カラヤンは僕の所に来なかった唯一の男だ。決して来なかった。」カラヤンはフルトヴェングラーの演奏を聴きには来ていたのだけれどね。

KL　今はカラヤンについてもう少し触れてみたいのです。私はカラヤン自身とこのことについて話したことがあるからです。彼は一九七七年にこう言っています。「フルトヴェングラーとトスカニーニは我々にとって半ば神のような存在で、そばに近寄るなんて思いもよらないことだった。彼らの練習を聴くために、我々はホールにこっそりもぐりこんだのですよ。」

EF　皆があえてそうしたのよ。ある演奏会で本当に感動したら、皆が彼の所に来たのよ。

KL　カラヤンは人を信じられない内気な男でした。舞台上ではそうではありませんが。舞台では彼らはみな恥ずかしがらない。カラヤンもフルトヴェングラーも。興味深いことです。しかし、カラヤンは後ではいつも、フルトヴェングラーとその業績を支持していました。

EF　カラヤンは調子を合わせるのがうまいのよ。そう言えばこちらは快適だからね。彼は夫について正しく本質的なことを言っていたわ。この職業の何たるかを理解していたのだろうね。彼が二回フルトヴェングラーについて話すのを聞いたわ。両方とも全く正しかった。でも、彼はとても虚栄心の強い人間だったわ。

KL　写真を見ればわかりますね。

EF　彼は作品に感動していなかったのよ。フルトヴェングラーはいつも感動していた。ベートーヴェンやブラームスまたはブルックナーを指揮している時によ。フルトヴェングラーにとってベートーヴェンは神聖な存在だったの。

KL　あなたが主張したいのは、フルトヴェングラーとカラヤンが一度も互いに話したことがないということですね？

EF　ええ、そうよ。カール・ベームはオペラでも偉大な指揮者だった。でも、カラヤンは自身を恐ろしいくらい過大評価したのよ。彼は何を残したかしら？　何枚かの美しいレコードはあるわ。でも、人間性については？　その点では彼から積極的なものは何も聞こえてこないのよ。私は彼との関係は良好だったし、一緒に散歩したこともあるわ。一度はザルツブルク、一度はヴィーンでだった。二人は楽しく歓談したの。不思議に彼と一緒にいても、気づまりなことはなかった。彼は私を褒めてくれたのよ。彼を優しい人だと思ったし、私も彼に親切にしたわ。

KL　フルトヴェングラーとは全く反対に、彼は音楽について何かを書くということはありませんでした。

EF　二人の残したものを、同じ秤の上には載せられないわ。自分が指揮した作品に、カラヤンは全く感動していなかったのだから。

KL　あなたはそもそも誰かに対して気後れしたことがあるのですか？

EF　ないわ。いや、あるわね。ヴィルヘルムに対しては既にいつも慎みを感じていた。ちょうど聴衆のようにね。私のそばにこういう人がいるのだということに感動したの。彼には悲劇的なものがしばしば見えたからなのよ。彼は快活でもあり、そもそも悲愴なところは全くなかった。優しく親切であることができた。しかしそれを超えて、彼にはいつももっと何か偉大なものがあったのよ。彼がそれを示そうとしたのではなく、ただそれは自ずから現れていたのよ。どんな人も彼を個人的に知る人なら、彼にはもっと何かがあると感じていたの。これが真実なのよ。

KL　ここで再び話をプライベートなことに戻したいと思います。「皇帝邸」にフルトヴェングラーはいて、秘書のモニは「プチ・クレ」で彼のための仕事をしていました。まだ昨日は、あなたは私にこう説明していました。モニはいつも庭を通って彼のところに行き、彼は彼女に手紙を口述筆記させていた、と。これは一九五一年には終わります。モニが結婚したからです。

EF　その後でヘンリエッテ・シュパイザーが来るの。彼女もとても良かった。音楽のよくわかる、生粋のバーゼル人だった。モニはドイツ人で、彼女は他の誰とも比べられないわよ。

KL　フルトヴェングラーのもとに来た時、モニはとても若かったが、彼にうまく順応していました。

EF　彼女はとても有能で、彼を尊敬していたわ。だから、彼女が結婚した時、彼も苦しみ悲しんだのよ。その後、彼女は夫のタオンと一緒に私たちの近くに住んだので、二人を招待したんだけれど、彼らは断ってきたの。モニだけはそれを快く思わず、私にその理由を言ってきたわ。彼女の夫がとても気分を害したというのよ。私たちが彼の母親を一緒に招待しなかったということで。これは彼女の夫の口実に過ぎなかった。なぜって、私たちは彼の母親を全く知らなかったのだから。ヴィルヘルムはただこう言ったわ。「断ったのか。よいだろう。僕らもそれでどう変えるというわけでもないけれど。」モニと私はもちろんその後もとても親しくしてきたわ。私は彼らの子供の名付け親にもなったしね。

KL　一九五一年四月、ヴィルヘルム・フルトヴェングラーはベルリン・フィルとエジプトへ演奏旅行中、ラクダに乗っています。この旅行にあなたは一緒に行ったのですか？

EF　もちろん。すばらしかったわ。エジプトの大金持ちタヘル・パシャは音楽好きで、ベルリン・フィルとフルトヴェングラーを、カイロとアレクサンドリアに招いたの。その前にヴィルヘルムはミラノ・スカラ座で、《パルジファル》とグルックの《オルフェオ》を指揮していたので、そこからカイロへ飛んだのよ。一方、私は彼の家政婦の「レンヒェン」と、船でジェノヴァからアレクサンドリアへ行ったの。私が特に楽しめたのは、ギムナジウム八年生になったばかりの時に、母と既に一度エジプトに三ヶ月行ったことがあったからなの。カイロにもアスワンにもね。当時はまだイギリス人が交通整理をし、ホテルはとても洗練されていた。ラクダ競争というのもあったわ。今ここでは見つからないけれど、一枚の写真があって、私だけが帽子をしていないの。もちろん後で自分からかぶったのだけれどね。だから、二回目に旅行した時には、この国の衰退ぶりに驚いたわ。

KL　フルトヴェングラーにとってエジプト演奏旅行はもっぱら仕事だったのですか。それともあなたと過ごす自由な時間もあったのでしょうか？

EF　私たち二人はとても嬉しかったのよ。彼にはもちろんたくさん教えてあげたわ。でもこれは演奏旅行だったのよ。彼はリハーサルと本番にとても集中していた。私たちは飛行機で戻って来た。フルトヴェングラーがラクダに乗っているとても素敵な写真が数枚あるけれど、カラーで写っているものとしてはほとんど唯一のものだわね。

KL　カラー写真はようやく少し後になって一般にも使われるようになりました。このエジプト旅行の時に録音された演奏もあります。他の全てのフルトヴェングラーの録音と同じようにステレオではありませんが。彼がステレオ録音を全く知らなかったのは残念です。そして彼はもうこの世の人ではありません。しかし、このベルリン・フィルの旅行では、一つニュースがありました。ヴィルヘルム・フルトヴェングラーは再度―彼はそれを一九三四年以来していなかったのですが―ベルリン・フィルの首席指揮者になるよう勧められたのです。チェリビダッケはもう問題になっていませんでした。カラヤンによって彼は脅かされていました。

EF この駆け引きは私にはよくわからない。でもベルリン・フィルにとっていつも明らかだったのは、そもそも一人をとなったら、フルトヴェングラーと演奏したかったということなのよ。彼のもとで生まれる響きは他には求められないものだった。これを私は確信しているし、彼のもとで演奏した楽員たち、チェロのエーバーハルト・フィンケ、ヴァイオリンのハンス・バスティアン、コントラバスのライナー・ツェペリッツ、ティンパニのヴェルナー・テーリヒェンらも、今日までそう言い続けているわ。私が再び強調しなければならないこと、そして体験したことは、二つのオーケストラ、つまりベルリン・フィルとヴィーン・フィルは彼を理解していて、彼だけを愛していたということよ。この二つのオーケストラは、カラヤン氏を迎えたいなどとは言っていないの。言ったとすれば、そんなおかしなことはないわよ。ヴィルヘルムは自分だけがとは思っていなかった。でも彼は自分が愛されていることは知っていたのよ。私たちは読まないといけないのだけれど、ヴィーン・フィルのオットー・シュトラッサーは彼の本の中で「こんなすばらしい思いができた上に、さらにお金をもらえるなんて」とフルトヴェングラーとの演奏に関して書いているのよ。これを読んだ時、そうだったのか、とわかったの。彼はその後にもヴィーンでは高い地位につかなかった。でも、彼は何度も喜んで出かけて行ったの。ベルリンで彼の死後、カラヤンが後継者になったのは仕方ないわ。

KL もう少しバイロイトのことについて話してよいですか。戦後一九五一年にヴァーグナーの孫のヴィーラントとヴォルフガングによって音楽祭は再開されます。なぜそこでフルトヴェングラーは、カラヤンに全部の演目を委ねてしまったのでしょうか？カラヤンはその時は《マイスタージンガー》と《指環》四部作を指揮していますが、フルトヴェングラーはベートーヴェンの第九「だけ」でした。

EF 夫はもうそれを望んでいなかった。「何とか僕は指揮をするのを控えていかなくちゃいけない」と言っていたのよ。ヴォルフガングとヴィーラントはスイスに来たの。ここの「皇帝邸」で夫と一緒に座り、懇願していたわ。でも夫は彼らに言ったの。「バイロイトではオペラはもう指揮しません。第九だけで結構。」私は一九四三年のバイロイトのことも思い出していたわ。若くして夫と結婚した頃ね。私たちは家を空けることが多かった。今年だって私はまだ行きたかったのよ。嵐が全てを破壊しなかったらね。

KL もう一度言います。嵐は来ました。でもあなたは無事だったのです。

EF ええ、そうだったわね。

日記　その六

「私は健康よ。」EFのこの発言はでまかせなどではなく、本当にそうなのだ。私は自分の日記にこう書いた。「彼女はまさに奇跡的現象だ。世の中の九五歳の人で、こういう人はなかなかいない。しばしば思うのは、彼女が私をへとへとにさせているということだ。」彼女は忍耐強くもあり、そうでもないこともある。つまり、知性と唐突さを併せ持っている。六七歳の私の方が、むしろもっと静かにたくさん休みたいと思ってしまったくらいなのだ。

ＥＦはほとんど一日中、眼鏡なしですごしているようだ。自動車を運転する時もだ。今日は私に睡眠薬があることを教えてくれた。これを彼女は飲んでいるのだ。それは彼女の社会的な判断であり、秩序への愛である。この二つは同時に行われる。彼女にとって唯一の弱点は耳であるが、難聴は運が悪かったものと冷静に受け止めている。ヴィルヘルム・フルトヴェングラーは既に六五歳から難聴だった。私は思うのだが、彼女はこの点で常に彼を思い浮かべているのだ。私が録音機の電池を交換している時、彼女はいたずらっぽく言った。「また薬を飲まなきゃね。」

今晩、彼女はストラヴィンスキー・オーディトリアムでの演奏会に出かける。クルト・マズアがロンドン・フィルとモントルー音楽祭に客演するのだ。ＥＦは正装をし、前もって美容院に行こうとする。皆が彼女を思いとどまらせようとした。いつもの白い巻き毛が、彼女の頭にはずっと似合っているからだ。しかし、それにもかかわらず美容院に行くと言ってきかない。「後でまた自分で元に戻すわよ。」前にもう彼女をたくさん写真に撮っていたので、私はほっとした。

一人で家に入れるよう、ＥＦは私が着いた日に、鍵を渡してくれていた。私が夕べにレマン湖の散歩から帰ってきた時、庭で眠る羽目にならないためにも、これは重要だった。だから私は鍵のかけ方を練習していたが、思ったようにはシリンダーが回らない。彼女に頼んで、回し方のコツを伝授してもらったが、私が難儀しているのが彼女には全く理解できないようだった。彼女が鍵を持つと、戸はいつもすぐに開いた。私の時は閉まったままだ。やっとうまく開けられそうになって、二人の講習はほとんど済んだかのようだった。だが、全く開けられない原因はそこではなかった。彼女の手の力がもっと強かったというだけのことだったのだ。つまり彼女よりも私が愚かなだけだったのである。私はそれを認め、何度もそう言った。

遅くなってから家に戻る時、閉まったシリンダーを回す前に、いつも私は十字を切った。

第六章
残り少ない人生

KL　ヴィルヘルム・フルトヴェングラーの晩年も残り少なくなってきました。一九五二年に彼は最初の重い疾患に襲われます。その前に彼はロンドンで《トリスタン》をルートヴィヒ・ズートハウス、キルステン・フラグスタートとレコード録音しました。フラグスタートとは《神々の黄昏》の終結部をもです。大変に若いディートリヒ・フィッシャー＝ディースカウは、《トリスタン》でのクルヴェナールの他に、比類のないマーラー《さすらう若人の歌》を歌いました。

EF　フィルハーモニア管弦楽団とＥＭＩへ行った録音は、すばらしいしとてもスリリングだわね。イゾルデが大変高い音を二つ出さないといけない所があるのよ。当時のフラグスタートにはそれができないことを彼女自身がわかっていた。驚くべきことに、この音をエリーザベト・シュヴァルツコプフがロンドンでは彼女の代わりに歌ったのよ。シュヴァルツコプフはフラグスタートの真後ろに立ち、その高音の所だけを見事に歌った。二人の声が引き継がれる様子は他人には感づかれないくらい巧妙であり、フルトヴェングラーも気付かないくらいすばらしかったのよ。フラグスタートは大いに喜び、シュヴァルツコプフに花と自分には用のなくなったアクセサリーを贈った。ヴィルヘルムは言ったの。「シュヴァルツコプフより優れた歌手はいないね。」

KL　あなた方は一九五二年八月にはザルツブルクに行きます。フルトヴェングラーは《フィガロ》の冒頭をリハーサルしますが、中断せざるをえませんでした。

EF　人にもそれはわかったの。彼自身と同じようにね。以前に用意したことは全て徒労になったのよ。そして、さらに彼の生命を風邪が脅かしたの。健康への心配は晩年には常にあったわ。

KL　モニは既に一九五〇年には日記にこう書いています。「Ｆはたいそう落ち込んでいる。耳のことで。」彼と話し合っていて難しいことがある時は、どうしたのですか？

EF　いいや、ちゃんと話せたわよ。問題が生じたのはザルツブルクの「フェルゼンライトシューレ」の舞台で、歌手がとても遠くから彼に何かを尋ねた時ぐらいのものだったわ。一九五四年、彼はバイロイトでもう一度「第九」を指揮したの。この時のリハーサルで、ティンパニ奏者が何か尋ねたのだけど、ヴィルヘルムはそれが聞こえなかった。彼は自分の前にいるチェロ奏者に、ティンパニ奏者が何を言ったのか尋ねて知ることができた。ヴィルヘルムは名士だから、人がそれを彼の意に反して利用するようなことは決してなかったのよ。彼は尋ねた楽員に休憩時間に来てもらい、それについて話し合っていた。私がそのような体験をしたのは、バイロイトでのただ一回よ。私たちはわかっていた。でも、彼はこのことには驚くほど泰然としていたわ。

KL 彼の難聴は父親からの遺伝でした。フルトヴェングラーはよく聴けるための補助を求めましたか。

EF ドイツにはそれを提供してくれた会社があったのよ。ある演奏会の前、彼は補聴器を試してみた。私もその場にいたわ。後で彼は私に言った。「全くお話にならないよ。」ベルリン・フィルやヴィーン・フィルの楽員たちは、補聴器のことを話してはいなかったわ。ただ歌手は話していたことがあったと思う。しかし、それも最後の二年間だけの話よ。

KL ザルツブルクでリハーサルが中断した時、フルトヴェングラーは難聴であっただけでなく、肺炎で高熱が出てもいたのです。あなた方はすぐにクラランへ戻らねばなりませんでした。

EF それから四ヶ月間、彼は指揮をしていないの。その間は作曲とたっぷり散歩することに費やされたのよ。

KL 一九五三年、彼はすぐにまたベルリンへ行き、そこからドイツの六都市をベルリン・フィルと演奏旅行しました。メインのプログラムは彼の第二交響曲でした。

EF 彼はこの曲をもう完璧に暗譜で指揮していたけれど、私は彼が暗譜の勉強をしているのを見たことがないのよ。彼にはそれが簡単にできたのね。

KL では当時、彼は幸せだったのでしょうか？　新聞評論などからの評価は、ずっとよくなっていました。

EF ええ。彼は再び自信を取り戻し、第三交響曲の作曲に取り掛かったのよ。

KL 驚くべきことに、彼は第二交響曲を他の多くのオーケストラとも演奏しています。シュトゥットガルト、ヴィーン、ハンブルク、カッセルなどのオーケストラから招待を受けました。これは彼には面倒なことではなかったのですか？

EF そんなことはないわよ。彼は楽員が困難を感じたことに気づいてはいたけれど、それにもかかわらずやり遂げるつもりだった。彼の後期の作品はとても長いことを知らなければならないわ。彼だってそれは承知していたけれど、だからといって短くすることはできなかったのよ。だからとてもよいと思うのは、指揮者のアレクサンダー・アルブレヒトが最近していることね。彼は演奏する前に少しスピーチをするのだけれど、聴衆が演奏を理解するのにすばらしく役立つのよ。フルトヴェングラーもザルツブルクで、自分のでなく他人の作品についてだったけれど一度話したことがあったわ。

KL 第二交響曲による演奏旅行のすぐ後、一九五三年一月二三日、彼はベートーヴェンの第九を指揮するためヴィーンへ行きますが、楽友協会ホールで第三楽章の演奏中、気を失ってしまいます。合唱団員は家へ帰されました。

EF このことは全部の新聞が書きたてたわね。でも彼にはどうしようもなかったのよ。

KL 自分の難聴に関して、彼はしばしばベートーヴェンのそれと比較したのでしょうか。つまり人生の半ばで変調をきたし、それからほとんど聞こえなくなってしまったという点で。

EF 難聴について彼はほとんど言わなかった。そもそも指揮者は耳に何らかの疾患を抱えているものよ。オーケストラはとてつもない音を出しているのだから。現代音楽だとさらに酷くて、ティンパニ奏者は耳への衝撃がきついの。職業音楽家には職業病がつきものなのよ。

KL フルトヴェングラーの死の年、一九五四年は、あなた方にはそもそもとても希望の持てる年として始まりました。住まいの引っ越しも目前に迫っていました。

EF 老リックマースの家族はずいぶん早くから、私たちを「皇帝邸」に住まわせてくれて、自らはモニと「プチ・クレ」に戻っていたの。彼らは私たちに家具を自由に使わせてくれたけれど、私は自分たちのものも既に手に入れていたのよ。フルトヴェングラーはこの家を気に入っていた。老リックマースが亡くなれば、この家は売りに出されるものと、私たちはずっと思っていたの。この家を私たちが引き取るのは、経済的理由から無理だった。一九五四年五月、ヴィルヘルムはベルリン・フィルとパリに演奏に行き、その後はイタリアに行った。私も同行していたけれど、フィレンツェやローマではとても楽しんだのよ。そこにモニの兄弟クラウス・リックマースから電話が来て、「皇帝邸」が売れたので私たちは十月一日に立ち退かねばならないと言うの。ヴィルヘルムはすぐに私をクラランへ戻し、ジュネーヴからヴィルヌーヴの間で、自分たちの家を探させようとしたのよ。「僕はレマン湖、つまりジュネーヴ湖のほとりに住みたいな。」私は二週間、一人の不動産屋と一緒にほとんど全ての物件を見たわ。家は見晴らしがよく、静かで、自然に囲まれているのが欲しかった。子供たちのためには学校からもあまり離れていないこと。

ついにこの不動産屋は私に、「バセ・クーロ」はどうかと尋ねたのよ。すぐに買うことになったわ。郵便配達員は皆ここを知っているし、通りの名前が書いていなくても郵便は着くのよ。偶然にも「皇帝邸」は隣りだし、その下には「ラ・プレイリー診療所」が湖のほとりにある。こうして一九四五年三月以来、私は六十年もクラランにいるのよ。

KL もう一度この家について説明を。ここでフルトヴェングラーは最晩年を過ごしたわけです。

EF この家は二つの部分からできているのよ。古い方は一六八〇年、新しい方は一八三〇年に建てられたの。バロックの時代にはワイン醸造者のものだったの。ワイン・セラーがまだ完全な形であるわよ。

KL 聞いてよければですが、あなたは自分の部屋が欲しかったですか?

EF いえ、全然。

KL どうしてです? 今では結婚したら自分の部屋を要求しない女性はいないでしょう。

EF そうかしらね。ここでは場所は十分なくらいあるのだけれど。

KL でも、自分の部屋があったら一人で閉じこもることもできるのですよ。

EF 彼はそうしてもよいのよ。全ては彼のものなのよ。

KL 私たちは今、彼の仕事部屋にいるわけです。

EF ここには彼がベルリンから取り寄せた、茶色のベヒシュタイン・ピアノがあるわ。大きな鏡も古いものよ。前は至る所に、恐ろしいくらいのにせもの芸術品があったのよ。全て手放したわ。二十世紀に仕入れたものはね。ヴィルヘルムは引っ越ししてすぐに亡くなってしまったの。後に私の客間になったこの部屋は、私たちの寝室だったのよ。そこには「皇帝邸」でリックマース家から譲られた家具が置いてあった。この部屋に彼はとても満足していたわ。台所は下にあったの。とても旧式だけれど、食事はエレベーターで上階に上げていたわ。全て初めの頃はたくさんの給仕人でしていたのが、今ではずっと単純で快適になった。下の階は夫の死後、正式に同居人の住まいに作り変えたの。今は私の避難所になっている。家の階段を上り下りするのは若さを保つ秘訣ね。

KL これら全てをあなたは最初から自分で考えたのですか?

EF ええ。この点では夫は本当に寛容だったわ。「どうしたいのか教えてくれ」と彼は言ったけれど、そこまでだった。彼は何も変更しなかったわ。いつも満足していたのよ。

KL　亡くなるまでの一年間、彼は想像を絶するほど活動的でした。その内訳をここでまた時系列的に挙げてみます。一九五三年は十月から十一月にかけてローマでＲＡＩのために《指環》四部作を指揮します。翌年の三月にはただ二回の演奏会のために、あなた方はカラカスに行きます。チューリヒとシュトゥットガルトでは自作の第二交響曲を指揮。ヴィーンではマタイ受難曲を、一九五十年のバッハ年に合唱団の件でもめたことの埋め合わせとして指揮。四月から五月にかけては、ベルリン・フィルとの大規模なヨーロッパ演奏旅行に追われます。ザルツブルクでは《魔弾の射手》と《ドン・ジョヴァンニ》を指揮し、後者は録画もされました。バイロイトではフルトヴェングラーが指揮したのはベートーヴェンの第九交響曲だけでしたが、ベルリンでの最後の演奏会は、再び自作の第二交響曲とベートーヴェンの第一交響曲でした。彼の健康は疑いないように見えました。ヴィーンでの《ヴァルキューレ》のレコード録音の出来栄えにも、彼は大いに満足していました。一九五四年の十月ですらこうだったのです。

EF　健康状態はまだ良かったのよ。でも、聴覚はどんどん悪化していった。彼はこの状態をベートーヴェンと同じであると言ったことはなかったけれど、きっと何百回も考えてはいたはずよ。そう私は確信しているの。彼の全人生はベートーヴェンに向けられていたからなの。彼はほとんどベートーヴェンと「結婚」しているようなものだったのよ。彼は自殺したのだ、し、受け入れたのは、「愛する神は自分のことを気にかけて下さる」からだったの。彼は自殺したのだ、という文章を読んだこという文章を読んだことがあるわ。それは全くありえないことよ。そんなことをすれば、彼の本性に逆らうことになったでしょうね。しかし、彼は「もうたくさんだ！」と思っていた。「僕はもう聞こえない。人生にはもう意味がない。」と彼は私に言わなかったけれど、そう思ってはいたでしょうね。だから彼は夜に私を起こして、こう言ったのよ。「いま罹っているこの風邪で僕は死ぬだろう。」

KL　このフィナーレはそもそも一九五四年の一月に始まっていました。フルトヴェングラーは平衡感覚に異常をきたし、バーデン＝バーデンにあるエーバーシュタインブルク診療所に七週間入院します。私はそこで、今では九四歳になる看護婦で、彼の最後に立ち会ったルチンダと話しました。彼女によればフルトヴェングラーは全く控えめで、無欲な人だったそうです。「彼は「邸宅」の中で自分の音楽とだけ生きていました。ピアノがどうしても必要だった。その前に座ると一分たりとも休むことはありませんでした。彼は確かによい人で、思いやりがありました。彼と共にいたことは得難い体験です。」私にとってルチンダ看護婦の発言が驚きだったのは、彼が七週間も入院している間に訪問を受けたのは一度だけだったということです。なぜあなたは見舞わなかったのですか。彼は一人でいたかったのだろうか。

EF　彼が七週間そこにいたとは、全く考えられないのよ。それに私が彼を見舞ったのは手紙にもある通りよ。この看護婦のことは知っているわ。彼女は狂ったように私にやきもちを焼き、彼に気に入られようとしていたのよ。そこの他の女性とは皆、私はとてもよく分かり合えたけれどね。モニにはそれはすぐにわかったのよ。「彼が愛しているのはエリーザベト。」彼を実際に知っている人は皆、たとえば彼の家政婦であるレンヒェンも、このことを知っていたのよ。でも、ルチンダのような女性で、望みを捨てないのもいたのね。とても不思議なのは、女性たちが彼に魅了されたということよ。私は違うわよ。私は彼を愛したの。今だにそうよ。

KL　その後で—それはもう言いましたが—再び猛烈な演奏活動となります。十月、ヴィーンで《ヴァルキューレ》を済ませた後、彼はかかりつけの医師レーヴェンシュタイン博士の勧めに応じて、バート・ガスタインへ湯治に行くことになります。

EF　その時、私も一緒だったの。そこではトンネルの中で彼の聴覚のために呼吸の練習をすることになっていた。でも、それをする必要はなかったの。病状は酷いものだったから。

KL　もう一度、最後の十八日間についてうかがってよろしいですか。十一月十二日、あなたは車に彼を載せてエーバーシュタインブルクに行きます。邸宅の八号室は病院のすぐ近くでした。

EF　車の中で私は—いつもそうしているように—曲がり角を急いでしまい、ヴィルヘルムに言ったの。「あなた文句を全く言わないわね。」でも、彼は「君はいつも全て正しくやっているさ」と言っただけだった。間違いないのは、彼が高熱を出していて、自分はもうすぐ死ぬだろうと私に言ったということなの。でも、彼はベッドに臥すようなことはなかった。立ち上がることができたのよ。レーヴェンシュタイン博士に加えて、ハイデルベルクからも医師が一人来たわ。一人では責任を負いたくなかったからでしょうね。彼らは揃って私に言った。「心配は要りません」とね。最初、彼らは生命の危険を信じなかったけれど、ようやく土壇場になったら変わったわ。私は繰り返してはっきり言いたいのよ。夫にはもうわかっていたのよ。自分はもう死ぬのだ！と。私が悲しんでいるのを見た彼は、ただこう言っただけだった。「ああ、本当にすまないね。」

KL　彼には死ぬことへの不安はなかった？

EF　全然なかった。彼はここクラランでも子供たちに別れを告げたの。私たちが自動車に乗る時、子供たちは「じゃあね」「さようなら」と言ったわ。十四歳のトーマスだけが—彼の様子を忘れることはないわ—ヴィルヘルムはまさに彼に別れを告げたということを理解していたのよ。エーバーシュタインブルクに着いた時、夫が何をおいても望んだのは、私たちが部屋で一緒にいるということだった。最初から夫はベッドを二つ入れてくれるよう頼んだの。辺りを見回して彼は言ったわ。「皆は僕がここでまた健康になると思っているだろう。でも、僕はここに死ぬためにやって来たのだよ。」

KL 彼の死の一週間前、ベルリン・フィルの支配人、ゲルハルト・フォン・ヴェスターマンがバーデン=バーデンにやって来ました。

EF ヴェスターマンに夫は言ったわ。「あなたに来てもらったのは、別れを告げるためなんだ。僕はもう死ぬんだからね。」それから彼の気をそらすために、迫っているアメリカ演奏旅行のプログラムについて話そうとしたのよ。多くのことが彼には受け入れ難かったでしょうね。フォン・ヴェスターマン氏がかなり動揺して部屋から出てくると、私はまた夫に会いに入っていったの。ヴィルヘルムは言ったわ。「わかったかい。彼が泣き叫ぶのを抑えて慰めていたんだよ。」夫はこの状況をちゃんと把握していて、気遣いを求めなかった。最後の頃、専門医ばかりがやって来るようになると、私は戸口の前で待っていなければならなかったのだけれど、できるものなら彼らをみな部屋の外へ放り出してしまいたかったわよ。

KL 最後の日、一九五四年十一月三十日はどうだったのです?

EF 彼はすっかり憔悴してしまっていたの。彼の傍には看護婦が一人座っていたけれど、私は彼女に言って席を外してもらった。彼とだけの数時間を過ごしたの。手を差し出すと彼はそれを握りしめ、三回深呼吸をすると亡くなったのよ。

KL 大それた質問かもしれませんが、彼はこの最後の時間で、あなたに永遠の貞淑を求めたのでしょうか。

EF いいえ。それは求めなかったわ。希望していただろうけれど。

KL 彼は気難しくなったりすることはなかった?

EF いいえ、彼にはそんなことは全くないのよ。

KL 自分の葬式のやり方について遺言をした?

EF それもないわ。全てを私に任せてくれた。もちろん私は彼を、最初はベルリンで埋葬するつもりだったの。でも、私が望んだ墓地は、ロシアの占領地帯、つまり後の東ドイツにあったのよ。その地域だと出たり入ったりするのが、いつもとても難しくなってしまったでしょうね。そこでハイデルベルクの母の墓の隣りに埋葬されたのよ。彼はハイデルベルク大学の名誉博士でもあったし。

KL フルトヴェングラーのデスマスクをとるよう、あなたは促したのですか？

EF いいえ。一人の患者と女医の希望だったのよ。その希望を聞いた時、それはとてもいいことだと思った。写真もよく撮れているわ。彼が白い木綿のシャツを着て横たわっている写真よ。手の置き方は亡くなった時のままだったわ。それから看護婦たちが彼を特別の部屋に入れ、花で飾った。手は重ね合わせられたの。近くにいた芸術家は皆が立ち寄ったわ。彼の友人でチェリストのエンリコ・マイナルディもよ。

KL ハイデルベルクでは大掛かりな葬式が一九五四年十二月四日にありました。ベルリン・フィルがオイゲン・ヨッフムの指揮で演奏しました・・・

EF ・・・あと、ヴィーン・フィルがカール・ベームと。

KL ベルリンの文化大臣ヨアヒム・ティブルティウスとベルリン・フィル支配人ゲルハルト・フォン・ヴェスターマンが話しました。あなたの子供たちは葬式に立ち会ったのですね？

EF ええ、もちろん。彼の以前の三人の子もそこにいたわ。

KL だから、五足す三で八人。子供の大所帯です。皆が彼を愛していたのでしょうね。

EF それを私は確信しているわ。

KL あなたは気丈に立ち続けられたのですか。

EF 私は取り乱したりはしなかった。黙っていたの。それまで私は、彼のためだけに生きてきて、自分については全く考えなかったのよ。葬式でオーケストラの楽員が私のもとに来て、手を差し出した時、悲しくなったわ。彼の死は私を打ちのめしはしなかったけれど、呆然自失にさせてしまったのよ。

KL それからは、誰があなたを元気づけたのですか。子供たちですか？ 彼らには静かな日々を過ごさせることが必要だった。

EF 私には自分で何とかやってきた勤めがあったの。私の中には運命への感謝があった。最初から最後まで彼のもとにいることができ、この困難の時代も耐え抜いてきたのだから。彼のために強くなったことが私をも助けたのよ。それから私は誰かに感謝しなければならなかったの。私は信心深い人間なの。もしかしたら時代遅れかもしれないけれどね。だから愛する神に感謝しているわ。結局は信仰が私を助けたのよ。

KL ヴィルヘルム・フルトヴェングラーとあなたは、同じくらい信心深かったのですか？

EF 私たち二人はプロテスタントだったわ。アンドレアスが一九四四年十一月十一日にチューリヒで生まれた時、ヴィルヘルムはそこに居合わせることができなかった。全てが信じられないくらい難しかったのよ。でも、それから私たちが「プレイリー診療所」に一緒に住んでいた時、息子が一歳になったのだけれど、その朝に私はヴィルヘルムに言ったの。「今日で彼は一歳ね。洗礼を受けさせましょうよ。」彼の返事は「ねえ、でも僕らは教会で結婚式をしていないのだよ。」「それでも、彼には洗礼を受けさせるべきよ。それにしても、どうして私たちは教会で式を挙げていないのかしらね。」「わからないのかい。当時はそんなことはできなかったし、誰にも知らせるわけにはいかなかった。教会で結婚するのは不可能だったろうし、それを誰もがわかっていたのだ。こうなるのを僕らは欲しなかった。でも、今やここに二人だけだ。他には誰も来ない。僕らは結婚式を挙げられるんだ。」それなら、と私は「診療所」のニコデ夫人と相談したの。彼女はとても素敵な牧師を一人知っていたのよ。それから私たちは自由教会、ほとんどヴィルヌーヴだけれど、そこで結婚式を挙げ、アンドレアスには洗礼を受けさせたの。牧師が出ていくと、外では小さなアンドレアスが彼の名付け親のアルノルトの腕に抱かれていたわ。私たちだけになった。ヴィルヘルムは私に言った。「ねえ君、わかるかい。カトリックでは結婚式は秘跡なのに、プロテスタントではそういうものはない。でも、僕ら二人には結婚式は秘跡なのだ。これでよいし、正しいと思うね。」

日記　その七

ＥＦの家「バセ・クーロ」は大きく二つの部分からできていると言えるだろう。まずバロック式の部分があったが、十九世紀になって増築されたのだ。いずれにしても、この建物の構造は簡単には見通せず、とても想像をかき立てられる。家は斜面に沿って建てられているので、正面玄関は地面と同じ階にあるが、二階も地面に面していて、そこから直接に大きな庭に出られる。この階には台所、そしてフルトヴェングラーの蔵書や、テレビのある食堂がある。ＥＦは午後八時ぴったりにドイツ語の「今日のニュース」を見るのだ。食堂から音楽室へは続いていて、そこではフルトヴェングラーの弾いたピアノや暖炉の上にある彼の胸像を見ることができる。このような雰囲気の中で、私たちの対話も行われた。小さなバルコニーからはいつもレマン湖が見える。

下には彼女の隠れ家がある。応接間の机は、手紙、小さな贈り物、新聞、最新のＣＤなど、まだ片付いていない物でいっぱいだ。隣接する居間には暖炉と小さな机があり、本や思い出のものは何もない。そのさらに後ろには寝室と浴室がある。ここでの食事は、基本的に冷たい物だけとなる。スピーカーからベートーヴェンとかが鳴っていない時、ＥＦの家には心地よい静けさがある。しかし、彼女が登場するとそれが変わってしまう。

家の主が来れば、この家は劇場のように騒々しくなると人は言う。いずれにせよ名演出家エルヴィン・ピスカートルがいる家のようなのだ。本当に彼自身が演出したかのように、私は登場人物や、日常や、稽古について報告してみよう。ＥＦは自分を演出するようなタイプではないが。さて、彼女の登場だ。おそらくＥＦは全く意識していないだろうが、その見事な登場は「バセ・クーロ」では当たり前のことなのである。彼女が現れたのは階段だった。

朝も昼も晩も、食事の前は静かだ。ベルベルが全ての準備をする。食卓につくと皆が耳を澄ます。時間は正確に決められている。依然として静かで、心地よい緊張がある。そこへ階段の方から足音が聞こえる。ＥＦが静かに上がってきたのだろうか。いや、彼女は明瞭な紛れもない声でしゃべり続けているのだ。こちらに近づいてくるにつれ、その声は大きく力強くなる。それから彼女は私などの名前を呼ぶ。ベルベルはもうスープを飲んでいる。食卓に現れた女王はお客を歓迎し、自分の席につくのだった。

しばしば私が考えたのは、彼女の前に当時いかにヴィルヘルムは現れたのかということだ。演奏会での登場のことではない。

第七章

フルトヴェングラーの性格

KL　私たちはまだアンドレアスについて全然話していません。あなたは一人娘カトリンと四人の息子がいます。アンドレアスだけがあなたとヴィルヘルム・フルトヴェングラーとの息子です。彼は立派に自分の道を進み、祖父アドルフ・フルトヴェングラーと同じ考古学者になりました。あなたの夫はそれを望んでいたのですか。

EF　いいえ、全く。誰でも自分自身の道を行くべきなのよ。ヴィルヘルムが亡くなった時、アンドレアスはまだ大学に入るような段階ではなかった。十歳で父親を亡くしたのよ。でも「考古学者」になりたいという望みを、既に早くから抱いていて、それは彼が自分で考えたことなの。

KL　彼はすばらしい経歴を築き、ハレ大学の考古学の教授になりました。

EF　ちょうどまた彼から電話をもらったところよ。今は学生たちとトルコで発掘をしているわ。

KL　彼は自分の祖父でありあなたの舅であるアドルフがアイギナでしたような発掘作業をしているわけです。

EF　ヴィルヘルムは彼の父も母も愛していたわね。

KL　ここで私たちはヴィルヘルム・フルトヴェングラーの性格について考えていきます。彼の人間的な特質を知ることになれば嬉しいですが、まず全く外面的なことをまとめておきたい。彼の身長は一八二センチ、目は青く、髪は後で薄くなりました。首は目立って長かった。彼は自分の容姿については何か言っていましたか？

EF　長い首は彼には邪魔でなかった。でもどんどん髪が薄くなっていくのには困っていたわね。

KL　すると彼は見栄っ張りだった？

EF　それは私もわかるわ。髪の毛があるのは大事なことだと彼は思っていたの。彼の父にはもっと髪があったけれど、五四歳という若さで亡くなっているからね。

KL ヴィルヘルム・フルトヴェングラーがとてもスリムだったのは、そのために何かをしていたからですか？

EF いいえ。でも太らないということは彼には重要だったのよ。彼はとても自然に愛着を持っていたの。サラダ、シリアルを食べ、ジュースを好んで飲んでいたわ。

KL 彼はスポーツをよくしていた。

EF もちろん。スキーと水泳よ。自転車に乗ったり、ハイキングをするのは彼の父から受け継いだのね。よく父は二人の息子と散歩をした。ヴィルヘルムは言っていたわ。「僕らは脚を倍は動かさないと父について行くことができなかった。とても頑張ったこともあったけれど、父はそれには全く関心がなかったんだ。彼は自分が欲するだけ歩いていたんだ。」

KL あなたの夫は手仕事をまめにやりましたか？　家事をたくさんしてくれましたか？

EF いいえ。それには全く関心がなかった。レンヒェンも家事はしなかったわ。後の私と子供たちもそうね。

KL 彼は音楽以外には何に興味があったのですか。

EF 演劇、読書、全てに興味を持っていた。彼は全てに自分を開いていたわ。政治的な問題に関してもよ。特に人の人生を左右しかねないような場合はね。利己主義や、政治的とりわけ文化政策上の決定のような表面的なことを彼は嫌悪していた。良いことにも悪いことにも、彼は大きな関心を抱いていたのよ。

KL 彼は夢想するのが好きだった？

EF それはわからない。でも、彼は自分が考えたものの中で、特に彼の作曲の中で生きていたのよ。既に言ったけれど、彼は誰に対してもすごく内気だったの。自分の精神の大きさを一体の大きさのことではないわ一彼は全く意識していなかった。いつも率直で自然な人だった。それがどうしてかなんてことは、全くどうでもいいのよ。彼は本当に面白くて情の深い人だった。たとえば、誰かが不幸になると、彼は何をおいても「君すぐに電話してくれないか」と言ったのよ。

KL それでは彼は素朴な人間、たとえば農夫に近いのだろうか？

EF いいえ。わからないわ。彼は買い物には行かなかった。これは私に任せたのよ。行く先々で彼だと知れると、負担になり困ることになるからね。彼は人から話しかけられるのを望んでいなかったのよ。彼がいなければそういうことはなくなるわけ。

KL 彼はここクラランでは、ヴィーンやベルリンにいるのとは違った様子でしたか？

EF　ここではずっとくつろげたわ。人々が彼のことを知らなかったからね。それを彼は気に入っていたのよ。私たちがヴィーンで演奏会の後、車に乗り込む時、人々が群れをなして押し寄せてきた。彼は群衆には愛想よくしつつも、私には「出発しよう！」と言ったのよ。

KL　あなたは彼を交際好きな人だと思いますか？

EF　オーケストラとはいともたやすく付き合えた。そう、そう、何人かの楽員には特に親切にしていたわ。

KL　友人は多かった？

EF　ええ、もちろん。

KL　彼の友だちになるための条件とは何だったのでしょう？

EF　音楽家であるかどうかよりも、音楽をわかっているということね。私たちにはたくさんの友達がいたのよ。

KL　彼はこれらの友情を、電話や手紙を交わしたり会うことで育んだのでしょうか？

EF　私も彼のためにしばしばその世話をしたわ。でも、彼はあなたが思うような社交家ではなかったわ。社交は時間を奪うからよ。むしろ個別の訪問のほうを好んでいたわね。

KL　演奏会やオペラ上演の後の宴会を彼は嫌がった？

EF　こんなこともあったわよ。ある人が彼のところに近づいて来て、ちょっとした興味深いことについて話したいと言ったのよ。でも、そんな時たいてい彼はすぐ最初にこう言っていたわ。「我々はなるべく早く失礼しなければならないのですが。」

KL　あなたの夫は傷付きやすい人だった？

EF　それはどうかしら。彼は過敏ではなかった。むしろはるかに親しみやすかった。私と知り合った時、彼はとっくに五十を過ぎた男で、皆から尊敬されていたのよ。だから彼と付き合うのは楽だったの。その彼が三十歳の私には遠慮がちだった。私に惚れていたからね。

KL　それは別の遠慮の仕方でしょう。

EF　彼は自らの情熱が怖かったのよ。

KL　彼が怒り狂ったり、かんしゃくを起こしたりしたことはある？

EF　ええ、もちろん！　思い切り戸を叩いたことがあったわ。電話で気分を害した時などにね。

KL　あなたに対しては？

EF　ないわよ、ないわよ。彼の側からはなかったわ。手紙を読んで思い出すのは、しばしば私は彼に不満を持っていたということよ。

KL　なぜ不満だったのです？

EF　基本的に不満はなかったのよ。でも時折、私が不満であることが彼にはわかったみたい。私がやきもち焼きに見えたのね。それに、どうして二日間も電話をくれなかったのか、と何度も電話をよこしてきたりしたこともあった。そんな時、彼は自分から長電話をしたのよ。

KL　あなたにやきもちを焼く理由が彼にあったのでしょうか？

EF　いいえ、彼は私を完全に信頼していたから。

KL　彼はあなたを完全に自由にさせていた？

EF　ええ。そう私は感じたのよ。彼も自由に感じていた。彼は誰もが私を愛するようになると思い込んでいたのよ。私が魅力的だからね。いつも私はやれやれと思っていた。全ての人を好きになれるわけがないじゃないの。だから、彼にはやきもちを焼く理由は本当になかったのよ。

KL　彼の性格の強いところと弱いところは？

EF　まず強いところから。彼は戦うことができたのよ。全てはナチスとの、いつも秘められた戦いだった。どうすれば一番うまくいくか、こうか、あるいはそうか？　どんな決定をするにも戦略が必要だった。悲劇的だったのは―後でわかったのだけれど―彼が誤解されていたということよ。基本的にナチスは、彼が何をどう考えていたかを正確に知っていた。彼は自分の考えを隠しもしなかったから。

KL　では性格の弱いところは？

EF　少数の酷い批評家たちにとても腹を立てていたことね。作曲家としてやっていくのは大変に難しいということを彼は確信していた。彼はあまりにも十九世紀に結びついていたからよ。でもこれも確かだったのは、彼は自分を完全に現代の作曲家として任じていたということよ。人々は繰り返し彼の交響曲について、同じようなくだらない論評をしていた。それが彼を怒らせたのね。オーケストラでは、非協力的なことはほとんど何も起こらなかったけれど。それから彼はとても過敏になったのよ。これは性格上の弱さかしらね？　たいていのことなら、彼は難なくやっていたのよ。オーケストラの楽員は皆、彼を尊敬していたから。まさしく彼らがわかっていたのは、ここにいるのはその存在においても芸術家としても比類ない人だということだったのよ。

KL　彼は常に、あるいはしばしば自分自身への疑いに駆られていた？

EF　言えるのは、彼はしっかりと自己を把握していたということよ。虚無に囚われたりはしない数少ない人だったのよ。彼は自分が誰であるか、そして自分が卓越していることを知っていたの。たとえばベートーヴェンの《ミサ・ソレムニス》についても、そこにある内容を知ると、「他の人はそれをまだわかっていないのだ」と言ったのよ。

KL　彼は秘密を持っていましたか？　あるいはあなたに全てを話していたのですか？

EF　彼は私を怒らせるようなことは決して言わなかったの。たとえば、人々が私に挨拶をしなかった時とか、そうした本質的でないことにはね。「彼らは君に挨拶をしなかったの？」と言っても、「いや、彼らは君がそこにいるのを知らなかったんだろうね。」と、いつも理由を説明してくれた。

KL　エリーザベト、ちょっと話せば、あなたがとても知的な人であるのは誰にもわかります。あなたはヴィルヘルム・フルトヴェングラーが自分よりも知的であると感じたことはありましたか？

EF　まあ、なんてことを。それは全く別の次元の話よ。彼の音楽に関する知識は私には信じられないくらいだった。私にとって彼は、全知の神のようなものだったのよ。でも日常生活では私の方が上だった。いただきよ。他の多くの事については私の方が上手で速かったわよ。それは彼も認めていて、全てはとてもよい具合に運んだのよ。

KL　それでは彼の秘書たちとの関係はどうでしたか？　つまり、ベルタ・ガイスマール、アガーテ・フォン・ティーデマン、フレーダ・フォン・レッヒェンベルク、そしてモニです。

EF　基本的にはとても良かった。彼らは夫のことをよくわかっていたから。

KL　彼のことを愛してしまったなんてことはなかった？

EF　いいえ、そんなことは知らないわ。

KL でも、彼が秘書とベッドに入るというのも、純粋に可能性としてはありえるわけでしょう？

EF ないに決まっているでしょ。絶対にありえない。モニも彼をとても尊敬していたのよ。彼女の日記を読めばよくわかるわよ。

KL 彼のユダヤ人秘書ベルタ・ガイスマールとはどうだったのでしょう？

EF 私が彼女とまだ知りあっていない時に、既にとてもたくさんのことを彼から聞いているわ。私は完全に親ユダヤなのよ。ずっと長くユダヤ人たちを愛してきたから。高校を卒業するまで三年間、私の右にはハンナ・シュムレヴィッツ、左にはシュテフィ・ルビンが座っていたの。二人だけがクラスの中でユダヤ人だった。彼女たちが私の隣に座っていたのは偶然じゃないのよ。私もそれがよいと思ったし、彼女たちもそれで快適だったのよ。ヒトラーの時代になると、私を反ユダヤ主義が苦しめ、妨害したけれど、それは私の知人にも及んだの。その限りでは、ヴィルヘルムと私はとても似ていたわね。でも、ベルタ（ベルテル）・ガイスマールのことに戻りましょう。たとえば、ヴィルヘルムがパリへ演奏会のために行く時は、彼女はいつも全てのことを把握していたのよ。彼について誰が何を言っていたか、また聴衆の雰囲気はどうであったか、などということをね。その点では彼女は比類がなかった。彼女の両親もとても賢くて、ヴィルヘルムは彼らをよく知っていたわ。大変な音楽好きで、ヴィルヘルムが一九二〇年からマンハイムのオーケストラのシェフになった時、既にそこに住んでいたのよ。ベルテルは法律をハイデルベルクで学んだけれど、ヴィルヘルムに紹介された時は家にいたのよ。彼がその時のことを私に語ってくれたことがあるわ。「彼女が部屋に入って来た時、僕は今まで会った、あらゆる女性の中で最も醜いと思ってしまったのだよ。」あえてこう言うのは、戦後ようやく彼女と知り合った時、私はそんなに醜いとは思わなかったからなのよ。若い時は可愛いはずだけれど、彼女の場合はそうではなかったのかもしれない。でも、たとえ容姿が悪かったとしても、彼女の頭脳は抜きん出ていた。ベルテルはすぐに秘書になり、彼のために奮闘したのね。部分的には彼はこれを大変に見事だと思ったのよ。なぜなら彼女の仕事はとても実践的だったから。しかし、全くうまくいかないこともたくさんあったの。彼女はとても想像力がたくましかったけれど、彼のためには全く現実的だった。誰もが彼女をおそれていたわ。

KL 彼はガイスマールの後継者のアガーテ・フォン・ティーデマンとはどんな関係だったのですか？　彼女は戦時中は既にヴィーンで彼と共にいたはずですが。

EF そこで私は彼女と知り合っていたわ。彼女は私の姉、あのマリア・デーレンの親友だったからなのよ。彼女はヴィルヘルムがガールフレンドを作ったことをとんでもないと思ってこう言ったのよ。「この世界中の女がみな彼の餌食になるかもしれないと思うとぞっとするわ。」私は自分が彼と結婚していた頃について話しているのではないのよ。何もなかったのですもの。そもそも彼女はヴィルヘルムに嫉妬していたのではなく、彼がマリアと結婚しないことに腹を立てていたのよ。彼女がマリアと友人であったのは、私にはどうでもよかった。戦後、アガーテは私に言ったわ。「彼は変わったわ。あなたと結婚してから全く別の人になった。」私たちの結婚が、彼女を事実に即して納得させたのよ。彼女がピアニストであり、大変に音楽的なのは本当よ。

KL アガーテ・フォン・ティーデマンが戦後ベルリン・フィルの支配人になりたがっていたということを、あなたは信じますか？

EF それはありえたかもしれないわね。

KL 彼女はそれができる力があった。

EF ゲルハルト・フォン・ヴェスターマンが支配人に再選されて、アガーテにはチャンスがなかったのよ。ヴィルヘルムは彼女をそうはさせなかったでしょうね。彼は彼女を気に入っていたから、そんなことをすれば彼女のことを悪く思ったかもしれない。

KL でも、フルトヴェングラーとアガーテとの文通を読むとはっきりわかるのは、彼女は彼の演奏を熟知していて、彼の作曲活動をも非常に応援していたということです。彼女のように彼の真価を正しく見抜いて、全身全霊を挙げて協力した人というのはなかなかいませんよ。

EF 本当ね。彼にとって作曲が微妙な問題であり、それについて話したがらないということをも、彼女はよくわかっていたのよ。彼は自分の曲をピアノで弾いてみせていたから。でも、ベルタ・ガイスマールができたことの全てを彼女はできなかった。ユダヤ的な感覚が彼女にはなかったのね。でも、アガーテはヴィルヘルムのことを完全に理解し、戦後に彼が批判された時、彼のために奮闘したのよ。その点で彼女は本当にすばらしかった。

KL アガーテは彼について本も書くつもりでした。

EF どうして彼女はそれをしなかったのかしらね。でも、ベルテルは彼女よりずっと見事に書けたのよ。手紙もね。つまるところ、ヴィルヘルムにとってはるかに重要だったのは、ベルリンでの彼の秘書だったフレーダ・フォン・レッヒェンベルクよ。彼女はベルタ・ガイスマールの後に彼のもとに来て、ある時に結婚してしまったのだけれど、それにはヴィルヘルムは当惑していたわ。ところで、ベルリンでの非ナチ化審議の時、彼女はヴィルヘルムのためにハッスルしすぎたのよ。一方、アガーテは全く決定的な事柄を聞き出していた。その点で彼女は立派だった。アガーテとベルテルは自分自身の流儀を持っていたのに対して、モニとフレーダはずっと順応型の人間だったのよ。

KL モニ・リックマースは、クランでフルトヴェングラーの秘書になった時、二七歳でした。

EF 全てがもっと人間的で幸せで素朴だったわ。私たちは最初から親密だったからよ。彼女はいつも私の説明をすぐに理解したし、彼の考えていることもよく察していたわ。とてもまれに彼がモニに腹を立てることがあったけれど、それは彼女がうっかり忘れものをした時くらいね。インクのしみが壁についていたことがあったの。そこにはリックマース家の美しい壁紙が貼られていたのね。

KL フルトヴェングラーは秘書たちから反論されても聞きましたか？

EF 彼女たちは自由に意見が言えた。もちろんよ。秘書はある分野では自分よりよく知っているということを、彼もちゃんとわかっていたのよ。

KL 彼はあなたの口ごたえにも耳を傾けましたか？

EF ええ、全く！　手紙にもこうあるわよ。「僕が君を愛するのは、君が戦闘的な性質だからだ。」確かに私はそこここで戦闘的にふるまっているわね。それはわかっているのよ。

KL フルトヴェングラーはあなたが最初の結婚でもうけた四人の子供を養子にしたのですか？

EF いいえ。彼らはアッカーマンを名乗っているわ。

KL フルトヴェングラーを名乗ってもよかったのに。

EF それは違うわよ。彼らの父親は別の人なの。私は違う姓を名乗るのを認めなかったでしょうね。でも夫は彼らを愛して認めてくれていた。実の子のように接してくれたのよ。

KL 子供たちは彼をどう呼んでいたのですか？

EF 「ファティ Vati」よ。

KL 「ヴィルヘルムおじさん」じゃなく？

EF　ええ！　今や彼が新しいお父さんになったのですもの、すばらしいことよ。彼らにはそれが良かったのよ。アンドレアスが加わった時、夫は私の一番下の子トーマスといて、とっくに「ファティ」だったの。前の夫ハンスが亡くなった時、トーマスはまだ生まれていなかった。彼は父親を知らなかったのよ。だから、彼にはヴィルヘルム・フルトヴェングラーだけが父なの。

KL　あなたの五人の子供たちは、この余りに有名な父親とどのように接していたのでしょう。彼らは我々の理解できないような重圧をいつも感じていたのでは。彼ほど偉大な人はいませんからね。

EF　そうね、いなかったわね。確かに彼は偉大だった。皆が彼が何者かをわかっていたのよ。

KL　子供たちはそれをどのようにして克服したのだろう？

EF　彼はとても人間味があり朗らかだった。カトリンはこのことを、ある時インタビューでとても楽しそうにこう言っているのよ。「他の大人と遊ぶ時、彼らはいつも私たちを勝たせてくれたけど、ファティはだめだった。彼は勝とうとし、一番になりたがったの。でもファティが遊びでも真面目なのを、私たちはすごいと思ったの。彼が遊んでいる時、それは子供のようだったわ。」

KL　質問の方向が反れてしまいました。大変に有名な親を持った子供の多くは、自分自身の道を見出すのに苦労します。自分も親のように立派なことをしないといけないと考えてしまうからです。

EF　そんなことを彼らは考えたこともやったこともないでしょうね。私はいつも普通なのが何より良いと思っているのよ。彼らは自分たちがそれほど偉くなくても、劣等感は持っていないわ。自分が必要とされている所でやっていけばよかったのだし、現にそうなっているわよ。

KL　つまり、あなたの子供たちは専門性と人間性を区別することを学んでいたということですね？

EF　ええ。人間性は大切よ。私は自分の人間性を信じているし、夫はもちろん高度な人間性を備えていた。その限りでは子供たちもよくわかっていたはずよ。

KL　今日の対談もそろそろコーダに入りますが、モーツァルトは三五歳で亡くなっています。シューベルトは三一歳です。ヴィルヘルム・フルトヴェングラーはずいぶん早くに亡くなったとはいえ六八歳、ほとんど六九歳です。彼は死に際して悔いはなかったと思いますか？

EF　指揮者として彼は早くに死んでいたのよ。彼は指揮をもう続けるつもりはなかったのね。作曲家として彼は作品を私に託して言ったのよ。「作品のために君は何もしなくていい。なるようになるに違いないからね。」そのように彼は私に望んでいたの。この点で過ちを私は犯さなかった。たとえば、フランク・マルタンの夫人は夫の死後、人として物笑いになったわ。彼女がやたらと夫の作品を宣伝したからなのよ。私はヴィルヘルムの作品について人から尋ねられた時、あなた自身でここやそこに問い合わせてみなさいと言ったのよ。なぜなら、私は作品がどこにあるか、レコードがどこで出版されているか、知っていたからなの。確かなのは、もし彼がもっと長く作曲だけをしていたなら、もっと苦しんで、おそらくもっと早く亡くなっていただろうということよ。指揮をして大成功することで、彼は少なくともバランスをとっていたのね。カーゲルの作品のようなものは指揮しなかっただろうけれど。

KL 明日マウリツィオ・カーゲル作品の演奏会に、私たちは出かけます。それについては後で触れるのがよいでしょう。

EF そうね。でも、夫は新しい音楽の紹介には積極的だったのよ。彼の指揮の天分は、全く偶然に明らかになったのよ。それは彼にはすばらしい誘惑だった。でも、そのためのリハーサルは、彼にはたやすいものであったとしても、仕事としてはかなりの負担だったのよ。とはいえ、もし彼が作曲だけをしていたら、恐ろしく苦労していたでしょうね。

KL でも交響曲は三つでなく九つ書いていたかも。

EF きっとね。彼はある時こう言ったのよ。「僕は作曲家だ。一人でいると、作曲に没頭してしまう。作曲は僕の人生で一番大切なものなんだ。」そして、実際にそうだったのよ。

日記　その八

朝の九時だというのに、EFは驚くほど元気だ。彼女は朝食の席で、昨晩のことを生き生きと語った。アンコール演奏が長かったのと、彼女が指揮者クルト・マズアを楽屋に訪ねたために、帰りがずいぶん遅くなってしまったのだ。ドボルザークとチャイコフスキーの交響曲の演奏は、彼女には音が大きすぎると思われた。それにマズアの指揮はやたらと動きが多かった。彼女は眼を閉じた時、ようやく音楽を聴くことができたようだ。エリーザベト・フルトヴェングラーは―私は今あえてフルネームで書くが―そのように断言することには全く抵抗がないのだ。

彼女が話している間、私は彼女との共同作業のことを考えていた。火曜日に私たちは、気持ちのよい九月の天気のもとで対話を始めたのだった。彼女との約束は、午前と午後それぞれ一時間半ずつ会って話すというものだった。今、美容師が私たちの仕事を遮ってしまったところだ。私はナーバスになっていた。まだ目的の半分も達せられてはいないからだ。緊張が失われてはならない。うまくやるためには、対話の相手を退屈させないことだ。たとえば指揮者や政治家は、ジャーナリストが何度も同じ質問をすると退屈する。EFが私から新しい質問を期待しているのは明らかだった。なぜなら、彼女は一九八〇年にヴィルヘルム・フルトヴェングラーについて一冊本を書いているからだ。彼女と彼について最も大事なことを今や聞かないわけにはいかなかった。

対話をテープに録音する時、いつもEFには、庭の方を向いてそこに生えている大きな杉の木が見えるように座ってもらっていた。彼女が午前にヴィルヘルム・フルトヴェングラーの死について語った時、彼女の目は大きく見開かれ、奥深い内面性をのぞかせた。全てはとても静かにかつ正確に語られたので、私は夫の死の床に寄り添う彼女の姿を見るようだった。彼女はその悲しみで私を感動させたかと思うと、また平然と陽気な彼女に戻る。死の恐れ、精神の衰え、そして他にもいろいろな疾患が、彼女をますます苦しめているのだ。

正午の休みの後で電話を終え、彼女は非常に興奮していた。電話は近所の養老院からだった。彼女の長男ペーターの姑が花を欲しがり、今すぐ車椅子で外出したがっているという。EFは自動車をガレージから出すと、街に出て花を都合してきた。こんな親切な行いも全く当たり前のことのようだ。

もともと、私たちは午後三時に約束をしていた。彼女は約束を大事にする。対話の時間を後にずらすのは、彼女にはとても気分のよくないことだった。逆に気分のよい時は、彼女は自分の思う通りに振る舞っているということだ。

第八章
モニ・リックマース

KL　私たちは当時の状況をもう一度確認しておきたいと思います。戦後、あなた方はクラランに住みました。まず「プレイリー診療所」に、それから一九四七年の夏からは「皇帝邸」にです。この二つの建物は「バセ・クーロ」、つまりフルトヴェングラーが一九五四年十一月三十日に亡くなるまで非常に短い間住んだ家のすぐ近くにあります。

EF　パウル・リックマースは「皇帝邸」に自由に住まわせてくれたのよ。私たちにはお金がもうなかったから。最初、彼はヴィルヘルムに作曲のための部屋だけを提供したのだけれど、それから子供たちが庭で遊ぶことができるようになったの。モニはヴィルヘルムの秘書になったわ。その後で寒くなってくると、私たちはお金を払って二つの階に暖房を入れてもらった。

KL　私はまたそこに行ってきました。正面玄関を抜けパッペル通りを行くと、大きな庭園に出ます。右側の小さな丘には、モニが彼女の母と住みフルトヴェングラーのために仕事をしていた「プチ・クレ」邸があります。さらにまっすぐ行くと、すばらしい邸宅が見えてきますが、そこには長い間住む人はなく、シャッターが下ろされたままなのがかなり痛ましく見えます。その下にある湖へと続く庭園も全く手入れがされていません。七年間あなた方は、三人の子供カトリン、トーマス、アンドレアスとここに住み、フルトヴェングラーは何かを書こうとすると、モニの所に来ました。あるいは彼女から出かけて行ったのですか？

EF　彼が電話をかけると、彼女は来ていたわ。

KL　家の入口の左側には、まだ美しくて大きなベルがあります。いつも想像するのですが、彼は階段を下りて来ると、これを鳴らしていたのではないか。

EF　いえいえ、彼は電話を使ったわ。そしてしばらくすると、彼女の口述筆記が始まるの。それから彼女は事務的な計画をまとめると、いつも出かけていたわね。

KL　モニは彼女の日記で、最初にこう書いています。「自分が音楽のことをわからないということを、私は前よりもいっそう残念に思う。」

EF　でも、それは全く違うわよ。彼女はドアの前で彼の作曲に耳を澄まし、感動していたもの。夫がそれをエルネスト・アンセルメのような人にピアノで弾いたり、歌ったりして聴かせている時だったわ。夫によって彼女はようやく自らのうちに音楽を見出したのよ。私も全く同じようなものだわ。

KL　続けて彼女は書いています。「朝食前の八時半頃にFの家族と水泳に行く。」

EF　すばらしかったわ。ちょっと歩けば湖に行けたのよ。小さい包みを手にぶら下げてね。

KL　一九四九年の日記にはこうあります。「昨日の午後、全裸でコンフェレンツ・ヴェッグを散歩していたのだと、彼は私たちに言った。エリーザベトが、「誰かに脅かされたの、あなたいったい何をしたの」とたずねると、彼は「ああ、僕は自分のシャツを手に持っていた人だが、体の前をそれで隠していればよかったね」と答えた。

EF　愉快だわね。あなたに教えた木のまわりの道に面した家のあたりでのことね。そもそもよそ者は立ち入れなかったのだけれど。ヴィルヘルムは作曲をしていて、運動がしたくなった時、駆け下りて行き、そこを十周していたのよ。トーマスがある時たずねたのは、どうして夫はいつも親指を、そして後になって他の指を持ち上げていくのかということだったの。彼は言ったわ。「それが一番簡単だからだよ。そのように僕は自分が何周したかを数えるのだ。」

KL　あと二つ、モニの日記から引用したいのです。興味をそそるのは一九四八年一月二日のものです。「晩にFは、ベートーヴェンのソナタ作品一〇九を弾いてから涙をこらえていた。」一九四九年七月三一日には「《イェーダーマン》をF、Eとザルツブルクの聖堂前広場で観てとても感動した。アッティラ・ヘルビガーが「イェーダーマン」を演じた。Fは泣いていた。」彼は涙もろかった？

EF　滅多に泣かなかったわ。でも当時、彼はとても傷ついていた。それで泣いたのね。戦争は終わった。そして私たちは再び、ドイツを作り上げてきた文化を経験したのよ。ヴィルヘルムは嬉し涙を流したのね。もちろん彼は、ピアノでベートーヴェンやブラームスや自作を弾く時にもいつも感動していたの。他にここでは歌手たちとの稽古をすることもあったわね。この仕事にも極めて真面目に取り組んでいたのよ。

KL　面白いのは一九四八年一月十五日にモニが書いていることです。「Eがここにおらず、作曲しているわけではない時は、彼から何かが欠けているように感じる。彼は十分おきに私の所に来て、口述筆記をさせたり、話し相手になってもらいたがる。とても忙しくて、仕事は全くはかどらない。」

EF　それは確かにそうだったし、全部が具体的に書かれているわね。モニが日記をつけているのは知っていたわ。彼女は正直にも前書きに書いているけれど、しばしば情報は確実とは言えないところがあった。二〇〇四年に彼女は亡くなり、全ての日記は、彼女の娘と姪によって一冊の本に書き移されたのよ。

KL　彼女は一九四八年一月十七日にこう書いています。「Fの音楽上の自伝を何度、口述筆記したろう。でも、書くたびによくなっている。無駄な仕事にあって、それだけが私の慰めだ。こんなやり方では全く終わらないだろうが。」なぜフルトヴェングラーは自伝を書いたのでしょう。

EF　ナチ時代に関してだけね。彼は結局真実を書いたけれど、腹立たしいことに他人はそれを理解しなかったのよ。

KL　一九四八年にあなたとモニは、フルトヴェングラーがブエノスアイレスのコロン劇場で八回の演奏会を指揮するのに同行しました。三月三一日、彼はベートーヴェンの第九交響曲のリハーサルをします。モニはそれをこう書いています。「Fは寝ていなかった。リハーサル見学に関する誤解によって、一触即発の雰囲気になっていた。総監督のグラッシが評論家をも含む全員を追い出した。」これはどういうことでしょう？

EF　人々はリハーサルを見学したがったのよ。そこで彼は「いや、今日はこれ以上もうやりません」と言ったのね。最初、彼はリハーサルの見学を許していたのだけれど、後になって、それが彼には恐ろしく迷惑に感じられたのね。彼は訓練の行き届いていないオーケストラを一人で稽古しようとした。ベルリン・フィルやヴィーン・フィルのようにはいかなかったのよ。そこで彼は、一度は怒りのあまり指揮台をひっくり返してしまった。ミヒャエル・ギーレンはその様子を見ているわ。

KL　一九四八年十一月二七日、パリ。「朝は公開の総練習。シャツを忘れる。晩は演奏会だ。指揮棒が折れた。急いで新しいのを手に入れないといけない。」

EF　こういうことはしょっちゅうだったわ。残念ながらね。本当に気をつけねばならなかったのは、演奏会の後で指揮棒を盗まれないようにということだった。彼の死後には指揮棒のゆえにどれだけ迷惑したことか！　それからはもはや指揮棒を手元に置かなかったのよ。

KL　驚くのは、一九四九年十一月六日の報告です。「晩、Fは気分が落ち込んでいる。声に出して読んだ。」誰がそうしたのだろう。まさかモニ？

EF　たぶん彼か私よ。

KL　彼は音楽については、あるいはそれに限らず記憶力は良かった？

EF　彼は読むのは好きだった。全部を覚えたわ。電話番号を覚えるようなことではないわよ。忘れてはいけないのは、彼は私より百歳は若かったということね。今、私が思うのは、多くのことを思い出すのがすごく難しいということよ。腹立たしいわよ。もし当時、私がこれほど日常のことを忘れてしまったら、ヴィルヘルムは怒り狂うでしょうね。あの頃は全部うまくやれていたの。

KL　あなたも九五歳になったので、いろいろ問題があるんですね。

EF　全くその通りよ。今ではずっと多くのことをメモしなければならないし、一度転んでからは、階段では手すりを持たないといけなくなったしね。結局、人から歳をたずねられると、いつも八五歳だと言っているのよ。

KL　どうして？

EF　たまに芝居をするのよ。後で彼らが「おお！」と驚くから。自分が八十歳だと言っても、彼らは信じるわよ。このくらいにしておくけど。

KL　あなたは歳をとって、ぼやいておられる。でも、それでは私の記憶力の悪いことをますます言えなくなってしまうではないですか。もし私の記憶力の方が良いなら、こうして長い話をしていて要点を書きとめたり、一貫したテーマを設定する必要もないでしょう。一九五十年七月六日、クラランでモニはこう書きます。「晩、シューリヒト夫妻が「皇帝邸」に来る。彼は七十歳、夫人は三十歳。でもうまくいっている。」

EF　カール・シューリヒトの未亡人になったマルタは、昨日のモントルーでの演奏会にも来ていたわよ。彼女は私より十歳年下だけれど、彼女を自分の言い訳にする必要はないわ。ヴィルヘルムはシューリヒトを高く評価していた。夫が同業者を一切認めていなかったというのは正しくないわ。彼はカール・ベーム、カイルベルト、エーリヒ・クライバーらも評価していたのよ。できる限り、彼らの演奏会へも足を運んでいたわ。シューリヒトはフルトヴェングラーのように戦後は似たような状況に陥り、最初は指揮することが許されなかったの。でも、彼はナチとして裁かれることはなかった。シューリヒトはフルトヴェングラーより早く指揮を再開することができて、ここスイスで結婚したのよ。全てが彼にとってはずっと簡単だったのね。

KL 今や世界的に有名な指揮者たち、フルトヴェングラー、ヨゼフ・クリップス、カール・シューリヒトの未亡人はみな、ここ一帯に住んでいます。あなた方は何度も会っていますが、亡くなった夫について話すのですか。それとも彼らは基本的にはテーマにならないのですか？

EF そんなことはないわよ。しばしばそういう話になるわ。

KL あなた方は互いに、自分の夫の方がずっと良いと思っているのだろうか？

EF いやいや、そんなことはないわ。ヴィルヘルムと仲の良かった指揮者たちは、フルトヴェングラーが至高の存在であるとわかっていたのよ。これはいつもそうだったわ。

KL 一九五〇年十一月二十日、三十歳になったモニは彼女自身の人生を歩むことになります。それについて私たちはもう話しました。彼女は夫のアンドレ・タオンを紹介しようとしますが、彼は非常に神経質な人でした。しかし、そもそも彼女が自分の人生を歩み出したのはとてもすばらしいことでした。

EF ええ、もちろん。彼女にはいつも友人がいたの。ボーイフレンドでなくね。ベルタ・ガイスマールの場合と同じで、彼女に全ての男性が殺到したわけではなかった。ヴィルヘルムはモニが辞めるのをとんでもないと思っていたわ。

KL ここまでを一度まとめてみると、あなたにとって、彼はいつも籠の中の鳥だったのです。信頼できる側近として、彼は妻であるあなた、それにモニ、ベルテル、アガーテ、フレーダ、そしてレンヒェンを得ました。そして間違いなく気に入ったのです。すなわち、ヴィルヘルム・フルトヴェングラーに捧げられた共同体をです。

EF 彼は上手に選んで、皆が大いに幸せになったのよ。

日記　その九

最も驚くべきことには、フルトヴェングラーの直近で記録されたものとは、まさにモニによるかの日記なのだ。これは二〇〇二年、EFの九二歳の誕生日にお祝いとして彼女に手渡された。そして、赤い糸できれいに結わえられたそのコピーを、彼女は私に贈ってくれたのだった。

この日記は一九四六年五月十五日に始まる。「しばしば疑問に思うのだが、ここクラランに来てあたふたしているのが、フルトヴェングラーにとって正しかったのだろうか。カラヤンはいずれにせよ、彼のいない時間を完全に利用して、しっかりと馬にまたがり、アメリカ人に彼を攻めるよう仕向けている。しかし、おそらくこの時期は、ここでは運命からの贈り物だろう。Fが作曲できることは社会復帰することよりもずっと価値がある。願わくばアメリカによる手続きがあまりはかどらず、彼が結局はロシア人の心を動かしたらよいのだが。」

いったいどこから、二五歳のモニ・リックマースはこのような情報や世界観を仕入れたのだろう？　彼女はフルトヴェングラーの代弁者だったのだろうか。彼女の記録からは、WFとEFの対話も聞きとれるだろうか？

リックマースの「皇帝邸」からそれほど遠くないヴィルヌーヴには、オスカー・ココシュカがオルダ夫人と住んでいた。このテーマについて話す前に、EFは小さな部屋に駆け込んだ。この部屋にずいぶん前、彼女の「オカ」のために金庫を置いたのだ。再びこれを彼女は、ありったけの力と技で扱わねばならなかった。まず鍵を開け、それから木でできた扇子を取り出した。骨組みに貼ってあるので版画が折れ曲がらないようになっている。すぐにEFは私のアイデアに同意し、若いオカの自画像を持ち出してきて、写真に撮らせてくれた。

私たちがEF自身の若い時の肖像を壁から下ろし、外へと引きずる時、さらに助けが必要になった。ベルベルの手を借りて、正しい位置まで持ち上げることができた。しかし写真にはたくさんの手が写り、後でこの本の表紙の写真のために、切り取りが必要だったそれはたいしたことではなかった。この油絵では同じ個所が既に切り取られていたからである。

EFと私はオカについて話したら、土曜日は休むことに決めた。正午はフルトヴェングラーの友人たちとの食事をし、晩にはモントルー音楽祭のカーゲル演奏会に行った。だんだんとわかってきたのだが、私は自分の計画には柔軟でなければならなかった。ＥＦの「普段の」生活を十日間も失わせることはできなかった。

第九章

アルマ・マーラーとオスカー・ココシュカ

KL　夏にあなたのところで、ヒルメス・オリバー著『妄想の未亡人』というエキサイティングな本を見たのです。アルマ・マーラー＝ヴェルフェルに関する本でした。

EF　この本は少し前に手に入れたのよ。

KL　本の内容を簡単に言います。アルマ・シントラーは二三歳の時、四二歳のグスタフ・マーラーと最初の結婚をします。一九一一年に夫が亡くなるまで、二人は共に過ごします。それから、一九一五年に建築家のヴァルター・グロピウスと再婚し、三回目の結婚は一九二九年に詩人のフランツ・ヴェルフェルとでした。一九六四年、彼女は八五歳で亡くなります。あなたはアルマ・マーラーとあなたの母カティンカの間に、共通点を見出したのですね？

EF　アルマ・マーラーは立派だったと思うわよ。二人の違いをうまく説明できるわ。母は朗らかで機知に富んでいたけれど、アルマは多くのことで気に病む性質だった。母は全然違うわね。彼女は音楽には興味がなかったの。オスカー・ココシュカとアルマ・マーラーは、非常に大きなスキャンダルを引き起こしたのよ。これはマーラーの死後すぐに始まった。その結果、絵画、色付きの扇子、スケッチ、何百もの愛の書簡が残されたのよ。

KL　ココシュカはこのことについて、あなたと話したことがありますか？

EF　ええ、もちろん。彼は言ったの。「彼女は僕の子を欲しがらなかったんだ！」

KL　ココシュカがアルマを妊娠させたのは事実です。彼女は堕胎しようとしましたが、彼はそれを望んでいませんでした。

EF　でも、彼が話したのはここまでなのよ。私もそれ以上詳細をたずねようは思わなかった。彼はアルマのことを思い出すのが辛そうだった。

KL　彼は最後まで彼女との交流を続けていたのですがね。

EF　彼女が信頼できる人でないということに、彼は失望したのよ。
KL　アルマはココシュカのことをかなり露骨に描写しています。「赤らんだ手、出っ張った耳、だらだらと歩くが、美しい目をしている！」
EF　それは全く違うわよ。耳は出っ張ってはいなかった。誓ってもいいわ。
KL　彼女はさらに書いています。激しい情熱的な愛がしたかった。オカはものすごいやきもち焼きでサドマゾヒストだった、と。
EF　彼はすごいやきもちを焼いたわ。誰かが電話をしてきただけでね。かわいそうなオルダ！
KL　いつ彼はオルダと結婚したのですか？
EF　イギリスでよ。彼らはそこに亡命していて一緒に生活していたのだけれど、彼は突然結婚を思い立ったのよ。その後はもうスキャンダルはなかった。オルダは気の多い女ではなかった。彼女はココシュカを愛し、それで十分だった。すばらしいことよ。やきもちの理由などなかったのよ。
KL　どのように、そしていつあなた方はココシュカと知り合ったのですか？
EF　ベルリンで非ナチ化の宣告を受ける少し前、ヴィルヘルムは既にイタリアで指揮をしたのよ。一九四七年、ローマで私たちはルートヴィヒ・クルティウスを訪問したの。彼は幼いヴィルヘルムの家庭教師を務めた人で、その後は考古学者としてとても有名になったのよ。そこにココシュカ夫妻も来て言うには、クラランのすぐ近くで家を建てようとしているの。私たちはとても嬉しかった。そしてお互いにしばしば訪問するようになったのよ。ヴィルヘルムはだんだんココシュカの絵に興味を感じるようになり、二人の間には深い親交が結ばれたの。オカはヴィルヘルムが彼の絵の価値を正しく見抜くことに何度も驚いていたわ。
KL　ココシュカとフルトヴェングラーは四ヶ月違いですが同い年です。二人はお互い「du（君）」で呼び合う関係だった？
EF　そうではなかった。
KL　驚くべきことにオルダもオスカーも、お互い最後まで「Sie（あなた）」で呼んでいたらしいですね。
EF　ええ。初め彼は彼女をduで呼んでいたのよ。彼女の方が始めてそうなったの。
KL　オルダはこんな風に言っていたのです。「オカ、あなたお食事にいらっしゃらない？」とか「あなたの絵を見せて下さらない？」と。

EF　そうね。でも彼が一九八〇年、ヴィルヘルムのだいぶ後に亡くなった時、オルダは私に du で話そうと提案したのよ。私も同意したけれど、一貫してはできなかったわね。たまにはできたけれど。

KL　いつあなたはココシュカの芸術と出会ったのですか？

EF　ずっとずっと前のことね。子供の時に、私は自分からデッサンや絵を描きだしたの。誰も助けてくれる人はいなかった。学校でも自己流にやっていたし、私の最初の夫のためにもたくさん描いたのよ。ミケランジェロは私にはゲーテのようなものだった。

KL　美術を学ぼうとは思わなかった？

EF　思わなかったわ。でも、美術館には本当によく行っていたわ。何とも悲しいのは、私が数えきれないくらい自画像を描いていたからよ。大きな水彩画は全部なくなってしまった。ただの偶然ではあるけれど、まだいくらかが残っているということには感謝だわね。私のヴィースバーデンの家が一九四五年にアメリカ軍に差し押さえられた時、ウルジ・ガイヤー—私の親友の一人—と彼女の夫が通りかかり、家のベルを鳴らした。彼らは家に入ると、私の幼少期と青春期の写真を探して、アルバムを引き渡してくれたのよ。その中にはハンスのために幾枚かの水彩画を張り付けたアルバムもあった。でも、床に置いてあった大きな肖像画は全部なくなったわ。ごみとして捨てられたのよ。ハンスの持ち物としてはたくさんの英語の本があったけれど、どこに行ったかは誰も知らない。私自身の蔵書は、兄弟が地下室に持っていってくれていたので、これだけは救われたのよ。だから、本と写真の他にはこの一冊のアルバムしか残っていないの。この絵だけれど、偶然に私たちの家具が描いてあるわね。つまりこういう次第なのよ。私の兄　ボーイの家はヴィースバーデンの別の地区にあったために、完全に爆撃でやられてしまった。戦後、彼は自分の新しい家のために家具を街中で探したのよ。彼の妻は中古品の店にやって来て、そこで私の家具を見つけたの。とても興奮して、彼女は私の義理の姉妹バルバラ、つまり「ベアヒェン」に報告した。バルバラはちょうどヴィースバーデンに来ていたのだけれど、私の持ち物について良く知っていたのね。二人はまたすぐにその店に行った。でも店主はどうしてもこれは自分のものだと言うのね。二人は店主に、証明書を持ってくるから戸棚と整理ダンスはどうか売らないでほしいと頼んだのよ。そしてスイスにいた私に電話をくれたので、この水彩画をすぐにヴィースバーデンに送ったの。家具は取り戻され、私は後になってそれらをクラランに取り寄せたわ。隣の部屋に置いてあるわよ。

KL　オスカー・ココシュカに戻ってもいいですか。彼の芸術をあなたは既に早くから尊敬してきました。一九五五年にザルツブルク音楽祭で、モーツァルトの《魔笛》をフルトヴェングラーの指揮のもと、新製作するという計画がありました。これが実現すれば、彼とココシュカの初の共同作業だったのでしょうか？

EF　「フェルゼンライトシューレ」の外でそのオペラは演奏されることになったの。ヴィルヘルムは言った。「僕は今回ココシュカに舞台美術をやってもらいたいな。」「オカ」はもともとは《フィデリオ》を担当したいという夢を持っていたの。ヴィルヘルムと彼は、ヴィーンで《フィデリオ》を聴いたのよ。そこではまだ一九〇〇年に作られた舞台で上演されていた。これは私には印象が良くて、とても美しいと思ったのよ。ただ、ザルツブルクでの《フィデリオ》は既に舞台美術が決まっていて、今や《魔笛》の新演出が問題となっていたのよ。ヴィルヘルムはここの机の上で、「オカ」による最初の構想と全部の舞台衣装を見たの。一九五四年十月のことだった。でも十一月にはヴィルヘルムは亡くなってしまうのよ。

KL　幸いにも、あなたとココシュカ夫妻の関係は途切れませんでした。

EF　そうよ。全く反対にね。私の被った喪失や立場を、この夫妻が誰よりもよく理解してくれたのよ。次の夏、彼らはまたギリシャに行くつもりだと私に言ったのよ。「あなたも一緒に来ない？」すごく嬉しくて、すぐOKしたわよ。ココシュカも全く違う理由で嬉しがった。なぜなら、オルダと私がお互いをとてもよく理解することになったからよ。私たちはまだ若かった。しばしば彼女は理由もなく暴走することがあったので、ココシュカは心配していたのよ。彼女がまたおかしくなりそうな時に、私が一緒にいれば彼も安心だったのね。「オカ」にとって、これはもちろんずいぶんと好都合なことだった。自室に戻って落ち着いて思う存分に描けるからね。それで、スケッチをする彼を何度か軽蔑したこともあったわ。

KL　その次の年はどうでしたか？

EF　戻って来てひと月もしないうちに、彼らはここに座って言ったのよ。「私たちには既に別の計画がある。スペインに行くつもりだ。」そんなことが何度もあった。ある時は車で彼らをシチリア島まで乗せて行ったことがあるわ。彼らは私を本当に重宝していたのね。

KL　ある日、ココシュカは自画像を描いて、あなたにプレゼントしました。

EF　それはこういうことなのよ。オルダから電話で来てほしいと言われたの。ココシュカは友人のヴィリ・ハーンから、水彩で自画像を描くように頼まれたらしいの。彼はこれを、部分的には鏡を見ながら描いたのよ。そして既に三枚の試作が雑然と置いてあった。それを見て私は意見を言ったわ。二枚については「もっと若く描かないの？」と言ったけれど、手に煙草を持っている一枚はすばらしい出来だった。クリスマスに彼はこの絵を持ってきて、私にプレゼントしてくれたのよ。手紙でも、彼は私への好意を伝えてきた。私の所見を彼は悪く取らなかった、そんな口調だった。私だって言う時は言うのよ。

日記　その十

二人の熱烈なフルトヴェングラー・ファンが、私たちを丘の上まで車に乗せて登って行ってくれた。レマン湖の眺めがすばらしい。小さなしゃれた「レストラン・ドゥ・モンタニャール」では既にメニューが置いてある。そもそも私たちのために刷られたものだ。「鱒のフィレの白ワイン煮込み、仔牛のフィレのキノコ添え、野菜、ジャガイモコロッケ、アイスクリームと苺のパフェ」。私のフランス語の知識でも何とか間に合った。嬉しかったのは、人々が私に敬意を表して、今日はドイツ語を話してくれたことだ。食事の初めに、私は本格的な試験を受けさせられることになった。

積極的な印象のジャン・ジャック・ラパンと、いくらか控えめなノルベルト・コールハーゼがもっぱら関心を持っていたのは、EFの面前で、私が彼女について本を私に書くのにふさわしい人かどうか試験をすることだった。EFが既に私について可能なことは全て伝えていたにもかかわらず、彼らは「リラックスした」会合をしながらも、私という人間について探ろうとしていたのだ。

コールハーゼは―元ブリュッセルで勤務していた外交官―生来の愛すべき、要領のよいハーゼ〔訳注　独語で「うさぎ」のこと〕である。二人だけで話している時に、彼はフルトヴェングラーには距離も置いており、むしろアーノンクールの方に理解を示していることがわかっていたので、私たちは急速に親密になった。一方、指揮者でローザンヌ音楽院の元院長であるラパンとは、いささかぎくしゃくした。軍隊における彼の―全く確かに名誉ある―過去は、至る所で感じられた。正確さは彼には義務であるが、私にはむしろ喜びなのだ。

試験のテーマは何であったか？　それは全くはっきりしていた。エルネスト・アンセルメとストラヴィンスキーの《兵士の物語》初演。それから、アンセルメとフルトヴェングラーの関係だ。この二人の指揮者は十二音技法を拒否し、調性を擁護した点で一致していた。初演そして拒否も擁護も全てがこの州で行われているのであり、このことを―コールハーゼとラパンの意見によれば―ラジオ局の年金生活者である私は知っていなければならなかった。

二時間後、私は合格通知を受けた。メニューの上にこうあるのを見て嬉しくなった。「ムッシュ・クラウス・ラングへ―本当の人生は出会いです！―そして仕事のご成功を祈って。ジャン・ジャック」

第十章

アクラ・シルヴァ

KL　あなたの希望に従って、アクラ・シルヴァについて話したいと思います。これは何でしょうか？

EF　アクラ・シルヴァは、スイスのサン・モリッツにある家の名前よ。そこに行くには山を登らないといけない。シルヴァSilvaは「森」、アクラAclaは「高い」という意味よ。だからこの名前は、とてもよくこの家のことを言い表しているわね。もともと一九一八年に、ある女性がこのとがった屋根を持つ家を、一人の画家のために建てさせたのよ。フルトヴェングラーはこの家を一九二三年に買ったの。ツィトラ・ルントと結婚してすぐによ。彼はテーゲルン湖から見える山々に、親しみを感じ愛したのね。日の当たらない方の屋根は全部大きなガラスでできていて、画家のアトリエになっていた。私はこれはヴィルヘルムが作曲するのには都合が悪いと思ったので変えさせたのよ。私は普段は慎み深いけれど、この時はどんな家でもきれいにすることができたと思っているわ。今では屋根には窓がついているので、そこから山々のすばらしい景色を見ることができるのよ。フルトヴェングラー家がアクラ・シルヴァを所有して以来、八十年以上もの時間がたっているけれど、そのすばらしさは古びることはないわ。家のすぐ下には農場と酪農場があるだけ。それ以外に湖側には何もないの。反対側は沼地だから、何も建てられないわ。人は家や住まいを買う時、どうやって上手に手に入れるかを考えるけれど、不愉快な隣人がいれば、そんな家は買うのをやめるでしょ。その意味ではアクラ・シルヴァは本当にすばらしいのよ。

KL　最初にあなたがここに来たのは？

EF　確か一九四三年よ。私はヴィルヘルムともう結婚していた。

KL　あなたはツィトラ・ルントと会ったことがあると言っていましたが。

EF　サン・モリッツでだけじゃないわ。その前にベルリンでもよ。彼はツィトラをとても好きで、私を彼女に紹介したのよ。彼と彼女は「不名誉な結婚」をしたのではなかった。そんなことは全くなかったの。でも、ツィトラは彼には退屈過ぎたのね。

一九二九年以来、二人は別居していたのよ。

KL あなたは彼女から、最初どんな印象を受けましたか?

EF 彼女には北国の人特有の親しみやすさを感じたわ。私は何とかしてスカンジナビアの女性と結婚したがっているドイツ人をたくさん知っていた。スカンジナビアの女性は、すばらしく美しい金髪を持っているじゃない。私も実はそうだったのだけれど。

KL ツィトラはデンマーク人でした。彼女の髪は金髪だった?

EF いいえ。彼女と知り合った時、既に違っていたわ。彼女は背が高く、容姿もよく、笑うのが好きでいつも上機嫌だった。アクラ・シルヴァは二人の愛の巣だったのよ。戦争がひどくなると、彼はツィトラを安全のためにここに連れてきたの。私たちがもう結婚していた頃よ。戦争が終わる時、彼はチューリヒで用事があったのだけれど、私に一度彼女の所へ行くようにと言ったわ。

KL 彼はツィトラと接触するのを避けていた?

EF 彼女と会ったり話したりしないですむ時、彼はほっとしていた。二人の関係はとうの昔に終わっていたのよ。彼女もそれを受け入れていて、行儀よくしていたのね。彼女が死ぬ時まで、彼は経済的に面倒を見ていた。私が当時彼女のもとに行った時、アイロンがけや編み物や縫い物がそれほどうまくない女性なら誰でも持つ劣等感を抱いたのよ。料理は私も既にかなり上手だったけれど。結局、彼女は自分のできることは全て見せて、いつも「あなたこれはできる?」とたずねるのよ。でも私はすぐに気付いたの。彼女は主婦としての大事な仕事は実際には全くできなかったのよ。小さなことならたくさんできたけれどね。

KL 彼女はあなたに嫉妬していた?

EF いいえ。全く逆で、楽しい出会いだったわよ。彼女は私を受け入れてくれた。私が彼女を卑しむようなことを言わなかったからね。どうして私がそんなことをできるかしら? 彼が評価し愛する他の女性たちから、彼女は何度も愚かな女だと呼ばれていたのよ。それは彼女を苦しめていたの。

KL 彼女はどんな関係を、フルトヴェングラーの未婚の子供たちに対して持っていたのでしょう?

EF 彼女は彼の最初の息子ヴィリには特に優しかった。この子は二人が一緒になる七年前に生まれたのよ。でも結局、精神的な関係は彼らには生じなかった。彼女はとりたてて知性や教養があるわけでもなかったから。

KL　もう一人の女性、ベルナルダ・フォン・アイヒンガーは、あなた方やアクラ・シルヴァと特に関係が深いですね。

EF　もう話したけれど、彼女は私たちが結婚してすぐの頃、オーストリアのアハライテンにある彼女の城館に私たちを住まわせてくれたのよ。後にこの女性は財産を国に没収されることになるの。無一文になった彼女を、ヴィルヘルムはアクラ・シルヴァに連れて来ようと思った。彼女はまさしく「すばらしい主婦」と言われるだけの人だったわ。それにとても音楽好きで、私たちの婚礼ではヴィオラを弾いてくれたの。全ての人が、子供たちも彼女を尊敬し称賛していたわ。戦後、私たちにアクラ・シルヴァのためのお金がなくなってしまった時、彼女はそれを工面し、客人たちをもてなしてくれた。残念なことにそれから彼女は病気になり、アクラ・シルヴァで亡くなったのよ。

KL　いつあなたは家族とサン・モリッツに行ったのですか？

EF　何度もよ。私たちはそこで子供たちと休暇を過ごしたの。ヴィルヘルムの楽譜、本、ピアノがいつもそこにあった。彼はここで作曲の仕事がはかどったのよ。

KL　お互いに時間はたっぷりあった？

EF　もちろんよ。

KL　それではヴィルヘルム・フルトヴェングラーはまともな休暇を過ごせたのですね？

EF　とても良い質問ね。そもそも私にはわからないの。彼はいつも作曲をしていたから。

KL　それが彼には完全に日課になっていた？

EF　起床も食事も全てが正確に決められていたの。七時から八時が朝食。私たちだけの時は、全員で食べたわ。後で客が加わると、モットーは「とにかく自由に」ということになった。彼がこれを望まなくても、周囲からは―有難いことに―大きな敬意を払われていたの。それは彼の仕事への敬意だったのよ。この人の非常に大きな業績は知られていたからね。彼は自分が好きなようにできたのよ。

KL　これをあなたも、いつもそのように受け入れてきたのですね？

EF　そう。

KL　あなたは自分の権利を主張しなかったのですか？「さあ、私たちは散歩に行きましょう」と言うこともあった？

EF　いいえ、そうは言わなかった。いずれにせよ、私たちはしばしば散歩に出かけていたからね。

KL　散歩に行くかどうかはいつも彼が決めていた？

EF　何が起こっても私たちはすぐに一つになったのよ。この家にいる他の人々もこれには敬意を払っていた。誰もが他人を邪魔しなかったの。そこに皆は最大の価値を置いていた。ベルリンのファザネリーで働いていた唯一の家政婦レンヒェンも―驚くことには―全てをシェフのために配慮していたのよ。

KL　彼が自分の時間を自分のために使えるように。

EF　そうよ。「邪魔しないで下さい！」ということね。正確に思い出すわ。そして私たちがベルリンに住んで最初の頃はこんなこともあった。婚礼を前にしたある日のこと、電話が鳴った時、ヴィルヘルムはサンスーシの庭園を散歩していたの。レンヒェンは食事を準備していて、私は彼女が鍋をかきまぜるのを聞いていた。彼女は言うの。「ちょっと電話に出て下さい。」私はだから「もしもし」とか言ったのよ。彼と話したいという女性だった。私「彼は今ここにいないのよ。」「そうですか。彼は私に電話をくれると約束しました。」「ええ。今それを彼はできないのよ。あなたの名前を教えて下さらない？　彼に伝えるから。」私は受話器を置いた。そこにレンヒェンが来て、「今のは誰ですか？」私「ええ、誰それよ」「もう電話に出なくて良いです！」

KL　アクラ・シルヴァに正午が訪れると、彼は休憩をとっていましたか。あるいはそのまま仕事をしていましたか？

EF　十二時から一時の間に食事をとることは彼もわかっていた。休暇中も食事を作っていたレンヒェンは言ったわ。「できました。」

KL　食事が済むと、彼はすぐに仕事に取り掛かるのですか？

EF　いつもそうではないわ。しばしば彼は散歩に出かけた。昼寝をすることはなかったわ。最後の頃になって、私が望んで、彼は休息をとったの。

KL　彼はアクラ・シルヴァで夜遅くまで仕事をしましたか？

EF　いいえ。そんなに長くはしなかった。彼と話したい人々、音楽家がいつも来ていたのよ。でも、彼はしばしば一日中とてもくつろいで、親切だった。「今日はだめだよ」と彼が言う時以外はね。難しいことはなかった。彼は普通の人と同じように扱われてはいけない人だったの。彼の自然なやり方と謙虚さは彼の偉大さから来ていたのよ。

KL それでは人が簡単に来たり、ベルを鳴らしたりすることはなかった？

EF そうだったわね。

KL サン・モリッツでの晩はどんな風に流れていましたか？

EF 晩は彼は仕事をしなかった。おしゃべりしたり政治についての対話をしたわ。それに何度もベートーヴェンなどを、ピアノで私やベルナルダのために弾いてくれて、こう言ったりしたの。「ところで、君たちはこのソナタを聴いたことがまだないね。」彼がピアノに座ると、既にアハライテンでも思ったのだけれど、とてもすばらしかった。夢中になると、ただどんどん弾いていったのよ。そこには楽譜は置いてなかった。彼の心にあるものを、彼は頭から弾いたのよ。私たちは感動し、嬉しかった。彼は指揮をするようにピアノを弾いたの。弾いた曲を、正確に理解していたのよ。

日記　その十一

マウリツィオ・カーゲルとの再会を、私はとても楽しみにしていた。私はこのアルゼンチンの作曲家であり指揮者でもある彼が、ケルンでキャリアを始めた頃に体験し、以来、彼を後になされたすばらしい映画、オペラ、演奏会において何度も称賛してきた。よりによって、九五歳のEFがカーゲル作品の初演を聴きに行こうとするとは驚きであり、またとないことでもあった。彼女は音楽が関係しているあらゆるものに、今日まで好奇心を保っている。

レマン湖のほとりにあるストラヴィンスキー・オーディトリアムで、彼女は昨晩、音楽祭の客たちに取り囲まれた。彼女の訪問は既に前からうわさになって広まっていたので、放送局の若いジャーナリストが待っていて、最前列で彼女にマイクを向けていた。まだ演奏会の始まる前のことである。

演奏会が終わると、指揮者リッケンバッヒャーは彼女をカーゲルのもとへ連れて行った。彼女は彼に興味深いこの晩の演奏について礼を言った。健康状態を聞かれ、もう七四歳にならんとしているこの音楽家はこう答えていた。「肉体はもうなかなか思う通りには動いてくれません。でも精神は「続けよう」と言うのです。」でもこの時、きっとEFはこう思ったことだろう。「この若僧が何を言うか!」

この強烈なカーゲル演奏会の後、九月十一日がやって来ようとしていた。あれから、もう四年も経ってしまったことになる。ニューヨークでツイン・タワーが崩落してからだ。その時の記憶は、後になっても私の不眠を助長しているのかもしれない。さらに眠れなくなっているのだ。父親が早世したことや二人の夫についてのEFの話は、私に影響を与えていた。早朝の五時に荒々しい夢を見た。私はベルリンの仕事部屋で一群の若者たちと一つの計画を仕上げようとしていた。しかし、机や椅子を調達することすら私にはできない。私の三人の子供はみな、レコード・プレーヤーを持っていて、私に向かって大音響で音楽をかける。私は部屋の隅から隅へと走りまわり、静かにさせようとするのだ。結局、私は家具やがらくたやプレーヤーなどに押しつぶされ、大混乱に陥ってしまう。

好きにやらせてもらえない子供たちから苦しめられ、私には安静が必要だった。汗だくになって飛び起きた私は、夢から覚めたのだった。

カーゲルの打楽器群、ツイン・タワー、悪夢。ＥＦも疲れているように見えた。しかし、私たちの回想のマラソンを続けていても、彼女は演奏会や訪問や電話による忙しい日常を放棄することはできない。「わかっているのよ」と彼女は言った。「私は余りにも多くの人を知っているのよ。」

私の問題は、この長いインタビューをどう本にまとめるかということだった。しかし、仕事は始まったばかりだ。ページはまだ白紙のままである。

第十一章

三人のベルリン子たち

一、カルラ・ヘッカー

KL　エリーザベト、これから三人のすばらしいベルリンの人物について話しましょう。すなわちカルラ・ヘッカー、ボレスラフ・バルロク─彼の生まれはブレスラウですが─、そしてもう一人「レンヒェン」ことヘレネ・マチェンツです。まずカルラ・ヘッカーを。彼女は生粋のベルリン子であり、一九〇一年に生まれ、一九九二年にやはりベルリンで亡くなっています。音楽家であり、ブリュイニール・カルテットでヴィオラを弾き、本もたくさん書いています。いつ彼女はヴィルヘルム・フルトヴェングラーと知り合ったのでしょうか？

EF　それは私が彼と知り合った時期とかなり近いわね。彼女は完全な文筆家の家系から生まれているの。既に彼女の祖父と父が有名人で、彼女はそれを引き継いだのよ。いかにも知的な文筆家のような風貌だったわ。それに加えて彼女には音楽について豊かな知識があった。カルラはフルトヴェングラーの全ての演奏会に行っていて、信じられないくらい感性のある女性だったわ。その際立って優れた客観性を備えた文章ゆえに、彼は彼女を高く評価していたのよ。

KL　彼女はフルトヴェングラーにとって、歩くメモ帳のようなものだった。

EF　彼は自分の考えをよくメモに書いて、ありとあらゆるポケットに入れていたの。それをカルラ・ヘッカーは集めて、ベルリンでや旅行中に何度も彼と話し、一冊の本にまとめたのよ。彼に望まれて、彼女はたとえば、ベルリン・フィルとフルトヴェングラーによるストックホルムへの演奏旅行に同行したりしているわ。それは初めに話した有名な列車旅行で、フルトヴェングラーは二回の演奏会をコペンハーゲンで指揮しているのよ。カルラはまさに、人が喜んで一緒にいたくなるような人物だったの。ストックホルムについては、もう一つ別の話もあるわ。カルラ・ヘッカーには関係がないけれど、第三帝国でヴィルヘルムがとった態度を典型的に示しているものなの。彼がヴィーン・フィルとそこにいた時、ヴァイオリニストのナタン・ミルシテインと指揮者のイサイ・ドブローウェンに会った。すると即座にドイツ大使館は、一人の男をヴィルヘルムの女性秘書のもとに送り、彼が戦争中はユダヤ人と会わないようクレームをつけたのよ。フルトヴェングラーは偶然ホテルに戻って来たので、女性秘書はナチに言ったの。「それはあなたが自分で彼に言って下さい。」すぐにエントランス・ホールでヴィルヘルムはこの男を怒鳴りつけ、壁が揺れるくらいだったわ。ヴィルヘルムはドブローウェンをいつもできる限り助けていたの。そして彼らは後に、二人ともミラノのスカラ座で指揮をしたのよ。ミルシテインはモントルーの音楽祭で演奏した時、また私に会って驚いていたわ。彼だけが七十歳だったけれど、まだ若者のように正確に演奏したわ。これはヴァイオリニストには難しいのよ。ヨゼフ・シゲティが私にある時言ったわ。「弾くのをやめなければならなかったのです。左手がよく動かなくなったから。」ミルシテインは例外ね。彼が年老いてもなお演奏していたのは本当に驚きだわ。

KL　またカルラ・ヘッカーのことに戻りましょう。彼女がフルトヴェングラーについて書いた最初の本は『交響楽の旅』といいます。一九五四年、彼の没年に出版されました。

EF　この本を彼は受け取って読んだのよ。カルラは彼にとって聖女だった。彼女が書いたことはいつもその通りだったのよ。彼は言っていたわ。「僕はカルラの本の中で、真実でないことと出くわしたことはないよ。」

KL　彼女の最も美しい本の題名は『忘れられない響き』でした。

EF　彼女は本当に良くわかっていたのよ。著作を読めば、それをすぐに感じることができるわ。

KL　それに彼女は朗らかでした。一九七九年に私が訪れた時、彼女はフルトヴェングラーの二五回目の命日に際して、SFBのために放送番組の準備をしてくれたのです。自宅の一階に、彼女は庭へ向けて滑り台を作らせていました。かわいそうなことに病気になってしまったダックスフントのためです。

EF　何て優しいんだろう。ヴィルヘルムの死後、私たちはベルリンで何度も会ったわ。彼女は病気になったことがなかった。九十歳になっても、自分の好きなように生きていたわ。いつも感じさせられたのは、この人がとても高い徳を備えていたということよ。

KL　彼女は生涯独身でした。男のための時間はなかった？

EF　時間をかけるに値する男なんてそうはいないわよ。

二、ボレスラフ・バルロク

KL　一九〇六年にブレスラウに生まれたバルロクは、まず書籍商として商業経験を積んだ後、演出家になり、戦後すぐにベルリンのシラー劇場、シュロスパルク劇場およびその工房の支配人になります。二七歳で彼は劇場の監督をします。フルトヴェングラーはある時バルロクについて「私の最も信頼できる最良の友人」と書いています。これはどう理解するべきでしょう？

EF　彼は常にフルトヴェングラーの味方だった。フルトヴェングラーはあまりにもすばらしかったのよ。

KL　既に戦前から、バルロクは全てのフルトヴェングラー演奏会に行っていました。彼は失業すると、ファザネリーへ行き、レンヒェンが彼を家の中に通します。バルロクは床の上に楽譜を並べて置いて、それを分類していました。フルトヴェングラーが庭園から戻ってくると、彼らは一緒に朝食をとり、フルトヴェングラーはバルロクに仕事を与えたのです。以来、彼らは友情を結びます。とても奇妙な出会いです。

EF　そうだわね。バルロクは面白い男で、独自の見識を豊かに持っていたのよ。

KL　たとえば、彼はあなたを「聖エリーザベト」と呼んでいました。

EF　ヴィルヘルムと私の関係を表そうとしたのよ。バルロクにとって、私は他の女性とは違っていた。男から愛されても、平気で他の男と付き合える女性はいるわ。それがヴィルヘルムと私の間ではそうではなかった。彼の示した明らかな意志は、私が誠実な人であるということだったのよ。

KL　いつも？　その彼の意志は少年の頃から？

EF　いいえ、全然そうではないわ！　私から見ればね。だから「聖エリーザベト」が必要だったのよ。バルロクがそれを感じたことは明らかだった。私をめぐって騒ぎになることはなかったけれど。ヴィルヘルムの周りには絶え間なく昔の女性や妻たちが出入りしていたの。薄情で、悪賢く、そして酷い女たちがね。これは今ではおそらく少し大げさに思われるだろうけれど。

KL いずれにしても、そこにあなたが来た。

EF ええ。私は彼とどうこうなろうと考えたことはなかった。私たちは改めて、愛が何であるかということに驚いたのよ。

KL バルロクのことに戻ります。フルトヴェングラーは一九三四年に「ドイッチェ・アルゲマイネ」紙に書いたヒンデミットに関する記事によって、ナチス政権と非常にもめることになります。これを青年バルロクは知っていました。フルトヴェングラーがヒンデミットに肩入れすれば自身の人生を危険にさらすことになる、と既に当時、彼は言っています。バルロクは彼を助けたかったのです。これは戦後の二人の関係にとっては決定的なことでした。

EF バルロクとフルトヴェングラーは、政治についても自由に語り合ったの。「ボレ」はナチスには用心するように、と彼に何度となく言っていた。バルロクを特にすばらしいと思ったのは、彼がこう言った時ね。「少なくとも何かがドイツにはまだあります。戦前の時にはあったものが。もしフルトヴェングラーがいなかったら、我々はどう生きていくべきだったでしょうか。」

KL あなた方はそれでは、ユダヤ人たちが何をされていると考えていたのですか。

EF 彼らが牢獄に、労働収容所に入れられている、と。そこでみな殺害されていたとは思ってもみなかったわ。

KL でもフルトヴェングラーは枢密顧問官として政治にたいへん近いところにいました。彼はそれを知っていたかもしれない。

EF 知らなかった。「枢密顧問官」はただの称号よ。何の義務も夫は負わせられていないの。彼らは夫に何も頼まず、夫も彼らには頼んでいないのよ。

KL もし彼が一九四三年にホロコーストについて知ったら、どうしていたでしょうね?

EF あなたに既に一度言ったわよ。彼はピストル自殺したでしょうね。でも私は何とかして彼を救い、一緒に逃げようとしたでしょうね。

KL あなた方がそれを知った時、どうだったのですか。

EF その時のことは忘れないだろうね。ヴィルヘルムはやって来て、私を抱きしめ、こう言ったわ。「ねえ、君。本当に起こったんだ。これを知ってしまった僕らは、もはや幸せにはなれないだろう。」私はもう一度言わないといけない。彼はドイツ人だった。そして彼の真ん前にはベートーヴェンやゲーテが立っていたのよ。だから彼は一人では全くなかったの。ドイツ人の中にとんでもない豚どもがいたことに、彼は驚いたし、全く穏やかではいられなかったのよ。

三、ヘレネ・マチェンツ

KL ボレスラフ・バルロクと同じように、レンヒェンも音楽家ではありませんでした。あなたは既に彼女についてたくさん話しています。

EF マリアや私と出会うずいぶん前から、ヴィルヘルムは ポツダムのファザネリーに住んでいたのよ。これは新宮殿から遠くなく、サンスーシの宮城公園の縁にあるの。最初からレンヒェンはそこで彼の家政婦をしていた。彼女はヴィルヘルムを完全に理解し、快適な生活が送れるようにしたのよ。彼女は田舎の出身であるにもかかわらず、典型的なベルリンのユーモアが言えたの。おそらくそこには最高のベルリン子がやって来たわけね。すばらしい人物だった。

KL 彼女は何歳でしたか？

EF 私よりは年上で彼よりは年下ね。しかし、これは彼には重要なことではなかった。彼女は炊事、掃除、アイロンかけ、全てができたのよ。主婦として完璧だったから雇われたのね。さらに加えて、彼女は慎重で、とても慎み深く、彼と彼女自身を常にチェックしていた。彼女が理解していたのは、いろいろな仕事をするこの男を多くのことから守らねばならないということだったのよ。その際に感傷が紛れ込むことはなかった。ヴィルヘルムに関係する人はみな、ヘレネ・マチェンツが最強の人格であることを知っていたわ。その人格が彼を信用させ、彼のためには火をもくぐらせたのよ。多くの点で彼女は、彼が使った秘書たちを凌駕していたの。本当に実直な心の持ち主だったからね。彼女には人間としてあやふやなところがなかった。

KL ファザネリーの住居はどんな状態だったのですか？

EF 彼の住居の上に、風呂を備えた大小二つの部屋があった。ヴィルヘルムの弱みはひどい睡眠障害で、とても困っていたの。そのためにレンヒェンは下に、彼は上に引っ越しをしたのよ。

KL　ファザネリーでのフルトヴェングラーは独身の男のように生活していたのですか？

EF　独身でいたくなかったから、彼は一九二三年に最初の結婚をしたのよ。

KL　でもツィトラとの別居からあなたとの出会いまでにはとにかく十一年もありました。だからあなたは独身のフルトヴェングラーと知り合ったようなものでは？

EF　いいえ、彼は実際には一人ではなかったのよ。彼の側にはいつも誰かがいた。ベッドでのつき合いだけでなく、家族を持ち彼を世話している夫人もいたのよ。彼の母はいつも心配でいっぱいだった。私たちが結婚したいということを初めて聞いて、彼女は私に言ったわよ。「あの子は本当に女好きよ。いったいいつ真面目になってくれるのやら？」私が夫にこれを話すと、もちろん立腹した。彼をなだめなければならなかったけれど、私は言ったの。「いいえ、これは彼女からの愛情なのよ。当たり前じゃない？　お願い、お母様を悪く思わないで。」彼女の風貌は立派な主婦のそれであり、彼の息子ヴィリをとてもかわいがっていた。彼女のすばらしい写真を持っているわ。私が彼の子供を妊娠したことを彼女は知ったのに、残念にもアンドレアスを見ることはなかったのよ。彼女がハイデルベルクで亡くなった時、夫はすごく悲しんで、自分を責めていた。「もう一度彼女のもとへ行くべきだった。」一九四四年のことよ。

KL　一九四五年には戦争が終わり、あなたはフルトヴェングラーとスイスで生活します。レンヒェンだけがファザネリーに留まっていたのですか？

EF　この家は彼のものでなくなったのよ。しかし、彼の持ち物はスイスに脱出する際に何も持ち出せなかったので、まだそこにあった。レンヒェンは全てを守っていたので、ロシア兵も礼儀正しく振る舞っていたのね。彼らは占領後すぐに自分たちの占領区域で夫に国立歌劇場の指揮をさせたかったのよ。誰かがファザネリーからピアノを持っていこうとした時は、ロシア兵がそれを防いでくれたの。もう一つ、ヴィルヘルムがいかにレンヒェンに頼っていたかがわかるエピソードがあるわ。ヴィーンから彼は、乗務員だけが乗るロシアの軍用機でベルリンへ飛んだの。アメリカ軍はこのことをものすごく問題視したけれど、それは彼にはどうでもよかった。ただベルリンに行きたかったのよ。このかわいそうな女性がそこでしていることを見るためによ。

KL　一九四九年、ＤＤＲ（東ドイツ）ができます。そしてグリーニク橋を通ってファザネリーに行くことはもうできなくなってしまいました。

EF　ベルンブルグ通りのフィルハーモニーは戦争で破壊されてしまっていたのよ。ヴィルヘルムは一九四七年からベルリン・フィルを主としてステークリッツのティタニア・パラストで指揮したにもかかわらず、この橋を通って行かねばならなかった。しかし、ここは一九四九年までは連合軍だけが通ることができ、アメリカ軍は私たちを通行させなかったの。これでは私たちは東ベルリンを越える大きな迂回をしなければならない。だからダーレムに住居を借りて、レンヒェンにヴィルヘルムの荷物をそこへ持って行かせたのよ。

KL　レンヒェンはあなたをどう思っていたのでしょうね？

EF　とても良く思ってくれた。初めから彼女は私を、ファザネリーに出入りしていた他の多くの女性よりも優遇してくれたのよ。そして後になって私に言ったの。「あなたは彼の書き物机をいじくったり、私の引き出しをのぞいたりは決してしなかった唯一の女性ね。」私は思った。「やれやれ。出入りしている女性たちはいったいここで何をしていたのかしら。」

KL　フルトヴェングラーの死後、あなたは彼女とどのくらい長く付き合っていたのですか？

EF　最後までよ。南西の大通りに、私たちは一緒に彼女の住まいをしつらえたの。彼女はよくここクラランまで来てくれたわ。私の家政婦が四週間の休暇をとった時にはね。私の家族に溶け込んでくれて、子供たちから愛され尊敬されていた。彼女が亡くなると、私は彼女がヴィルヘルムから受け取った手紙や写真をベルリン国立図書館へ譲ったのよ。

日記　その十二

私たちの仕事が「オフ」になる土曜日に、私はEFを昼食に招待した。湖の船着き場近くの「ボン・リヴァージュ」がまさしくよい雰囲気であるように私には思われたのだ。このホテルはインターネットに接続していて、三七のテレビのチャンネルが見られる部屋を売り物にしている。また、ドイツ語で書かれているカラーのチラシにはこうあった。「物思いにふけるにはもってこいの場所があります。」

テラスの上での景色はすばらしそうだった。しかし、雨の予報があったので、戸外でのサービスはなくなってしまった。私たちは建物の中に入り、ほとんどはカーテンで覆われている高い窓を持つ細長い食堂に移った。息詰まるような空気の中、私たちは二人用のテーブルに案内された。配置はこうだった。一つの椅子からは湖の眺めが一部しか見られず、もう一つからは全く見ることはできない。つまり一人は壁に向かって座らざるをえない。半分ほど埋まったレストランには十分な席があったので、私たちは隅に座ろうとした。これが無理だと告げられた時、どんなに驚いたことか。ベルリンでなら、そのような場合私は立ちあがり、出て行ってしまうだろうが、スイスで—EFとでは—そのような騒ぎは避けたかった。従業員がカウンターの後ろで耳障りな音をさせているので、私たちは急いで二つの椅子を自分たちの思うように動かした。私たちを受け持つボーイは指図されると、無愛想な顔をしながら私の食器を九十度回転させた。まあ、このほうがましだ。

もともと、私たちはたくさん食べるつもりはなかったが、ここには四二スイスフランするたっぷりしたコース料理しかない。選択の余地はなかった。まずザルツゲベック付きのオリーブ、それから前菜として薄いトーストに巧妙に隠された小さなサラダだ。実際には食べきれないくらいの量が出てきた。私はそっとEFの方を見た。せめて彼女にはおいしく食べてほしいと思っていたからである。彼女は—全く目立たないように—皿に戻していたので、私もそっとそうした。それからメインディッシュが出て来た。ラム肉である。あまり柔らかくはなく、脂がたっぷり含まれた肉片が皿に載り、となりにはあまりにも少ないジャガイモと、すごい量があり味はほとんどないパスタが添えられていた。野菜は焼かれていたが、実にみすぼらしかった。ずいぶんと間をおいて、チーズも供された。いろいろな種類の盛り合わせだったが、私たちの食欲は既に減退していた。デザートの眺めは、外の湖の眺めを上回るものだった。新鮮なイチジクが二つと酸っぱいイチゴ一つに、クリームが少し。と、まあこういう次第だった。とにかく、EFと一度は―全く仕事から離れて―一緒に座って結構くつろぐことができたのだから、良かったと思いたい。

食事中、彼女は一言も発しなかった。やはり、良いしつけを受けていたのだ、母カティンカによって。

第十二章
死後の名声

KL　ヴィルヘルム・フルトヴェングラーは一九五四年十一月三十日に亡くなりました。アルトゥーロ・トスカニーニと共に、彼は二十世紀前半を代表する指揮者でした。あなた個人は、亡き後もフルトヴェングラーの芸術が、今日までずっと愛されていることにとても満足しているのですね？

EF　私は感謝し、満足し、何度も感動し、そして驚いているの。今も何と多くの人がフルトヴェングラーについて知っていることだろう。この瞬間に一人の若者が—時には少女ですらも—ディスクを聴いて彼の音楽のすごさに驚いて、熱心なファンになるのよ。彼らは夫についての全てを集め、繰り返し話題にするわけ。私がこれまで会った指揮者はみなわかっていた。夫と彼らがいかにかけ離れているかということをよ。私がほとんど彼の後継者のようなものだと思っていたカルロス・クライバーにとってさえ、フルトヴェングラーは最も偉大な人だったのよ。彼は私にそう何度も書いているわ。

KL　これまで五十年間、フルトヴェングラーの評価と認知が生き生きと保たれるために、あなたはどんな貢献をしてこられたのでしょうか？

EF　頼むからそんな質問はやめてよ。彼の名声は彼自身から出ているのよ！　私はそれを邪魔しないように働いてきたの。自分を作曲家としても指揮者としても讃えないでほしいという彼の望みを、私は今でも守っている。他には全く何も仕組まなかった。夫が未亡人からほめられても滑稽なだけでしょ。確かにいつもいくらかは説明してきたわ。誰かが彼について問い合わせてきたらね。それだけよ。

KL　あなたは—これは私がSFBの仕事で確かめたのですが—夫の録音権利について報酬を求めようとしませんでした。それに、たとえば旧フィルハーモニーでのライブ録音がモスクワから返還され公開される際には大いに助成をなさった。

EF　その通り。私は他の全ての人と同じく、それをものすごく嬉しく思ったのよ。彼のすばらしさは明らかだけれど、当時は「ナチのフルトヴェングラー」に反対する、多くのほとんど気違いじみているとも言えるアメリカ人の非難があった。こういうことが起こるのはアメリカだけだわ。ヨーロッパでは基本的になくなっているわ。たとえばフレート・K・プリーベルクのように高い見識を持つ真面目な人々は—夫が助けたとても多くのユダヤ人たちも—これを気にかけていたのよ。夫の政治的な側面は本当に滑稽だわ。当時のドイツ人は確かにいろいろな理由のためにナチだった。夫はこう言っていた。「僕は反対に、ドイツ人とはいかなるものであるかを示すためにここにいるんだ。ドイツ人にも良いところはある。」彼に対して起こり、驚くべきことにまだ続いている攻撃は、今では私をもう怒らせたりはしないの。それを聞かされても笑ってしまうだけで、心の中には既に滑稽な話がいっぱいたまっているのよ。

KL　ここで、フルトヴェングラーの死後に起こった出来事にふれてもよいですか。私たちは既にハイデルベルクでの埋葬について話しましたが、その後すぐにベルリンでも追悼が行われました。一九五四年十二月九日、ティタニア・パラストでアルトゥール・ローター指揮のベルリン・フィルは、ベートーヴェンの《エロイカ》を演奏します。またディートリヒ・フィッシャー=ディースカウはブラームスの歌曲を歌いました。彼についてはまだ全然話していませんね。あなたは最初の時から知っているのに。

EF　まだ詳しく覚えている。一九五十年、ザルツブルク音楽祭でのこと、チェリストのエンリコ・マイナルディがフルトヴェングラーに言ったのよ。チェロの生徒イルムガルト・ポッペンの夫はすばらしい声を持っているようだから、彼と何か共演できればきっと良い経験ができるだろう、とね。晩にはいつも人々の集いがあった。そこでフルトヴェングラーは彼を招いて、何を歌いたいかをたずねたの。彼がブラームスの《厳粛な歌》を挙げると、皆にはヴィルヘルムが失望しているように見えた。でもフィッシャー=ディースカウはみごとに歌ったのよ。彼をピアノで伴奏していたフルトヴェングラーは、彼をカーテンの裏に連れて行き、その歌唱を絶賛し、共演を強く持ちかけたのね。この歌のテストの後、ヴィルヘルムと私は散歩に出かけたの。夫は黙っていた。歌の感銘が覚めていなかったのね。「あんなに若い男が、既にこれほどまでにわかっているとは驚きだ。」それから立ったままで言った。「まあいい。僕はその年で既にわかっていたのだがね。」その後、彼らはたくさん共演しているの。次の年にはマーラーの《さすらう若人の歌》を演奏して、大成功を収めたのよ。フィッシャー=ディースカウは当時ザルツブルクではまだ全く無名だった。

KL　時系列に従って進みます。二人はこの作品をロンドンでも演奏し、レコード録音しているわ。既に一九五五年五月にはベルリンにフルトヴェングラー通りがありました。

EF　それはグリューネヴァルトにある全くたわいのない、かわいらしい、重要ではない通りだった。彼にちなんでそう名付けられたのね。

KL　たぶんマルティン・ルター通りよりは良いのでは。あそこは恐ろしく混む幹線道路だから。

EF　確かに。そこではマルティン・ルターのことなどそっちのけで、どうやって通り抜けようかなんてことばかり考えてしまうだろうね。そういうことはフルトヴェングラー通りでは起こらないわよ。彼自身はまず間違いなく、小さな通りの方を大きな通りよりも好んだと思うわ。ヴィーンでは小さな通りを誰でも知っているの。なぜなら小さな通りが中心部にあるから。

KL　ヨゼフ・カイルベルトは一九五六年、フルトヴェングラーの七十歳の誕生日に、第三交響曲の最初三つの楽章を初演します。どうして彼は最終楽章をはずしたのですか？　ベートーヴェンの《エロイカ》のことなどを想像してしまうのですが。

EF　フルトヴェングラーの第三交響曲は第二と同様、演奏時間が一時間を超える大作なのよ。カイルベルトはこの演奏を意識してフルトヴェングラーのために行い、人々が最後まで集中して聴けるようにしたかったの。後になって第四楽章の表題に「戦いは続く」とあるのを知った時、彼はそもそも最終楽章も演奏しておくべきだったと言ったのよ。オイゲン・ヨッフムはヴィルヘルムの葬式の少し後、ミュンヘンで第二交響曲を演奏したわ。私は一番上の息子と招待された。演奏が終わった時、ペーターは言ったわ。「やれやれ、今ママはやっと泣いたね。」

KL　一九六三年、ヘルベルト・フォン・カラヤンはベルリンにハンス・シャロウンによって設計されたフィルハーモニーをオープンさせます。既に当時、いつかカラヤンが彼の偉大な前任者への尊敬を表明するだろうと期待されていたのです。しかし、フルトヴェングラーの没後十年の時も二十年の時も、生誕八十年の時も九十年の時も、そういうことはありませんでした。三一年もの間、彼は何もしませんでした。ようやく一九八六年一月二五日の生誕百年の日に、カラヤンはフルトヴェングラー記念演奏会でシューベルトとシュトラウスを指揮したのです。

EF　おそらくカラヤンは比較されたり批評をされることが不安だったのよ。でも、彼は既に有能で立派な指揮者であり、最高の地位についていた。これ以上何が欲しかったというのだろう？　とにかく私は演奏会後、楽屋に彼を訪ねて歓談したのよ。

KL　一九六四年、フィルハーモニーの南ロビーに、アレクサンダー・アルヒペンコ作の指揮するフルトヴェングラーの半身像が置かれました。この作品をどう思われますか？

EF　ここにあるものでは、ゲオルギイの作った像の方がいいと思うわ。こちらの方が、私の見ていたヴィルヘルムに近いからよ。でも、アルヒペンコの像もこれはこれで理解しているわ。彼はフルトヴェングラーをそう表現したということよ。おそらく彼が考えたのは、ヴィルヘルムの手に指揮棒を持たせても、それが指揮者だとすぐにはわからないように、ということだったのね。夫の腕がこんな風な形になるのを、私は見たことがないわ。むしろこれは滑稽だと思う。実のところ、この像は夫を正しく伝えてはいないのよ。

KL　一九七六年の生誕九十年に、ベルリンではドイツ・フルトヴェングラー協会が設立されました。歴代の会長にはオスカー・ココシュカ、カルロ・マリア・ジュリーニ、ディートリヒ・フィッシャー＝ディースカウ、そしてダニエル・バレンボイムが名を連ねています。これは世界で初めてできたフルトヴェングラー協会だったのですか？

EF　正直言うと、それらの順序はよく知らないのよ。ヨーロッパでどこの協会が一番よいかと聞かれれば、それはフランスの協会だと思う。フランス人は他の国の人よりもフルトヴェングラーを理解しているのよ。いつも彼らは大挙して私のところにやって来る。彼らは唯一、ナチスの時代の夫について酷いことを書いたり言ったりしていないのよ。夫がナチスとそもそも関係があったなどとは、彼らは全く考えたこともないの。

KL　日本はどうですか？

EF　日本人はまさしくほとんどの彼の本やレコードを出版してきたのよ。彼らもフルトヴェングラーに疑いを持ったりはしなかった。一九八六年、彼の生誕百年に私は息子のアンドレアスと日本に招待されたの。［訳注　これはEFの記憶違いで、正しくは一九八四年、彼の没後三十年目に来日した。］とても驚いたのは、彼らがフェスティバルを準備していたことよ。明らかに彼らは四分の三年をそれの準備に費やしたのよ。何度も懇願が来たからね。さらに彼らは私から夫の燕尾服とエナメル靴を借りるのにも成功したのよ。東京でのフェスティバルは、当時ベルリンの古い「ヴェルトハイム」を思わせる建物［訳注　東京の大丸デパート］で行われた。この日本のデパートで、彼らは上の階を全くフルトヴェングラーのために借り切ってしまったのよ。数え切れないくらい大勢の人がやって来て、ここでは全く想像もできないくらい感激していたわ。私が大きな階段を上がっていくと、彼が私といる大きな写真がかかっていたの。それに別の場所で、彼自身が立っていると思ったら—燕尾服姿のね—人形だったのよ。やれやれ、頭はなかったけれど。

KL アメリカではその後どうなったのですか？　フルトヴェングラーについては賛否両論ですが。

EF 東部には依然として悪口を言う人がいるわ。でも大きなフルトヴェングラー協会がカリフォルニアにある。毎年そこの代表が私のところに来るわ。ちょうど彼からまた来訪の知らせをもらったところよ。

KL ここ「バセ・クーロ」には、ずいぶん長い間、フルトヴェングラー作品の楽譜がありました。ある日、あなたはこれら全てが火災で焼けてしまわないようにしようと思い立ち、ベルリン国立図書館に相談をします。

EF もちろんベルリンに行くべきだった。彼はそこで生まれたのだから。ベルリンは重要だった。ここで彼は幸せであり満足していたのよ。

KL ではなぜそれがチューリヒへ？

EF ベルリンは当時、驚いたことに自筆の総譜に興味を示さなかったのよ。チューリヒはそうでなかった。当時、チューリヒ中央図書館の音楽部門の長だったギュンター・ビルクナー博士は大いに喜んだの。私はこれで安全で堅実な所に預けられたと思ったわ。ずいぶん後になって、手紙と日記はベルリンに預けたの。国立図書館の館長はヤンマース博士だった。

KL 没後二五年の一九七九年十一月、全く驚くべきことが起こります。私もそれを知っています。ベルリン・フィルハーモニーの後援者の会合でこんな催しがありました。大ホールでエリーザベト・フルトヴェングラーが講演をしたのです。

EF 招待されて彼について話したのよ。

KL 一年後には、あなたのすばらしい本『回想のフルトヴェングラー』が出版されます。

EF もう言ったけれど、私たちの結婚立会人だったズザンネ・ブロックハウスが、彼らの出版社から出してくれたのよ。彼女に言われたのだけれど、私は情熱的でこだわりがあるけれど、たいへん具体的でもあるそうよ。だから、自分の視点からフルトヴェングラーを書くことができたのだとね。本を書き上げると、とても親しい女友だちの一人に渡してざっと読んでもらった。私が前面に出ているところが少しでもないかどうか確かめてもらいたかったのよ。

KL この本は他言語には訳されていますか？

EF ええ。英語、フランス語、そして日本語よ。何度も翻訳の申し出があったのには驚いたわ。

KL 生誕百年の時のカラヤン指揮の演奏会についてはもう話しましたね。当時あなたはホテル・ケンピンスキーで、ベルリン・

フィルの代表にフルトヴェングラーのデスマスクを渡しました。感動の瞬間でした。

EF　そのデスマスクはまた手元に置いてあるのよ。彼の死は私にはすばらしい思い出なの。彼は同意して苦しまないで亡くなった。それに忘れてはいけないのだけれど、彼は信心深い人間だったのよ。多くの疑問が今でもあるわ。いったい彼の何が驚くべき、尊敬に値するものだったのか？　専門を度外視しても―私は指揮と作曲のことを言っているの―彼は善意の人だったのよ。彼の寛大さは内面からのものだった。オーケストラに腹を立ててリハーサルから出て行っても、それからいつも戻ってきて和解していたのよ。ずっと恨みを抱くということは決してなかった。

KL　それではあなたは他の指揮者や芸術家を尊敬できますか？

EF　全くすばらしいと思う芸術家はたくさんいるわ。ピアニストではたとえばアルフレッド・ブレンデル。彼は信じられないくらいすばらしいと私が思う一人よ。オーケストラの方だけと、白状するととても長い曲はだんだん聴かなくなっているの。

KL　たとえばシューベルトのハ長調《グレイト》やシューマンの第四交響曲を聴く時、フルトヴェングラーの響きを思い出したり、「そもそもこの曲はこんな響きではないのだが」と思ってしまうことがしばしばあるのでは？

EF　指揮者が作り上げた成果にはよく驚かされるし、そんな時はすばらしい作品だという思いを新たにするのよ。確かに夫の演奏は思い出すわ。それは比類のないものだった。それでも私は好きだから今でもオペラや演奏会に出かけるのよ。以前は本当によく行ったもの。私が評価する、あるいは評価していた指揮者はたくさんいるわよ。

KL　あなたはその上、現代音楽の演奏会にも行きますね。二日前、私たちはモントルーのストラヴィンスキー・オーディトリアムでマウリツィオ・カーゲルを聴きました。

EF　とても楽しかったわよ。一つだけしたいことがあったの。曲がどんな風に書かれているか総譜を見たかった。一人の楽員が紙をくしゃくしゃにしていたからね。こんな音楽はもちろん少ないのだろうけれど、楽しんだし興味を覚えたわ。

KL　アンサンブル・アンタルコンテンポランはカーゲルの指揮のもとで、極めて真剣に演奏していました。

EF　これは言わねばならないのだけれど、オーケストラというものはすごいわね。これの能力が私に感銘を与えたのよ。ヴィオラ奏者の弦が切れると、彼は出て行ったけれど、それは楽譜に書いてあったのかしらね。チェリストは最初から最後まで悲しそうに見えたわ。元気のよい若者たちの中に一人の悲劇作家が座っていたのよ。彼は見事に弾いたわ。演奏会の後、私たちはカーゲルに会いに行った。でも彼は総譜を見せてはくれなかったわね。私もそれを頼んだわけではなかったけれど。

KL　芸術家の催しに関連してあなたが呼ばれ、お礼を言いたくなるということはしばしばあると思います。カーゲルの二日前、あなたはモントルーに指揮に来たクルト・マズアを訪ねました。しかし、私たちはその前に「嘘をつきましょう」と申し合わせていたのです。それは演奏が全く気に入らなくても、ほめるために楽屋に出向いていくということです。

EF　もちろんよ。それはまた別のことなの。その作品のための努力や尽力がそこにはあったわけだから。

KL　マズアは彼の手兵のロンドンのオーケストラを指揮し、ドヴォルザークの《新世界》交響曲とチャイコフスキーの第四交響曲を演奏しました。大衆向けの音楽祭のプログラムとしてはボリュームがありすぎですね。そして―我々のような音楽ジャーナリストに言わせれば―二つ威勢のよい「メインディッシュ」が並んでしまった。

EF　そうね。そしてマズアはさらにチャイコフスキーの一つの楽章を繰り返した。これが私には信じられなかったし、オーケストラはしんどかったと思うわ。もちろんその演奏はすばらしかったけれど。

KL　そういうことはフルトヴェングラーもしましたね。一九二十年代に彼がアメリカに行った時、アンコールとして《マイスタージンガー》の前奏曲をやることが何度もありましたね。

EF　それを不自然に思わないのは、どうしてかしらね。

KL　マズアは二六年間、ゲヴァントハウスの楽長をしています。そしてフルトヴェングラーは一九二二年にやはりこのポストに就任しました。ですから、フルトヴェングラーはマズアのいわばずっと昔の先輩ということになります。

EF　九五歳のフルトヴェングラー夫人が突然現れたことに驚き、感動していたわね。こういうことは確かに普通はないわよ。マズアは親切で気取らない人だと思うわ。

KL　あなたの夫が亡くなって四十年目の日に、私たちがまだ付け加えたいのは、マルティン・フィッシャー=ディースカウがSFBの大ホールでフルトヴェングラーの「テ・デウム」を指揮したことです。これは青年期の最重要の作品です。十六歳で作曲を始め、二十三歳で書き上げました。

EF　そこには確かに彼の作風があるわ。でも私にとって最も「フルトヴェングラー的」なのは、後の交響曲やピアノ協奏曲よ。これらの曲は彼についてたくさんのことを証言しているのよ。それから大きなピアノ五重奏曲と二つのヴァイオリン・ソナタも忘れてはいけないわ。第二ソナタは、彼自らがゲオルク・クーレンカンプフと一九四十年に初演しているの。この曲を同じ二人が演奏するのを、私は後で聴いたわ。クーレンカンプフは言っていた。「ピアニストはもうちょっと練習しないといけませんが。」

KL　それへのフルトヴェングラーの反応は？

EF　優しかった。二人はとても仲がよかったから。

KL　フルトヴェングラーは自分のパートをあまり難しくなく書けばよかったのに。

EF　そこよ！　ヴィルヘルムが作曲したもの全ては、演奏者にとって技術的には極めて難しいの。交響曲を演奏するためには、最高に優れたオーケストラでなければならない。ソリストやオーケストラは苦労するに違いないわ。おそらく彼は、作曲する際にベートーヴェンを考えていたのよ。「ヴァイオリン弾きがどう弾くかなんてことには興味がないね」とね。

KL　一九九七年十一月、フルトヴェングラーのための全く特別な記念祭がありました。イエナのシラー大学がこの町の名誉市民であるフルトヴェングラーを回顧し、彼の初期作品のいくつかを演奏したのです。それだけでなく、講演、シンポジウム、展示があり、そしてすばらしい記念冊子も発行されました。フルトヴェングラーはベルリン・フィルと一九二七〜三四年に何度もイエナを訪れ、一九二九年には四回の演奏会によってドイツ・ブラームス祭を行っています。

EF　イエナの「ヴィルヘルム・フルトヴェングラー・ターゲ」には格別の称賛をしたいわね。イエナはヴァイマールと協力し、彼の全ての後期作品を演奏してきているわ。私がまさしく好ましいと思うのは、これら全てが東ドイツで行われたということで、そこには西の人が知らないような雰囲気があったのよ。イエナでジャン・ジャック・ラパンはいくつか講演をしたわ。たとえばフルトヴェングラーとエルネスト・アンセルメの関係についてよ。ラパンは指揮者で、ローザンヌ音楽院の名物院長だった人よ。ヴォー州の人、フランス人として、何かあれば彼はヴィルヘルムのためならすぐに馳せ参じるだろうね。

KL　クラランでどこか広場か通りに、フルトヴェングラーの名がつけられることはないですね。

EF　ええ。私が死ぬまで待ってみてよ。そしたらたくさんの家に記念プレートが付くでしょうよ。

KL　私たちは依然として生き生きした回想を続けています。驚くべきことに一九九三年には、ヴィルヘルム・フルトヴェングラーについての演劇作品『どちらの側につくか』が発表されました。作者は南アフリカ生まれのイギリス人、ロナルド・ハーウッドでした。

EF　この劇には大きな反響があった。ベルリンのシュルター通りで行われた、フルトヴェングラーの非ナチ化の手続きを扱っているの。ロナルド・ハーウッドが明らかにしようとしているのは、ヴィルヘルムはナチだったのかそうでないのか、ということなの。「なぜあなたはナチのドイツに留まり、理性的に判断した他の多くの指揮者のように、外国へ行かなかったのですか？」しかし、フルトヴェングラーは全くはっきりと答えるの。「私はドイツ人の指揮者です。私はドイツのオーケストラと音楽を愛する人のために残った！　ベートーヴェン、ブラームス、そしてモーツァルトはみなドイツ人です。たとえオーストリア人がモーツァルトを必要としても、モーツァルト氏の父レオポルトは純粋なドイツ人でありアウグスブルクに生まれています。偉大な人がみなヴィーンに行ったことは理解できますが、それは彼らがそこで理解され愛されたからなのです。そして、これが私にとってのドイツというものなのです。」

KL　一九四六年十二月にフルトヴェングラーを尋問した、アメリカ軍のスティーブ・アーノルド少佐は、なんとも厚かましい男に描かれています。

EF　それについて言わなきゃいけないけれど、作者のロナルド・ハーウッドは―この作品を書く前に―フルトヴェングラーや彼を弁護した人を叱り飛ばしたという人々に会っているのよ。この作品でアーノルド少佐の追求を聞くと、彼のことをただ嫌だとしか思わないでしょうね。彼はそこでは荒々しく振る舞い、嘲笑的で音楽については全く何もわかっていない。だから人はフルトヴェングラーの人物に同情するのよ。ハーウッドはさらなる役を導入していて、一人はフルトヴェングラーを愛するユダヤ人の元楽員。そして、取調室に座っている女性秘書も彼の味方なのよ。ヴィルヘルムの未婚の息子ヴィリは、もう死んでしまってこの劇を観てはいない。でも彼の二人の子供は―一人は私の名付け子だけれど―私と疎遠になったのよ。あの劇に私が抗議をしなかったからなの。フルトヴェングラーを擁護していないのではないか、とね。私はそんな考えは愚かだと思う。彼らはこの作品を理解していなかったのよ。

KL　一九四六年の末、あなたは二人の小さな息子と、数ヶ月をスイスのアッペンツェルで過ごします。ベルリンでの尋問については、フルトヴェングラーはあなたに何と言いましたか。それはこの劇作品で演じられていることとほぼ一致していましたか？

EF　いいえ、全く違っていた。この尋問を彼は全然真面目にとらなかったのよ。彼はこれをひどいと思って言ったの。「疑いは晴らさないといけない。」そして、弁明を当時は自分でしていたわ。彼らは確かに彼からの発言を求めていたの。

KL　どんな弁明がなされたのですか？

EF　たとえば、ナチスの占領した地域では指揮をしていないことなどよ。ハンス・クナッパーツブッシュなどはベルリン・フィルとフランスで演奏しているの。

KL　彼は《ホルスト・ヴェッセルの歌》は指揮をしていませんし、ヒトラーの前で「ナチ式敬礼」をしませんでした。

EF　その通り。高く振りかざされた手は私たちをいつも悩ませたの。ヴィルヘルムはこれらの猿どもを前にして決して手をあげなかった。手には指揮棒を持って聴衆にお辞儀をしたの。ヒトラーが期待に反して姿を現してもね。コペンハーゲンでの二回の演奏会についてはもう話したわ。今まで何度も強調されていることは、私にはそもそも、フルトヴェングラーが比類なかったということを証しするものでしかないのよ。結婚してすぐにオーストリアのアハライテンに住んでいた時、彼はヴィーン・フィルの仕事の合間に、チェコスロバキアに住む哀れなドイツ人のために、プラハで演奏会をすることが必要だったのね。それを何人かのチェコ人の友人からも頼まれて、彼は承諾したのよ。

KL　十年前の一九九五年、『どちらの側に立つか』はチチェスターのフェスティバルで初演されます。演出はハロルド・ピンターでした。あなたは招待されましたか？

EF　いいえ、それはなかった。プライベートでイギリスに行った時に観たわ。テキストについては、既に友人や娘のカトリンから聞いていた。娘は最初の上演期間に観て、私が観たのは後になってからよ。カトリンが興奮したのは、フルトヴェングラーが―劇中でだけだけれど―女性秘書といちゃつかねばならなかった時ね。「ファティはあんなお世辞は言ったことないわ。」これは彼女の純粋なやきもちだけれど、唯一苦情を言わねばならなかったことでもあったのよ。

KL　あなたの娘さんはこの場合、あなたよりも敏感だったわけです。

EF　もし私がそこで敏感だったら、すぐに首を吊って死んだでしょうね。でも、彼の私への愛はとても大きかった。もし誰かが私を批判すると、彼はすぐにかばってくれたわ。私にやましいところが全くない限りはね。

KL　ところでこの作品全体をあなたはどう評価しますか？

EF　とても面白いと思ったわ。フルトヴェングラーを演じた役者もすばらしかった。

KL　ベルリンのシュロスパルク劇場での上演は、演出がヘリベルト・ザッセで、フルトヴェングラー役のエーリヒ・シュライアーはびっくりするほど彼に似ていました。

EF そうね。私が見た中では彼に一番似ていなかったのだから。ここでの演出はそこでも使われていたのだけれど、この演出が一番よかったわ。すばらしかった！　厳粛さと同時に悲劇性が最もよく出ていた。上演の後、舞台裏に行ってお礼を言ったわ。役者たちが教えてくれたのだけれど、彼らはヴィルヘルムの著作と当時の弁明をフランス語で読んで彼を完全に理解しようとしたらしいの。しかし、それには意味はないのよ。パリでの上演の主人公は、一番似てい

KL 二〇〇二年、イシュトヴァン・サボーは『どちらの側に立つか』を映画化しました。フルトヴェングラー役はデンマーク人のステラン・スカルスガルドでした。

EF これにはそんなに魅了はされなかった。イギリス、ベルリン、ヴィーン、ルツェルン、そしてここで観た演劇の方が私にはずっと重要だわ。

KL ヴィルヘルム・フルトヴェングラーを回顧する最後の大きな出来事は、二〇〇四年十二月に行われた没後五十年を記念する演奏会でした。ダニエル・バレンボイムがベルリン・フィルを指揮して第二交響曲を演奏しました。会場は満員で、あなたもそこにいましたね。

EF とてもよかったわ。ダニエルは私の友達よ。十一歳の子供だった時、彼はザルツブルクでヴィルヘルムにピアノを聴かせたのよ。彼の父親もそこにいた。天才的な子供を持ったことを、父親はもちろんわかっていたのよ。フルトヴェングラーはダニエルが彼のピアノ演奏で示した解釈に深く感銘を受けた。私もそこにいたのよ。ダニエルの父親は、演奏が済むとヴィルヘルムのところに行きたずねたの。「どんな先生に息子をつければよいでしょう？」　答えはこうよ。「それは全く必要ないですよ。あなたが正しい道を歩ませてあげて下さい。彼を決して邪魔してはいけません。」後になってパリでもう一度、私はこの父親の隣に座ったことがあるの。ダニエルが現代作品を指揮した時だった。演奏が済むと父親は私に言った。「もうたくさんですよ。」当然ながら彼は昔の人間で、きっとカーゲルの音楽は理解できなかったのよ。でもダニエルは私に言ったの。父親の考え方は間違っている、フルトヴェングラー自身はこういう作曲はしなかったかもしれないが、何度も現代作品を指揮しているではないか、とね。

KL フルトヴェングラーはとても若いバレンボイムを、すぐにベルリン・フィルに招いたのですか。

EF 二人の共演は実ることはなかった。フルトヴェングラーは一九五四年に亡くなったからよ。巨匠と出会い、《ドン・ジョヴァ

ンニ》の映画撮影やリハーサルに立ち会ったことは、バレンボイムには強烈な体験で、彼の人生にずっと影響を与えているのよ。ダニエルはここクラランでも、ヴィルヘルムの総譜への書き込みを見て勉強したり、夫のピアノ協奏曲をベルリン・フィルハーモニーで演奏したりしているの。バレンボイムにとってフルトヴェングラーは本当に偉大な人なのよ。

KL　フルトヴェングラーには自らの著述が多くありますが、彼の死後は彼について書かれたものが無数に生まれています。最近では、ヘルベルト・ハフナーが大きな読みごたえのある伝記を書きました。そしてエリーザベト、あなたについての本が出版されるべきではないですか。

EF　そうは思わないわ。最初そういう話はホーエネムスで「シューベルティアーデ」を主宰しているゲルト・ナッハバウアーから聞かされたの。彼は私について本を書く時がついに来たと考えていた。でも私の答えははっきりしていた。「お願い、それは本当に必要ないわよ。」別の意見の人もいて、私が筆者を指名してはどうかと言うのよ。フルトヴェングラーの音楽の理解と著述の力の点で、私が信頼する人に書かせたらということね。そういうことで私はあえてあなたを指名したのよ。あなたのフルトヴェングラーに対する見解を私は信頼してきたし、彼について私も知らないたくさんのことをあなたは知っているからね。私たちが談話していてもそれはすぐにわかるのよ。もはや正確には思い出せないこともたくさんあるの。感動的な事柄は覚えているけれど。名前は九十歳になってからはゆっくりと忘れていくわね。とても辛いのだけれど。

KL　あなたがすばらしいのは、ずっと若い人間が既に抱えている最大の問題について、ようやく悩んでいるということです。でも肝心なことは、それでも働けるということですよ。

EF　でも私は明らかに満足してはいないのよ。以前は決してヒントは必要なかった。自分の記憶を心配することはなかったの。でも今では、一九三十年代の名前よりも今覚えた名前のほうが忘れやすいわ。

KL　でもそれが普通でしょう。私たちは三日前、「怪物」というものについて話し合いませんでしたか？　あなたに説明しようとしたのは、九五歳の人間が八五歳に見えたらそれは怪物ではないかということでした。

EF　おお、そうね。その芝居はまだ続けているわよ。この小さなずる賢いばあさんは。

KL　この歳であなたのように活発で打てば響くような人なんていませんよ。

EF　誰がこんなに走り回れるのか、ということね。ちょっといないわよね。同年代には見かけないわね。一番上の息子からちょうど新聞の切り抜きを送ってもらったところだけれど、九十歳の女性が百メートル走で優勝したという記事だった。ペーターがそれにこう書き添えてきたわよ。「ママなら絶対に彼女に勝っただろうね！」　私の子供たちは母親には完全に満足しているの。本当よ。

日記　その十三

まだあの「ボン・リヴァージュ」での体験が脳裏を離れない。湖畔での食事には閉口したが、他の客たちと過ごした時間は楽しかった。ＥＦはとても愉快そうだ。彼女は好奇心が旺盛だからだ。分析するようにじっと見つめている。

二人の女性が私たちの前を通りかかった。一人はこちらを「それほど親しみを感じさせることなく」見る。軽く目をやる程度。もう一人は二本の杖をつきながら、「大変に親しみを込めて」見た。なぜかというと、彼女はこちらに挨拶をしたからだ。

ベルリンで私は彼女とシェーネベルクを散歩したことがある。モスクの隣りにある小さなレストランには、年老いたトルコ人の男たちが座り、コーヒーを飲んでいた。私はここから中へ挨拶することには思い至らなかった。彼らはそれを望んでいないと思ったからだ。しかし、ＥＦは開いた窓の前に立ち止まり、とても丁寧に挨拶をした。すると自然と親しみを込めた挨拶が戻ってきた。これがＥＦなのだ。彼女はできる限り人との接触を持とうとする。

彼女の行動を私は観察してもいた。ある（面白そうな）人間を紹介されると、彼女はすぐ彼の前に立ち、大きな青い目でじっと見据えるのである。彼は今や吟味されているのだ。特に女性たちは、彼女からとても慌ただしく名前で、または丁寧な「あなた」で呼びかけられる。会話はすぐに始まるので、ＥＦはその人について多くのことを知ることになる。皆はすぐに気遣われているのを感じ、嬉しく思うのだ。そしてＥＦをすばらしいと思う。彼女は人間とは話すだけではない。彼らの手の甲や、前腕、しばしば二の腕をもせわしなく触る。体に触ることは彼女にとってとても重要であり、物事をうまく行うにあたっての自信につながっているのである。

彼女が「ボン・リヴァージュ」で特に注意していたのは、隣のテーブルに座っていた二人の女性だった。二人は双子であろうか、普通の「姉妹」であろうか。窓に向かっては五人の女性が座っていた。彼女らは―私たちと違って―食事を楽しみとても機嫌がよかった。ワインをたくさん飲んで陽気に浮かれ、ＥＦのテーブルでは延々と「にぎやかに職業当て」をしていたことには全く気付かなかったようだ。そのパーティーとは少しふれ合うことができた。私たちは―確かそうだったが―彼女たちはみな薬剤師なのではないかという意見で一致していたのだ。私が写真を撮る役を買って出た時、五人は嬉しそうだった。うまく撮れてよかった。

第十三章

カルロス・クライバーとの文通

KL エリーザベト、この最後から二番目の章では、あなたがカルロス・クライバーと交わした手紙について話したいと思います。しかし、まずいくつか前置きをさせていただきたい。カルロスの父エーリヒ・クライバーはフルトヴェングラーとはほぼ同年輩であり、ヴィーンに生まれています。クライバーとフルトヴェングラーは前後してマンハイムの音楽総監督になり、後には同じベルリンの音楽界で指導的地位につきます。フルトヴェングラーは一九二〇年に国立歌劇場管弦楽団、クライバーは一九二三年に国立歌劇場です。二人にじかの接触がなかったのは、フルトヴェングラーは既に一九二二年にはベルリン・フィルへと移ったからです。一九三三年にはヒトラーが政権を掌握し、フルトヴェングラーは国立歌劇場の監督に就任、これによりエーリヒ・クライバーの上司になります。このことは二人のトップ指揮者の不和をもたらしたかもしれないのですが、そうはなりませんでした。当時の文書からは、人間として尊敬し合う関係が続いているのがわかります。政治的には二人とも勇気ある抵抗をし、同じ時代にナチ政権と戦います。フルトヴェングラーはパウル・ヒンデミットを、クライバーはアルバン・ベルクを大いに擁護しました。その結果、二人とも一九三四年の終わりにはベルリンでの職を辞することになりますが、重要な違いがありました。フルトヴェングラーはドイツでいわゆる国内亡命をしつつ戦争が終わるまで指揮を続け、一方クライバーは一九三九年にブエノスアイレスに亡命します。戦後、指揮者フルトヴェングラーのベルリンへの復帰は一九四七年でした。エーリヒ・クライバーもそれを望みます。一九五三年に再び国立歌劇場に迎えられましたが、これはDDR政権のもとで挫折することになります。既に一九五一年七月十七日、彼はアドミラル・パラストで祝賀を受けました。ここは当時爆撃で破壊された国立歌劇場の臨時会場だったのですね。最初に彼は《ばらの騎士》を指揮します。DDRの大統領ヴィルヘルム・ピークと閣僚会議議長ヴァルター・ウルブリヒトが劇場の仕切席に座り、この祝祭行事に参加していました。戦後、国立歌劇場ではもう指揮をしていなかったフルトヴェングラーにとって、かつての同僚を東ベルリンに訪ねるのは当然のことでした。クライバーがまだ幕が上がる前に入場すると、聴衆からスタンディング・オベーションで迎えられます。あなたはそこにいましたか？

EF いいえ。夫は私と行きたかった。でも子供のために行くことができなかったのよ。クライバーと話したり、その演奏を聴くのは、彼には最大の関心事だったの。彼が言うには、二人はプログラムを決める際も一緒にうまくできたし、何か誤解が生じるということもなかったのね。しかし、長い間別れていた後で状況は変わってしまったのよ。ヴィルヘルムはそもそもすぐに彼に会いに行ったけれど、クライバーは―おそらくアメリカ亡命時代にフルトヴェングラーに敵対する声を聞いたのね―すぐに素直に会おうとはしなかった。でもこの時の訪問は、女性記者が記事に書いているように、とても感動的だったらしいのよ。二人はただ最初は近くから「相手を見つめざるをえなかった。」どちらもそれぞれに悲劇を体験したけれど、また会いたいということははっきりしていたのね。音楽について言えば、彼らの演奏はとても違っていたのよ。クライバーが総譜に書いてあることを具体的に表現したのに対して、フルトヴェングラーは音符の背後にあるものを追求したのね。繰り返しになるけれど、私はクライバーが国立歌劇場で指揮するのを既に十一歳の時に聴いていて、オペラのレパートリーは大部分を彼の演奏で知ったのよ。完全なオペラ・マニアだったの。彼の《フィガロの結婚》《カルメン》はそれはそれはすばらしかったのよ。

KL もちろん当時あなたは、後でクライバーの息子カルロスと文通することになるとは思っていなかったでしょう。

EF ええ、全く。

KL ここでいくつか補足の説明をさせていただきます。彼はカール・クライバーとして一九三十年ベルリンに生まれ、すぐに国立歌劇場近くの聖ヘトヴィヒ教会で洗礼を受けます。母のルース・グッドリッチはアメリカ人で、カリフォルニア出身の女性です。エーリヒ・クライバーは彼女を、既に一九二六年にはブエノスアイレスから連れ出していました。この町にクライバー一家は、亡命中の一九四十年からも住むことになります。カールは―今ではカルロスですが―アルゼンチンでは学校に通わず、ここで音楽の勉強を始めます。父は息子が指揮者になるのには反対だったため、彼は戦後チューリヒで化学の勉強をしました。

EF 思うのだけれど、エーリヒ・クライバーはとてつもなく才能のある息子を激しく妬んで、音楽をするのを認めなかったのではないかしら。

KL しかし、一九五二年からカルロスはミュンヘン、ポツダム、デュッセルドルフ、そしてチューリヒで音楽活動を重ねます。シュトゥットガルトの州立歌劇場で、一九六六年には第一楽長に昇進しますが、エディンバラへの客演をキャンセルしたため、最初の大きなスキャンダルが起こりました。彼の神経はあまりにも繊細だったのです。世界的成功とスキャンダルが定期的に繰り返されます。カルロス・クライバーは二〇〇四年に亡くなりますが、二十世紀後半の最も重要で最も気難しい指揮者の一人として国際的に知られました。芸術においてのみ、彼は太陽のように輝くことができたのです。彼個人の生活は秘密のベールにおおわれていました。彼は三一歳でスロヴェニア人のスタンカと結婚しています。あなたは彼との文通から、彼の家族についてどんな印象を持ちましたか?

EF 最初はそんなにたくさんは知らなかったわよ。でも、すばらしかったに違いない。彼が妻をすごく愛していたのは確かだと思う。彼は妻の死と「混沌」について書いてきたわ。数ヶ月後の二〇〇四年七月、彼も亡くなったのよ。

KL 二人の子供は夫婦からマルコ、リリアンと名付けられました。

EF 子供について彼にたずねると、それはそれは可愛い娘や家族の写真を送ってくれた。彼が心の確かなよりどころを持っていたことは間違いないわ。

KL 彼は演奏会やオペラ上演ですばらしい指揮をしていますが、あなたはそれを体験したことがない。どうしてでしょう。

EF おそらくこう言えるわね。お前は十分にオペラを観ている、と。あるいは機会がなかったのよ。スイスにいたから。

KL あなた方が文通をしていた一九九七年から二〇〇四年では、彼はますます指揮をしなくなってしまいます。

EF 確かに。私は彼をラジオとレコードでしか知らないの。レコードは自分で買うか、彼が私の望みに応じて送ってくれたものよ。私たちは実際には会わなかった。ミュンヘンには私の娘が住んでいるから、彼をそこに訪ねることもできたはずなの。でも、私は全く古風なのよ。彼から誘ってくれればよかったわね。クラランに来たら、彼は大いに歓迎されたでしょうね。

KL あなたは彼を演奏会で聴きたかった?

EF もちろんよ。でも、私たちが会わずに手紙だけを書いていたのは風変わりなことだったわね。お互いをよくわかるために、手紙で親しくなったというのは、本当に驚くべきことであり、ほとんど神聖なくらいだった。もちろん、そうなったのはヴィルヘルムのおかげね。彼は何度となく文通のテーマになったの。クライバーはいかに彼が夫を尊敬しているか、何度も書いてきたわ。彼は少年時代にブエノスアイレスで夫の姿にただ一度接した以外には、レコードを聴くことだけでその音楽を理解したのね。

KL ここにあなた方が書いた全部で九十通の手紙があります。これは実際に往復書簡集と言えるものです。半分は彼が、半分はあなたが書いたものです。一九九七年にそれはどうやって始まったのですか。

EF この年はバーデン＝バーデンで、初めて「フルトヴェングラー賞」というのがあったの。そもそも私はこういうものには何の関係もなかった。なぜなら、ヴィルヘルムは私がこの方向で積極的になるのを決して望まなかっただろうと思うからよ。でも私は、そこに参与してとても面白かったの。最初の受賞者はカルロス・クライバーであるべきだと思った。そしてそうなったのよ。でも、彼は受賞を辞退した。私は怒ったのよ。だから彼に手紙を書いて、その理由を聞いたの。彼の気持ちを変えることはできなかったけれど、そこから全てが始まったのよ。何度も彼は、私がこの歳でやるべきこと、軽率にやってはいけないことを懸命に訴えてきたの。たとえば、同伴者なく旅行しないように、とかね。でも、確かにこんなことはなかなかないわね。お互いに会ったことのない男女の文通、しかも女性は男性より二十も年上。私がユーモアを解することを彼はわかっていて、おそらく私の素直さと温かみも感じていたのね。一度だけ彼と短く電話で話したことがある。彼が「はい」か「いいえ」で答えればすむ質問を、私は一つしただけなのよ。もともと、お互い電話はしたくなかった。

KL それでは、彼の妻はあなた方が文通していることは知っていたのですか？

EF わからない。彼女とは会ったことがないから。

KL 彼女はあなた方の交流にやきもちを焼いていたと思います？

EF いいえ！ やきもちなんか焼くわけないでしょ。

KL あの手紙だとなあ。

EF その手紙がいったいどうしたの。

KL 普通の書き方ではありませんよね？

EF ええ。いや、そうは思わないわ。

KL すごく深い愛情のこもった手紙なんですよ。

EF そう、そうね。愛情。

KL なぜあなたはこの文通をある時終わりにしたくなったのですか？

EF そうね。最後の数年は長い間、文通しなかったのよ。私は気管支を患ったの。ふとこの文通をいくらかやりすぎたと思った。それは私には辛いことだったけれど、この状態は彼の死まで続いたのよ。

KL では彼の方では断りたくはなかった。

EF そうね。明らかにそうよ。でも奥さんが亡くなった時、私がそれに反応したり同情したりということが彼には耐えられなかったのね。このことが影響し、いかに私が彼や子供たちに同情するか、彼はよくわかっていたのよ。私はちょっと待ってから、彼に書いたの。彼が私によって傷ついたと感じないようにね。

KL あなたの考えは―そしてこれは今やヴィルヘルム・フルトヴェングラーにも関係しているのですが―聴衆にとって大事なのは、演奏を聴きその芸術家の解釈を知るということだけではなく、人間性にも触れるということですね？ 人格に関する一切の問いを避け、自分の家族について語ろうとしない指揮者たちがいます。こういう人たちを理解できますか？

EF できないわ。フルトヴェングラーにとって、これはいつも絶対に切り離せないものだった。この状況でこそ彼は大いにリラックスできたのよ。

KL カルロス・クライバーにおいては全く違っていました。彼はその生涯で一度もインタビューに応じておらず、プライベートな生活について公にすることは一切ありませんでした。

EF クライバーにはいつもたずねていたのよ。彼が受けた障害の原因はひょっとすると父親ではないかということをね。少なくともそれは大勢の人が主張しているのよ。とにかく彼が私に何度も書いてきたのは、妻は全てをできるが彼は全くできない、ということだった。それは当たっていないということは皆がわかっていた。でも彼はいじけていたのね。間違いないわ。彼が指揮すると全てはすばらしくなるのに、次の日にまた同じようにやるなんて気にはならなかった、と言っても人から理解されなかったのよ。これは心理学的に解明するのがとても難しいわね。彼にこう書いたことがあるわ。サルディニアで指揮をするのなら、とても珍しいことだから、そこに聴きに行きたい、とね。彼は私に答えたの。自分はもう指揮をすることができないから行く必要はない、と。でも、彼は私にベートーヴェンの《田園》の録音を送ってくれたわ。聴いて感動した。それが彼の最後の手紙だったのよ。

KL 彼は病気になってからは手紙を書かなかった？

EF ええ。彼の健康が悪化しているなんて、考えたこともなかった。病気が彼にもう指揮をしないという精神的、倫理的な決断をさせたのだ、と私はずっと考えていたのよ。彼は周りとの付き合いを断ち、もちろん「今は良くなりましたか？」とか「ご自愛なさっていますか？」などの挨拶は聞こうともしなかったわ。それが彼には恐ろしく気に障ったのかもしれない。

KL 彼が突然亡くなった時、驚きましたか？

EF ええ。とても悲しかったし、辛かったわ。

KL 「長く重い患いの後に」でした。

EF 彼が亡くなった時、それは彼が自ら望んだことだったのではないかと思ったの。死を受け入れるのも一つの芸術よ。ヴィルヘルムの場合も同じだった。考えるたびに驚かされるのは、カルロス・クライバーはその晩年に私と全く打ち解けて付き合ったということよ。私の子供たちには何度も言ったのだけれど、私たち二人は気心が知れていたのね。「あなたとは気が合う」と彼も書いていた。その時、彼は私の写真のことを考えていたのよ。その写真は私がある時彼に送ったもので、私が手で方向を指し示しているのが写っているの。なぜ彼は私にこんなに心を許してくれたのだろう？

KL もしあなた方の往復書簡を公刊するということになったら賛成ですか？

EF ええ。カルロス・クライバーの良い所が素直に示されているからね。彼のことが知られるのは重要ではないかと思う。二人は二十年間もの文通によって、お互いを刺激しながら語り合うことができたの。ジョークにもみな思いやりにあふれた魅力があるしね。おそらくこれからも読み継がれる価値はあると思うわ。これは私自身の人柄やうぬぼれとは何の関係もないのよ。

KL 文通というものは二人の人間の対話のようなものです。その一部を切り取るのは、問題の箇所を切り取るテレビのインタビューと同じで意味がないでしょう。テレビのすることは、ほんとうにひどいのです。あなた方の文通でまさしく重要なのは、いかなる影響をあなたが彼に与えたかということです。そしてそれに対する彼の答えです。

EF ええ、そうね。

KL さらに言えば、私はこの文通を公刊したいのです。私が手紙を見せてくれるようにを求めた時、あなたは最初、自身が書いたものを重要であるとは思っていませんでした。あなたはそれを備忘録としてファックス機でコピーし、一つの封筒に無造作に入れていました。あなたの手紙の部分を編集する際、いずれにせよあなたは、自分の手紙を出版することなど決して考えなかったのです。もちろん、あなたの手紙が内容的に無価値だと思っているのではありません。九十の書簡は今や集められてテキストとして備えられました。このテキストを読むと、エーリヒとカルロスのクライバー親子の関係はかつてのクライバーとフルトヴェングラーの間の関係に似ていると思うのです。カルロスがどんな人間であったか、また何をあなた方が話し合わねばならなかったのかを知るのは大事ではないかと思います。

EF 多くのことが明らかになり、彼の人間性が見えてくるんじゃないかしら。彼がもはや指揮をしなくなったのは悲しかったけれど、彼自身は悲しくない側面も持っていたのよ。カルロスの死後、私は彼の娘のリリアン・クライバーに手紙を書いたの。彼女がこの往復書簡の公開に同意してくれるかどうかたずねたのよ。でもそっけなく断られてしまったわ。手紙については何のコメントもなかった。再びクライバーについて話すのが大事なのにね。何と言っても、手紙で話しているのは彼自身なのだから。往復書簡が刊行されれば、彼の子供たちも「私たちの父は忘れられていない」と言えるのにね。

KL リリアン・クライバーは私に書いてきました。父親は手紙の公開を望んでいなかったのは確かだ、と。もし公開される予定だと彼が知っていたら、あなたに手紙を書いたりはしなかっただろうと言うのです。

EF 公開したくなかったに決まってるじゃない。そんなこと言うだけ滑稽よ。私が人に手紙を書く時は、それが誰であっても、私信として書くのよ。でも、ここで問題になっているのは、後世のことであり、人を理解するためには知識が補われなければならないということなの。でも、この娘は、どんな面にしても、父親のことが知られるのを妨げたいのね。この文通には否定的なことは全く書かれていないのにね。

KL 父親がそもそも何を書いていたかということが、子供の側から全く問題にされなかったというのは奇妙でもありますね。なぜなら、インクで書かれた彼の手紙のオリジナルは、あなたが一人で持っているのだから。彼が手紙を自分のためにコピーしたということは考えられません。

EF なぜ彼女は手紙に関心がなかったのかしらね。

KL おそらく父親への神聖な恐れでしょう。彼らは父親の最後の意志が傷つけられそうだと思っているのです。

EF 彼は公の場には出なかったので、手紙が他人に読まれることなど考えていなかったということなのだろうね。しかし、私に言わせればそれは間違いよ。彼の子供たちは父親のことをよくはわかっていないと思うわ。確かに彼は手紙を自分からは出版しなかったかもしれない。でも、第三者が彼の遺品にとても価値があると思って、それを出版することが重要なのよ。そうすればこのカルロス・クライバーという比類ない人の芸術を回想したり、彼の愛すべき人間性を解明するのに役立つはずなのよ。

日記　その十四

私がフルトヴェングラーだけのファンではないのをEFはわかっている。どれか一つに占有されてしまうあり方を、音楽ジャーナリストの私は好まない。SFBで長年にわたってオーケストラを担当してきた私は、フルトヴェングラー、トスカニーニ、フリッチャイ、さらにはカラヤンに関する団体に加入しなければならなかっただろうか？　全てのものに心を開いていることが大事だと私は思っている。たとえば、「現代の」オーケストラにも、「歴史考証に基づく」演奏実践にも私の目は開かれている。また、いわゆる「フルトヴェングラー・マニア」、つまり「彼だけの人たち」に私は疑いの目を向けている。なぜなら、彼らはフルトヴェングラーの演奏の変遷だけを追いかけ、彼の履いたエナメル靴まで崇拝しようとするからである。

しかし、だからといって、それは私がヴィルヘルム・フルトヴェングラーに格別の興味を持っていないということではない。その言葉、著作、演奏、そして作曲によって、彼はその人間としてのあらゆる面が注目される一つの宇宙を開いているのだ。こんな芸術家が他にいるだろうか？

私は既に一九八五年の六月にはクラランで、フルトヴェングラーという現象を理解するべく全力を挙げていた。最初はフルトヴェングラー生誕百年のために、EFと共同作業をした。『彼は難攻不落であろうとした』は、一九八六年に放送された三時間のラジオ・ドキュメンタリーのタイトルである。それから私は「バセ・クーロ」で何千もの書類の中から、フルトヴェングラーが彼の代理人であったセルジュ・チェリビダッケと一九四六年から一九五二年にやり取りした手紙を見つけることになる。これらの手紙は、私の著作『拝啓、チェリビダッケ殿』の初版ではまだそのままの形での公開はされなかった。マエストロが許可をくれなかったためである。ショット社から出される第二版では、欠けているところが補われることになろう。

フルトヴェングラーの著作で私を魅了するのは手紙である。一九九〇年にEFは、指揮者と個人秘書アガーテ・フォン・ティーデマンがやり取りした手紙を私に贈ってくれた。これらの文書はフルトヴェングラーに全く違った光を与えるものだった。なぜなら、それが彼の著作、作曲そして演奏における苦闘に関するものだったからである。アガーテは彼の秘書たちの中でも最も音楽的な女性であり、アルトゥール・シュナーベルのピアノの弟子だった。

しかし最初、私の関心は一度EFとその人間へと向かう。彼女は—私たちはそれについて詳細に話したが—カルロス・クライバーと文通をしていたのだ。全く未知のフルトヴェングラーと彼女のラブレターは既に私のトランクの中に入っていた。そして今、このトランクを私は持っている。

それゆえクラランからベルリンまでの帰途には、飛行機ではなく鉄道を使うことになった。たとえ、十二時間かかったとしてもだ。

第十四章

EFへの最後の問い

KL 二日前、私はあなたに、フルトヴェングラーの性格をなるべく正確に話してほしいとお願いしました。今や、あなたの番です。あなた自身について話していただきたい。なぜあなたは、自分がフルトヴェングラーを幸せにすることができた最初の女性だったと言い切れるのですか。

EF 確かなのは私の特質の一つ、つまり寛大でいることができ、何も決めつけたりしなかったということね。何よりも私は明朗で、わけがわからないということはなかったのよ。彼自身が私にこう書いたことがあるわ。「僕は君の戦闘的な性質が好きだ」と。彼は私が何があっても落ち込まずどんどん働くことを言いたかったのね。彼もまた自分の人格を守るために―何より人から非難された時は―戦わねばならなかったのよ。ヴィルヘルムはこの陰鬱な時代に、積極的な雰囲気を発する誰かを必要としたのね。おそらくそれは今でも私を見ればわかってもらえるはずよ。

KL 今、男性として言うのですが、あなたは今日までまだとてもセクシーに見えるのです。

EF 前はそうだったわね。

KL 「今日まで」と申し上げました。

EF はい、はい。

KL このことはフルトヴェングラーにとって最も重要なことだからです。あなたはこの点で他の全ての女性を圧倒していたに違いないのです。

EF 私は総じて嫉妬深くはなかったわ。時々とても嫉妬の気持ちに駆られることがあったとはいえ、彼とのことで嫉妬に狂うところを見せたことはただの一度もなかったのよ。

KL でもあなた方の結婚時代、彼が別の女性関係を持っていたとあなたは言っていました。

EF　それはいつも昔からの関係だったのよ。それが再び浮上してきた。

KL　あなたはそれにはどう反応した？

EF　そつなく振る舞ったのよ。まずどんな女性にもいつも優しく接した。つまり無礼にならず、冷静かつ親切にね。彼はいつも言っていた。「君ほど嫉妬したことのない人はいないね。」彼の私への愛を疑ったことは決してないけれど、こういう発言にはしばしばいらいらさせられたわね。

KL　それではあなたは彼に不倫をしないよう要求したことはないのですか？　彼だけには。

EF　明らかに私は彼が不倫しないことを望んでいたわ。それは当然よ。彼だってそうだった。原則はね。おかしなことはあったけれど。

KL　あなた自身にとってそれはいずれにせよ問題なかった？

EF　なかったわ。全くなかった。そうであるのには二つの理由があるわ。まず、私は全く彼だけに惚れていて、彼も私だけを愛したの。ヴィルヘルムに関しては今日までそう言えるのよ。第二に、私は少女の時から母のエゴイスティックな生き方を見てきたので、自分に言ったの。「そうではない！　それは嫌だ」とね。こういう人生を私は完全に軽蔑していたのよ。カティンカの生き方は私をもしばしば魅了したし、感銘を与えた。しかし、他の面は私から消してしまいたかった。そして、それはうまくいったのよ。

KL　フルトヴェングラーはあなたの他人へ感情移入する能力にも魅了されたのですか？　人の本質や適性を見抜くことに、あなたは大変に確かな本能を持っています。

EF　もちろん、それは彼には大事だった。彼はまた、私が他ではどんなことにおいてもけちけちしないのを感じていた。やり繰り上手なことも必要で、その点では私は間違いなく確かで手際が良かった。

KL　あなたはしばしば人生で譲歩することはありましたか？

EF　あったわ。意見が全く違っている時は、それを何が何でも押し通したりはせずに、そっと避けるようにしていたのよ。

KL　それではフルトヴェングラーにどうしてもこれをさせようということはなかったと？

EF　なかったわ。彼が熟睡してくれるのが最高のことだったの。

KL　彼がもっと着る物に関心を持ってくれたらと思ったことがあるのでは。このことはしばしばあなたを悩ませた？

EF　私は確かに彼よりは見かけを気にするわ。女はみな外見を気にするものなの。やれやれ、だから女は男に必要なのよ。でも、女性もアクセサリーや化粧品や髪染めに凝るべきではないだろうし、感じ良く着こなせばいいのよ。思うのだけれど、ああ、あなたにはバラ色よりもライトブルーが似合うわね。でも、こういうことに男性はそんなに興味がないだろうけれど、もし男性がおしゃれ自体にすごく興味があったら、恐ろしく味気ないと思うわ。有難いことに、私はこの点では二回も飾り気のない男性と結婚したのよ。おそらく女性の中でも、私は見かけにこだわる方だろうね。でもあなたは正しいのよ。ヴィルヘルムが自分の身なりには無頓着だったから、普通にきちんとした身なりをするよう、私は骨を折ったのよ。レンヒェンはこの点をとてもよく考えていたわ。旅行する時には、シャツやネクタイから全てを持って出かけるよう注意していたのね。

KL　あなたは自分の父親と対面することがありませんでした。ヴィルヘルム・フルトヴェングラーはあなたより二十五も年上です。父と娘の関係のような問題が生じたことはなかったのですか？

EF　いいえ。とても優しい、父親のような友だちを持つような感じだったかということよね？　でも、そんなことは話題にならなかった。彼は恋人なのよ。「私はこうなのだ。彼女を愛してしまったのだ」という感じで彼は振る舞っていたからね。

KL　あなたの側からはどうだったのです？　彼に父親の姿を見ることはなかったのですか？

EF　彼は私には見上げる存在だった。父親どころではないの。しばしばそう思ったわ。一緒に演奏会場にいた時などはまさしくそう思うのよ。彼が何かについて話せば、私は彼を尊敬し、言われたことの卓越性を大いに認めたのよ。

KL　しかし、あなたへの彼の態度は父親のようなところが全くなかったのですか？

EF　本当になかったのよ。父親のような存在なら、私には兄のヴィタルがいたわ。もちろん、私が困っているのなら、ヴィルヘルムは何でもするつもりだったかもしれないけれどね。あー、やれやれ。

KL　あなた方は一緒の時間を一緒の場所で過ごしていたのです。二十五の年齢差は何の意味もなかった？

EF　ええ、何も。

KL　でも、彼は若い女性を妻に持ったことがすごく自慢だったのでは。

EF　確かにそうね。彼はなるべく良い意味で朗らかに若々しくあろうとしていたの。そして事実そうだったのよ。でも、結婚をする前、彼はしょっちゅうこう言っていたわ。そこに劣等感のようなものがあったのかしら。「こんなに年を食った男と結婚しなければならないというのは、君には無理な要求だろうね。」何度も彼を元気づけなければならなかったけれど。

KL　あなたにとってはハンス・アッカーマンとの九年間の結婚はどんな意味があったのですか？

EF　これはとても素敵な予備学校だった。そのように彼も感じていたのよ。ある時ヴィルヘルムは言ったわ。「僕が君の子供たちを引き受けるのは当然だ。君が母親なのだからね。でもようやく今はっきりとわかったのは、君の夫もとても優しい人であったにちがいないということだ。」そしてすぐにこう付け加えたの。「僕はこの結婚に割って入ったのではないんだからね！」

KL　彼にはやましいところはなかったのでしょう。

EF　それを彼は後で主張したわ。

KL　あなたがこの二人の夫を一度区別しなければならないとしたら、ハンス・アッカーマンとヴィルヘルム・フルトヴェングラーについてそれぞれ何と言いますか？

EF　ヴィルヘルム・フルトヴェングラーは芸術家、作曲家だった。彼は音楽に生まれついていた。ハンス・アッカーマンも信じられないくらい熱心に仕事をする人だった。二人ともその領域で並はずれて有能で、それは多言を要さないわ。

KL　これがあなたにとってのポイントだった。つまり、勤勉な夫を持ちたかったのですね。

EF　ええ、それは本当ね。これは私にとって確かに励まし以上のものだったのよ。それに二人は賢明で、朗らかな人だった。ハンスとヴィルヘルムはよく笑ったわ。私たちはとても楽しんだのよ。でも、ある種の男性としての愚かさがあるでしょ。それを私は好まない。わざとらしい内気さもね。二人は基本において内気ではなかった。尊敬と礼儀を知っていたわ。

KL　ハンス・アッカーマンはあなたに妻として何を期待したのでしょう？

EF　これをしばしば自問するのよ。二人の男は、一人の上機嫌で意気消沈とは無縁な女性と結婚したのよ。もちろん、それは利己的だったと言われるかもしれない。でも彼らはそれ以外にはできなかった。これが彼らの性質だったのよ。私にはこれが心地よかった。それは認めるわ。後で考えてもそう思う。彼らのうちの一人が本当に利己的だったなら、それは私には苦痛だっただろうね。そんなに素敵とは思わなかっただろう。

KL　フルトヴェングラーはどこまでも音楽家でした。あなたはそうではなかった。あなた方の間に問題はなかった？

EF　断定的なようなことを言わないように、私は努力していたのよ。だから問題はなかったの。

KL　彼にとって、音楽に関するあなたの判断はどのくらい重要だったのでしょうか？

EF　演奏会の出来には十分満足してよいのだということを私がわからせてあげると、彼は幸福になったのよ。

KL　もし彼が同僚や友人たちと音楽の専門的な話を始めたら、あなたはそれを難しいと感じましたか？

EF　そういう場所では、耳を傾けていつも勉強していたのよ。人の話すのを遮ったり、自慢したり、愚かな質問をしてはいけないということは母から教えられたの。

KL　では音楽に関して、あなたは劣等感を持たなかった？

EF　いいえ。しばしば自分に腹が立って、すごく悲しくなったわ。私はこれ以上の理解はできないし、正しいことを実践するのが全くできないから。この感情は彼の死後も私を苦しめたのよ。親しくしている音楽家から専門的なことをたずねられたりした時はね。

KL　フルトヴェングラーは自分のそばに音楽家の女性を必要としたのだろうか？

EF　私がとても多く音楽について知っていて、彼を助けてあげられたらということかしら。彼は音楽の領域では考え込む必要はなかった。他の誰よりも多くを知っていたのよ。私は全くそこには干渉しなかった。耳を傾けるだけだった。でもそれは物凄く面白かったのよ。他の音楽家がそこにいて彼と話していた時も、私がその後で何か言ったりすると彼はそれに興味をそそられているようだった。

KL　音楽を知的に考察したり、聴いて感じることについて、あなたは卓越したものを持っておられる。それは彼にとって重要だったのですか？

EF　もちろんよ。

KL　では自分がちょっと偉いように感じることもあったのですか？

EF　尊大になることは望まないわ。でも子供たちがこれについて何を考えるかということには本当に興味がある。恐ろしく厳しかった母に対しては、私はおしとやかな少女だった。でも、実は全くおしとやかではないのよ。いずれにしても、私はいつも家政婦たちとは大変に良い関係を築いてきたの。母も奇妙なことにそうね。

KL　しかし、こうも言えますね。あなたは家でのフルトヴェングラーとの共同生活ではいつも全てを操っていたのだと。

EF　当時既にそうだったし、それから六五年経った今でもね。でも、エネルギーは指図することや指導することのために残しておくのよ。今では、私は喜んで助けてもらうことにしているの。そして、たくさん助けてもらったことに感謝しているのよ。

KL　どの点であなたはヴィルヘルム・フルトヴェングラーを上回りたいですか？

EF　そんな考えはおかしくて考えたこともないわ。自分を彼に並べようなんて。

KL　とにかく、彼はあなたといるととてもリラックスしていたということですね。

EF　それは間違いないわ。確かにそうだった。そして彼は私と幸せだったのよ。何度も言われたわ―大勢の人が彼の周りにいても―「ここにいなさい」とか「今はここにいるんだ」とね。

KL　フルトヴェングラーとの間に問題が生じた時、あなたは友人や親類に助言を請いましたか？

EF　いえ、いえ。今だって私は問題はなかったと思い込んでいるんだから。

KL　とても面白いと思うのは、モニ・リックマースが日記に書いていることです。彼女はフルトヴェングラーのリューベック時代からの知人リリ・ディークマンの言葉を引用しています。当時、彼は二五歳くらいでした。「彼は私たちを必要でないのだ。」

EF　それは正しいわ。

KL　だから、彼はあなたをも使わなかった。

EF　そんなことはないわよ。彼は私を使ったわよ！　彼は私に説教壇から声高に告げ知らせたってよかったのよ。

KL　だから彼はあなたによって変わった。

EF　ええ。でも、そう言うとかなり自惚れのような感じがするわね。彼が自由と幸福を感じるために私を使ったのは、たんなる結果に過ぎなかったのよ。

KL　リリ・ディークマンが言っている二番目の言葉はこうです。「彼は人の心を独占するということはなかった。彼は自分の愛する人たちを完全に自由にしたのだ。」

EF　これもまた本当ね。

KL　彼はあなたの心を独占したのではないと？

EF　いいえ。おやおや、私たちはつまらない話ばかりしているわね。私たちを結びつけたのは、信じられないくらい大きな愛だったのよ。そこでは心を独占する必要なんかないの。これを私が結局、女性秘書たちに伝えると―彼女たちは本当に優秀だった―彼はとても気難しくなり、いつも私は彼が彼女たちの心をちょっと独占しすぎだと思ったわよ。なぜなら、彼は彼女たちに全く自分勝手に口述筆記させようとしたし、彼女たちが自分に何かをしてくれるためにいつもそこにいるべきだと思っていたから。彼女たちを彼からかばったり守ったりしたこともあるのよ。「今はこれ以上は無理です。」すると彼は「ああ、そう。わかった、わかった。」説明しなければならないとしても、彼はよくわかってくれた。

KL　ではあなたは彼の内奥のことがわかっていたのですね？

EF　もちろんよ。彼のことを本当によく理解していた。当たり前でしょ。彼を邪魔していけないのはいつか、よくわかっていたのよ。だから、彼は作曲するような場合にもとても安心して自由に感じることができたの。他の人々から頻繁に邪魔をされていたから、私は彼を何度も守らないといけなかった。

KL　しかしですね、エリーザベト、もうあれから五十年以上が経っているのですよ。あなたは今や九五歳。このとても長い人生で、「たったの」二十年しか結婚しておられない。五十年も一人で生きてきて、さびしく感じることはあったでしょう？

EF　ないわよ。本当にない。確かに不思議なのは、私が彼に貞淑であり続けているということね。

KL　それはあなたにはしんどくはないのですか？

EF　いいえ、全然。

KL　五十年のうちに誘惑はなかった？

EF　ないわよ。ボーイフレンドはいっぱいいたけれど。

KL　プロポーズされたことはあるでしょう。

EF　それもないのよ。本当に。そうなの。

KL　プロポーズをただ受け流していたのでしょう？

EF　プロポーズまでたいていはたどり着かない。そんなことをする愚かな男は全くいなかったのよ。

KL　メニューインにあなたは「そんな男がいるかしら？」と言っています。しかし男にとってこれは侮辱ですよ！　なぜならどんな人にもどこかにその人ならではの魅力があるからです。もちろんフルトヴェングラーには誰も比肩できないとしても。

EF　ええ、もちろん！　だから、ちょっと待って。私は意見として言ったのよ。誰が彼と較べられるだろうか、そんな人は全くいない、とね。

KL　ハンス・アッカーマンの死後、あなたは「そんな男がいるかしら？」とは言いませんでした。

EF　確かに私はそうは言わなかった。ちょうどその時、四番目の子供を授かるのを待っていたのよ。そしてそれは全く違う状況だった。それは較べられないわ。ハンスが戦死し、それによって若い男女が別れることになったというのは、本当に辛い体験だったのよ。私にとってどんな時代だったか、人は全く想像できないでしょうね。一九四十年は戦争中でナチスが支配していた。私は自他共に認める反ナチで、それは母譲りのものだったの。カティンカは本当に多くの過ちを犯したけれど、政治的にはクリーンだったのよ。彼女はシュトレーゼマンのドイツ人民党にいたにもかかわらず、フリードリヒ・エーベルトを尊敬していた。この愚かな「有能さ」で彼女は損をしたのね。ドイツの国を彼女は好きだったのよ。当時どれだけたくさん政党があったか、ほとんどの人が今では知らないだろうね。数え切れないくらいよ。私の母はもともとは完全に民主主義者だった。これは正しい表現よ。民主主義を私は彼女から学んだの。そしてそのように理解したのよ。

KL　そうですね。そして我々は今あなたとなおどうやって付き合ったらよいかと思うのですよ。あなたは火山のようですから。

EF　そう思う？

KL　私が今あなたについて書いているこの本のタイトルを『九五歳の少女』とするということについてはどう思います？

EF　良いじゃない。良いと思うわよ。

KL　クエスチョンマークなしでも？

EF　私は構わないわ。好きになさいよ。

KL　あなたは今でもまだ人と戯れることができますね。これはすばらしい特性です。私があなたを特に称賛しているのは、多くの老人のように人との交流を忘れてしまってはいないで、依然として全く若い人々と付き合うことができるということです。どうやったらそんなことができるのですか？

EF　それはね、わりと簡単なのよ。五人の子供がいるからね。うち二人はもう七十歳を超えてしまっているけれど。彼らについては心配ばかりしているの。

KL お孫さんは何人いるのでしたか？

EF 十三人。そして二十一人の曾孫。

KL そしてあなたは全員を監督している？

EF ずいぶんたくさん言われたわよ。監督なんて、全くしていない。でも、私は彼らのためにここにいるし、彼らは私のためにもいてくれて、私のことを心配してくれる。

KL 昨日はあなたの息子アンドレアスが、トルコからまた電話してきました。

EF 確か明日は別の子が電話をくれるわ。私の全ての子供を同じように愛することができたとしたら、それはとても奇妙なことだろうね。皆が私の脇に立って、一、二、三、四、五、いつまで続くかしらね・・・。でも私の孫たちの中には、既にここそこにお気に入りがいるのよ。お気に入りは変えることもできるし、突然一人が他よりも魅力的になることもあるの。

KL それは感情の決定、それとも頭の決定？

EF どっちもよ。私の中では多くのことがたんにその場限りであるだけではなく、既に前から考えられているの。貞淑な妻になるだろうと、私はわかっていたのよ。私がそう望んだからよ。子供が欲しい時も、彼らを可愛がるだろうことをわかっていたの。そして、そうなったのよ。この全てにおいて、私は中断させられたことがないのよ。なぜなら、私を二人の夫が—ありがたいことに—情熱的に愛してくれたから。

KL 少なくともあなたの二番目の夫は、全てをあなたとは違った風にしたのですがね。そして、あなたは全てがあなたの母親とは違っていました。それは反動でしょうか？

EF ええ、おそらくね。

KL もしあなたがこれまでの五十年を回顧するなら、全てを正しくやったと言うことができそうですか？

EF とんでもない。たとえば、私はとてもひどい筆不精なのよ。この点でもっとまともなら良かったわ。たくさんの女性たちが当たり前のように持っている徳を、私は繰り返し習い覚えなければならないの。整理整頓もよ。朝に目覚めると、今日なすべきことは何か、これとこれをお前はまだしていない、などとじっくり考えるの。

KL　それからこの家では大騒ぎになります。これは確かに言わなければならない。今日の朝食を思い出しますよ。私たちは気持ち良く座っていました。そこにあなた宛てに電話が二回とファックスが一回かかってきた。ずいぶん忙しいですね。

EF　そこで思い出したのだけれど、そのファックスをまだ読んでないわ。

KL　あなたは本当にたくさんの人と知り合いましたね。

EF　確かに。すばらしく誠実な女友達もいたわ。でも、残念ながら—私くらいの歳になると—生きているのはたった一人だけなの。本当に悲しいわ。私たちには女性として共通の悩みがあった。皆が子供の問題を抱えていたし、お互いに助言と助力をあてにすることができたのよ。私はいつも全ての母親に言いたいの。もし娘を持ったら、彼女たちがなるべく同じくらいの水準の女友達を持てるようにしてあげなさい、とね。これは助けになるし、すばらしいことなの。人と理解し合うのは、本当に大切なことだからよ。周り道をせず、しっかりと交流することよ。私のボーイフレンドたちはもちろんものすごく可愛く、紳士で親切だわ。彼らには私は全く利己的になるのよ。遠慮なく彼らを利用するの。しばしばね。

KL　あなたくらいの歳になったら、我々は何をするべきなのでしょうか。

EF　優しく、親切に、そして礼儀正しくなることよ。

KL　もちろん、その時に健康が許せばのことですが。

EF　確かにね。九四歳で階段から転げ落ちた時、二回転がって、三回目に止まったのだけれど、骨折は全然なかった。愛する神と、もともと頑丈に生まれついたことに、全面的に感謝しないといけないのよ。膝を見事に打ったので、人から言われて医者に看てもらったら、私の骨は二十歳代のものだと言うのよ。今まで全く気付かなかったわ。

KL　子供たちは、あなたが運転免許をもう一度取り直すべきだと言っています。

EF　九十歳になった時、ヴォー州が私にそうするよう求めたのよ。とても腹が立ったわ。第一、私が無免許だという疑いは全くないの。そんなことをする必要はないと言うために、連邦政府に行こうと思った。でも、そんなに怒るのは滑稽ではないかとも考えたのよ。そこで、思い切って理論と実践の講習を受けたの。私の走行距離は二十キロだったわ。街中で試験を受けたの。運転能力の三回の試験の結果は、二回が「良」、一回が「可」だった。ねえ、お願いよ。私は警察の厄介にはならないようにしていて、停車を命じられても、何も困ったことはなかったのよ。私は女性だしね。

KL　それはあなたの魅力ですよ、エリーザベト。

EF　ええ、確かにね。私の義理の娘とか若い女性たちも「それは全く正しくない！」と言い張って怒っていたのよ。警察は全く間違っていた。私はそれに理解を示したの。「いいえ、あなたたちも正しいわ」とね。

KL　そしてあなたは支払った。

EF　いいえ、全く。彼はすぐに「百フラン」と言った。「ああ、そう。でも五二フランしか持っていないわ。」「しかし決まりがあるのです。ここは居住者だけのためのものです。」「もちろん。私もそう思うわ。でも、私は通りで子供たちを迎える時に、前からそうしてきたのよ。」私は一文も払う必要はなかった。それに彼には、そこをもう通らないと約束したのよ。

KL　あなたの活動について話しましょう。私がいつも関心を持っていたのはこの家です。ここでストラヴィンスキーは《ペトルーシュカ》の最後の部分と《春の祭典》を作曲したのです。

EF　多くの人たちがここには住んでいるわ。当時、モントルーでこの美しい家に沿う通りが「春の祭典通り」と改名されるために、私は尽力したのよ。でも、この名前を私は自分で思い付いたわけではなくて、それには他の大勢の人が関与しているの。誰が最初に思い付いたのか、全くわからない。もうはるか昔のことよ。

KL　フルトヴェングラーはこの《祭典》をアンセルメの後、ベルリンで指揮しています。これは二十世紀の音楽においては鍵となる作品ですが、あなたもお好きですか？

EF　とても気に入っているわ。

KL　この作品は一九一三年、パリで初演されています。あなたよりも若いですね。

EF　同年輩よ。

KL　「バセ・クーロ」は、あなたよりずっと年上ですね。たとえ数週間であったにしても、これはフルトヴェングラーがクラランで最後に住んだ家です。その時から、あなたはここに住んでおられる。この家を博物館にするということは考えなかったのですね？

EF　ええ。私はそのつもりはなかった。でも、たくさんの人が「ここに彼が住んでいた」と言ってくれるなら、素敵かもしれないわね。たぶん、いつかどこかの誰かが、この家に看板を付けてくれるかもね。わからないけど。

KL　この家があなたの住んだ後も記念の場所になることを望まないのですか。あなたの子供たちも望んでいない？

EF　未来のことをそもそも決めようとは思わない。それは私には何の関係もないからよ。まず一度は全ての物をそのまま残すべきだわ。おそらく他の人たちも、ここでは気持よくこう言うだろう。「ほら吹きのフルトヴェングラー夫人がここに住んでいた」とね。

KL　それはきっと誰も言いませんよ。少なくとも私は絶対に言いません、エリーザベト。しかし、まだあと二つ最後の質問があるのです。あなたを知る私のような人は皆、あなたは不死身であるとますます思ってしまうのですよ。でも、あなたもいずれ死ぬとしたら、死というものについてはどう考えますか？

EF　そもそも作曲家、詩人とかの芸術家だけは、まあ時折は政治家も、死後にいくらかのものを残せば不死になり得るわね。でも、とにかく良い行いをするというのが難しいのよ。私の死や私のことを思い出してくれる人々がいる限り、私も不死だわね。彼らは言うだろう。ちくしょう、エリーザベトが生きている時の方がまだ良かった、なんてね。私があるのも多くの人がいてこそなのよ。

KL　あなたは死後の人生をどう思い描いていますか？　いくらか具体的な想像はしているのですか？

EF　いいえ。

KL　ヴィルヘルム・フルトヴェングラーに、今よりは近づけると？

EF　それは思うわね。今では彼の音楽を録音で聴いたという二十一歳とか二十三歳の若者から手紙をよくもらうのよ。それによると、彼らはベートーヴェンやシューベルトを彼の指揮で聴いて以来、感動して変わったというのね。このことは私をも感動させる。空に向かって手を挙げて、私は言うの。「ねえ、聞いている？　少女たちや、少年たちもあなたのことをわかっているのよ。」それから愉快になって嬉しくなるのよ。

KL　あなたは何歳まで生きたいですか？

EF　そんなこと言いたくないわよ。愛する神が「今日で終わりだ」と言う時に、終わりにするわ。何歳までという数字にはこだわりはないの。私は健康だし、そうである限り感謝しなければならない。フルトヴェングラーがその晩年に仕事で成し遂げたことを見ると、信じられない思いになる。でも、彼は決してめちゃくちゃ忙しいわけではなかったの。最後の二年間、彼は耳の不調に悩まされていたけれど、歩いたり、跳んだり、必要な運動は全部やっていたのよ。

KL 精神活動に支障はなかった。

EF 全くなかったわ。仕事に彼はいつも夢中になり、集中していた。もう言ったけれど、彼はいつも―確か作曲することによって―うまく眠れなくなっていたのよ。彼がそれに絶望していなかったということは、少しは私の功績でもあるわね。彼は今や自分が死ぬことをわかっていた。それを受け入れてほしいと、彼は私に言い、求めたのよ。そして彼は、エリーザベトというのはそれをすぐに理解する女だとわかったのね。

KL これはあなた自身も喜んで引き受けるであろう態度だったのですか？

EF ええ、その通り。彼のように死ぬことができるなら、私は言うだろう。「感謝します、愛する神よ。あなたは今日、この美しい九月の天気を恵んで下さいました」とね。基本的に私たちは感謝しなければならないのよ。私は信心深くもあるの。確かに私には、多くの人が言うような「神様」は必要ではない。でも、人は信じること以外には全くできないのよ。信仰は私には大切なものなの。

KL もう一度すっかり若くなりたいという欲求はありませんか？

EF ない、ない、ない。あれやこれのことを、七転八倒しながらもうしなくても良いのだからね。要するにもう終わりにするの。昔の懐かしい思い出の一つは、一九三四年から三五年にかけて、最初の夫ハンス・アッカーマンとアメリカに行ったことよ。船の一等室では晩にいつも音楽かダンスがあった。その頃はフォックストロットとタンゴだけだったけれど、ある時、速いワルツが始まった。誰が踊ったと思う？　私たち二人だけよ。それから、またワルツになった時、人々が私たちの方を向いて期待して見ているじゃない。今や二人はまた踊らねばならなかったのよ。私たちが踊れるということが知られてしまったからね。

KL フルトヴェングラーも踊れたのですか？

EF いいえ。彼は私のダンスに調子は合わせたけれど、踊れなかったわ。

KL カラヤンやサイモン・ラットルも、彼と同じような感じでした。

EF 当然よ。

KL なぜです？

EF　ああ、彼らは拍子に合わせてはいるのよ。おそらくそれを習わねばならなかったとしたら、見事にできるようになっただろうね。ただ彼らはこれを十七歳で習ったりはしなかったので、一生できなかったのよ。人々はいつも言っていたの。ヴィルヘルムはそのうち踊れるだろう、とね。でも、その意見はいつも的外れだったのよ。たぶん私たちは全人生で三回、踊ろうとしているわ。うまくいかなかったけれど。

KL　しかしこれは、少なくとも昔あなた方二人の間ではうまくいかなかったということにすぎません。

EF　ええ。あなたの言う通りよ。朗らかに受け止められたわ。私は彼のダンスを批判しないで、こう言ったの。「ねえ、これはもたないわ。やめましょう。」　実際、もたなかったのよ。正直に言うと、今、誰かが私をダンスに誘ったら・・・何と言うか、子供たちが私を何度も誘うのよ。

KL　あなたは応じるのですね？

EF　もちろんよ。一緒に踊る。そこでも考えねばならないのは、私は子供たちから恐ろしいほど認めてもらっているということね。そのようなあまり重要ではないと思えるささいなことでも、彼らは私と真剣勝負をしようとするの。

KL　だから、あなたは今でもまだ「九五歳の少女」なんですよ。

EF　ええ、たぶんんね。

６歳のＥＦ　1916年、ゴスラー

カタリーナ・ヴァン・エンデルト＝デーレン＝アルベルト＝フォン・オーハイム＝フォン・カルドルフ（カティンカ、1879生）と6人の子供たち：左からヴィタル・デーレン（1900生）、アルベルトの子ＥＦ（1910生）、カティンカ、デーレンの子カティア（1901生）、ハインツ＝エルンスト・アルベルト（1908生）、デーレンの子マリア（1903生）、パウル・フェリックス・デーレン（1905生）

WF と彼の最初の妻ツィトラ・ルント
1925 年頃、サン・モリッツ

マリア・デーレン（1936年頃）
このEFの姉はWFの恋人だった。

アクラ・シルヴァ
サン・モリッツにあるフルトヴェングラー家の別荘だった。

ポツダムのサンスーシ庭園にあるファザネリー
ここにWFは1945年2月7日まで住んだ。

クラランの「プレイリー診療所」
ここに EF と WF は 1945 年 3 月から 1947 年の夏まで住んだ。

EF、WF と息子アンドレアス
1954 年の夏、ザルツブルク近郊のアイゲン

クラランの「皇帝邸」
このスイスでの二番目の住まいに、二人は 1947 年の夏から 1954 年の夏まで住んだ。

クラランでの 1954 年の復活祭。カトリンの堅信礼で。
（左から右へ）クリストフ（1936 生）、カトリン（1938 生）、アンドレアス（1944 生）、
EF（1910 生）、ペーター（1932 生）、トーマス（1940 生）

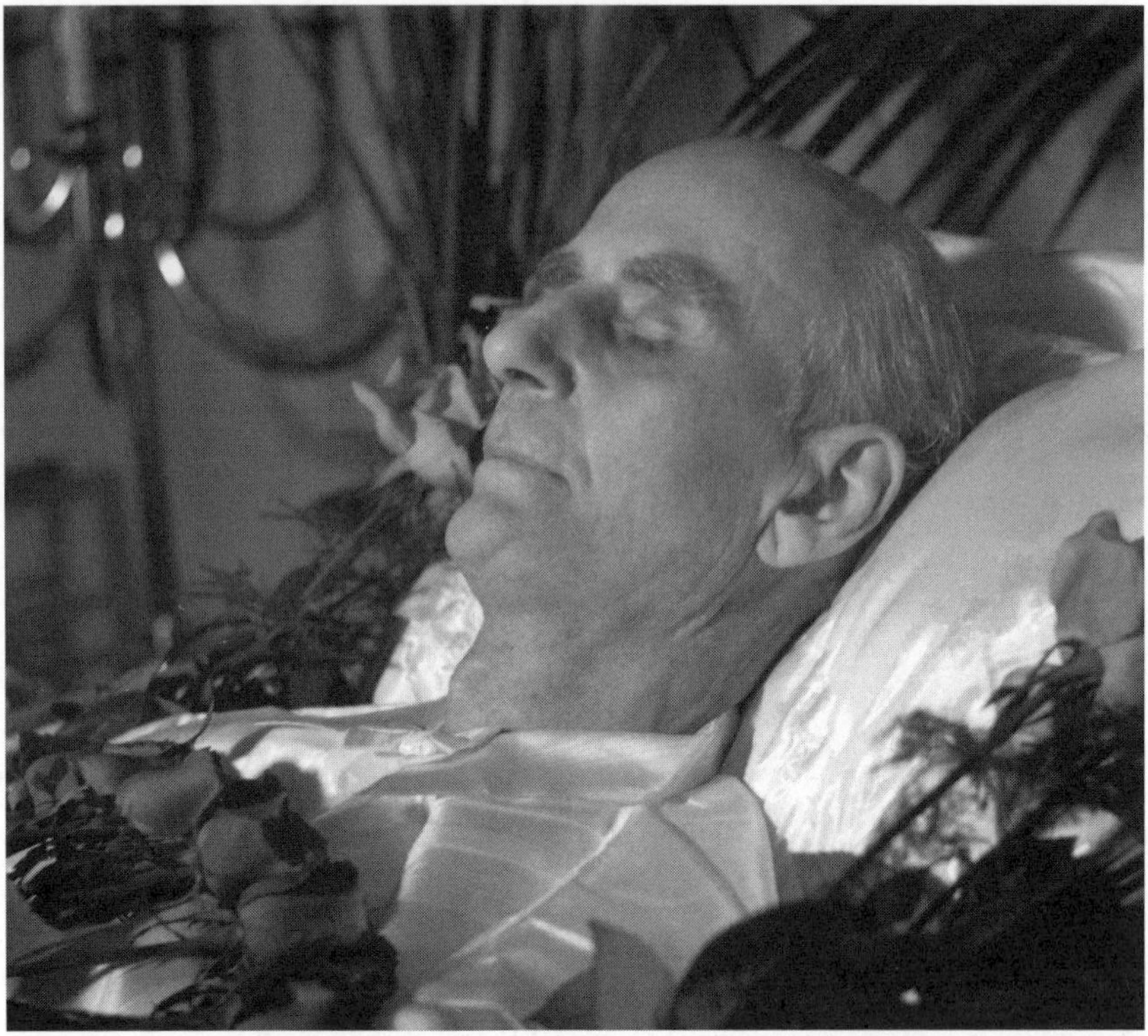

1954年11月30日、バーデン=バーデンのエーバーシュタインブルクでWFは永眠した。

クラランの「バセ・クーロ」
フルトヴェングラー夫婦の私邸。WF は亡くなる前の数週間だけを過ごし、EF が今も住み続ける。

「4世代の写真」1992年。EFとその娘カトリン・アッカーマン、
カトリンの娘マリア・フルトヴェングラー、マリアの娘エリーザベト。

クラランの「バセ・クーロ」
ここにはWFが使ったベヒシュタイン・ピアノの置かれた部屋もある。

2000年12月20日、EFの90歳の誕生日に彼女の大家族と。

2005年9月のEF。クラランにて

第二部　往復書簡

一九四〇年になって間もなくのこと、ベルリン・クアヒュルステンダムのレストランで二人が初めて出会った時、エリーザベト・フルトヴェングラー（以下EF）は二九歳、ヴィルヘルム・フルトヴェングラー（以下WF）は五四歳であった。この出会いのきっかけは、EFのお気に入りの姉で女医のマリア・デーレンである。彼女は一九三六年からWFと付き合っており、結婚を望んでいたが、彼にはその気はなかった。当時EFはヴィースバーデンに住んでおり、博士号を持った法律家ハンス・アッカーマンと大変幸せな結婚生活をおくっていた。三人の子供に恵まれ、一九四〇年十一月には第四子トーマスが生まれることになっていたが、その父は一九四一年六月十九日、フランス出兵の際に戦死することになる。

一九四一年三月四日、WFはスキーの事故で重傷を負い、半年間指揮ができなくなってしまう。しかし、それは彼の愛の生活が決定的に転換するのを妨げはしなかった。EFは八月末にマリアからシャルミュッツェル湖に招かれる。ここには指揮者がマリアのために買った小さな家があった。そこで二回目に会った時、WFはマリアに、EFとすぐにでも結婚したいと言ってしまう。マリアはそれを真に受けることなく、すぐ妹に伝えた。

一九四一年八月末、WFはまだ医師から安静を命じられていたが、一人でポーランドを訪れる。次の手紙からわかるのは、ベルリンで彼の秘書フレーダ・フォン・レッヒェンベルクが、二枚の署名入り写真の扱いに悩んでいたということである。この二枚をもともと彼はEFに贈ろうと考えていた。彼女は、少なくともその一枚を「エリーザベト・アッカーマン夫人へ！　親愛と尊敬を込めて　一九四一年八月三〇日　ヴィルヘルム・フルトヴェングラー」という献辞と共に受け取ったのだろう。同じ時期にポーランドで書かれた手紙は、戦争で失われているので、一九四一年八月三〇日の写真と九月三〇日の手紙が、現在残っている、EFがWFから受け取った文書資料の最初のものということになる。

当時WFはどこでも「Fu フー」、EFは彼女の家族からは「Frauchen フラウヒェン」［訳注「奥さん」の俗称］と呼ばれていた。これらの呼び方を、彼らは個人的には欲しなかったので、後の手紙では見られなくなっている。

WFからEFへ
ベルリン

一九四一年九月三〇日

愛するフラウヒェン、

今までこの写真を送れなかった。ポーランドでは厚紙が手に入らないし、フォン・レッヒェンベルク夫人が一枚の写真はあるベルギー人のものであると言い出したからね（というのは僕は二枚の写真にあなたへの署名をしていたのだ）。結局一枚を送る。手紙はひと月前に書かれたものだ。あなたとじかにまた会えるのなら嬉しい。すぐに来ないか!?

大いなる愛の挨拶を！

マリアは僕の隣に座っている。彼女からもよろしくとのことだ。

いつも君の

ＷＦ

ＥＦとＷＦは急速に親密の度を増していった。ＥＦは姉への気兼ねから、まだ非常に控え目だったが、ＷＦは自分の思いをＥＦに常にはっきりと、そもそも情熱的に伝えた。一〇月十九日、ベルリンに戻った彼はベルリン・フィルを指揮する。ベートーヴェンの《エロイカ》の演奏で高揚した後、このやっかいな「三角関係」はポツダムのファザネリーにあるＷＦ宅で再び食事をする。そこで姉に隠れて、彼とＥＦは抱き合ったのだった。

この事件の後、ＥＦは三ヶ月にもわたって沈黙することになる。しかし、その後ペンを取り（いったいなぜだろう？）クリスマスの少し前にＷＦへ絵葉書を出した。興味深くまさに未来を暗示していると思えるのは、ＥＦがＷＦにフィリッポ・リッピの絵画『幼な子キリストへの礼拝』による絵葉書を送ったということである。少し後に、彼女は絵画に描かれたマリアの中に、もはや姉ではなく、自分自身を見たに違いない。そして、ＥＦはすぐにＷＦの子を授かりたいと望むことになる。すなわち、ベルリン・フィルを指揮しつつ、「ゴッドファーザー」として「聖エリーザベト」（バルロクによれば）に祝福を与える者の子を望んだのである。

EFからWFへ
ヴィースバーデン
一九四一年十二月

愛するフー、
ずいぶん久しぶりにお便りします。私からクリスマスの挨拶を受け取って下さい。今や言わねばならないのは、あなたを心から好きだということです。姉が私とも気の合う人を愛してくれたのは嬉しいことでした。そうでなければ、マリアと私は疎遠になってしまうでしょうし、それは次に私の子供たちに影響を及ぼすでしょう。
マリアはここにいます。私はとてもご機嫌です。ヴィーンでお目にかかるのを楽しみに。
心からの挨拶を
あなたのエリーザベト

一九四一年末から翌年初めにかけて、EFは姉マリアから一緒にヴィーンに行くよう誘われる。ヴィーン国立歌劇場でWFは《フィデリオ》と《トリスタン》を指揮したが、その音楽のように人の感情も流れていくことになった。EFは今や、自分にプロポーズをしたWFに惚れ込んでいた。三人の葛藤は悲劇的に大きなものになってしまう。WFにとってマリアへの愛は決して終わっていなかったし、EFにとって彼女は依然として最愛の姉だった。現実に姉とWFの関係に割り込むことなど、EFには考えられなかった。しかし、姉にとって彼女は、「結婚の仲介者」から突然に手ごわいライバルになってしまったのである。
EFは子供たちのいるヴィースバーデンへと戻った。

EFからWFへ

ヴィースバーデン
一九四二年一月九日

愛するフー、

これはあなたに差し上げる最後の手紙です。いつの間にかずいぶん長く、あなたとは話し合ってきたことになりますね。

マリアは私には最も大事な人です。ひとつはっきりとわかるのは、私たちが愛し合っていて、仲良くやっていくであろうことを、彼女は当人たち以上に良く知っているということです。

おそらく彼女は私に対して自分を抑えていたのでしょう。しかし、これからは私が自制心を持たねばなりません。私があなたとマリアの愛を傷つけない友人であることを確信できるまでは、お目にかからないつもりです。マリアにはこう言うつもりです。もし愛からではなく、私への配慮からであるなら、火遊びはもうするべきではない、と。完全にマリアの身になって考えるなら、そしてもうそれを試みたわけですが、私にとって解決はただひとつしかありません。

そしてフーよ、再び会っても、どうか私を抱きしめないで下さい。たとえあなたがそれを望んでいて、私があなたを愛おしげに見つめたとしても。

ヴィーンで一緒に食事をした正午、そして晩の《フィデリオ》は最も素敵なひとときでした。多くの人は至福の思いで音楽を聴いていたのでしょう。これまで聴いたことがないような音楽を体験しているという感じを、私も彼らと共有していました。このヴィーンでの時間を過ごさせてもらえたがゆえに、私はあなたに感謝します。今日帰宅しましたが、何年も留守にしていたような感じがしました。馴染みの場所でも、自分がよそ者のように感じました。もしあなたがこの手紙に同意して下さったなら、お返事は要りません。同意して下さらなかったとしても、なおのことお返事はなさらないで下さい。

あなたは優しく私にこう言われました。「ねえ、僕は君が好きだ。いやこれは好きという以上のものだよ。」しかし、その好きという気持ちも過ぎ去ってしまうもの。そうじゃありませんか。私たちが愛し合っているならば、もう一度会うこともありましょう。しかし…「何でも用心に越したことはなし」です。［訳注　文頭は少し異なってはいるものの、《フィデリオ》第一幕第四場でのロッコの台詞を引用していると思われる。］

あなたのエリーザベト

ベルリン・フィルハーモニー管弦楽団は一九四二年二月五〜十二日に演奏旅行を行う。ＷＦはスウェーデンで、そしてオーケストラの希望でコペンハーゲンで指揮をした。彼は既に一月末からストックホルムのあるホテルに宿をとっていた。ＷＦとＥＦの間では手紙が行き交い、彼らはヴィースバーデン、フランクフルト、ミュンヘンで密かに会うことを計画する。それについてマリアとその子供たちは知る由もなかった。

ＷＦからＥＦへ
ストックホルム、グランドホテル
一九四二年二月三日

最愛のエリーザベト、

昨晩、ここに届いていた君の手紙を読んで、とにかくその晩は興奮して全く眠れなかった。しかし、君に会うことが、実際に会うことが、こんな早くにできなくなるなんて、ちょっと違うと思うのだ。

僕はあれこれと考えてみて、全てをはっきりと理解した。どうであろうと、物事を直視しなければならない。ただ一つ言えるのは、君に恥じるようなことはしていないということだ。僕にとって君は、持っているもの、していること、言うこと、外見、全てにおいて、僕の出会った中で最高に魅力的な女性だ。僕がかつて人生においてしばしば利己的で無責任であったとしても、君に対してはそうではありえない。ほんのささいなことにおいてもない。

しかし、君はこの手紙が馬鹿げていて、全く理解できないと思うかも知れないから、まず説明しなければならない。ポツダムに帰ったらすぐ、つまり十三日以降に君に電話しよう。一番良いのは晩の八時以降か朝の九時あたりだ。晩なら予約してから電話する。

いま旅行を計画している。母をハイデルベルクに訪ね、そこからおそらく翌朝フランクフルトへ行けば、正午過ぎに君と会えるだろう。あるいは君がハイデルベルクへ来て一夜を過ごせるだろうか。静かな時間をというなら、ここの美しくて閑静なホテルが良いだろう。

ああ、僕はまだ信じられない。今君は、マリアに君自身のこともこれ以上書き送らないのが一番だ。彼女は最愛の、最良の、最も誠実な人だ。あってはならないことで、彼女を苦しめたくない。僕と君がお互いを隠さず、実際によくわかり合えたら、どうしたらこの問題を克服できるか彼女と率直に話し合ってみるつもりだ。僕自身がはっきりせず、病んだ心でいる限りは、黙っておとなしくしているよ。僕のためにも彼女のためにもね。君も同じようにするべきだ。

この手紙はこれから発送するので、君はすぐにでも受け取るだろう。

また書くよ。ああ、愛する人よ、会えるまであと何日待たねばならないのかと思うと辛い。

さようなら
W

WFとEFはほとんど毎日のように手紙のやりとりをしただけではなく、いつどこでも可能な際には電話もし合っていた。いろいろな点で戦争は大きな困難をもたらす。郵便は完全には当てにならず、旅行先が制限され、電力も不足し、食料や石炭はぎりぎりの状況だった。EFはクリンゲンベルクに向かっていた。そこには彼女の最愛の親戚が住んでおり、後に彼女は、爆撃を逃れて三人の子供をそこに預けることになる。

WFはベルリンでも再び旺盛に演奏活動を始めていた。一九三四年の「ヒンデミット事件」以来、公的にはベルリン・フィルを常任として指揮することはなかったが、首席指揮者ではあり続けた。ベルンブルク通りにあるフィルハーモニーで、彼は一九四二年三月一日から三日にベートーヴェンの第七交響曲を、三月二二日から二四日に第九交響曲を演奏している。

「大きな本」とEFが言っているのは、フリードリヒ・ヘルツフェルトによるWFの伝記のことである。この本の初版はライプツィヒのヴィルヘルム・ゴールドマン社から出版されているが、それは「血 das Blut」という言葉で始まる。そして最後は、この本で言及されている、例えばブルーノ・ヴァルター、オットー・クレンペラー、アルノルト・シェーンベルクのようなユダヤ人を列挙することによって閉じられるのである。だから、EFがこの本には特に感動できなかったのは不思議ではない。ポツダムのファザネリーで、WFが彼の家政婦ヘレネ（レンヒェン）・マチェンツによって大事に世話されているのを、彼女は知ることになる。

EFからWFへ
ヴィースバーデン
一九四二年三月二四日

最愛の人よ、この手紙をどこへ送ったものかわかりませんが、電話をすればわかりますものね。私は金曜日にクリンゲンベルクに出かけ、火曜日に戻りますから、金曜日より前に電話できるのを願って。

あなたは私の子供たちについて知りたいのでしたね。いつかは話さねばならないと思っていましたが、いつもそれを避けていたのです。どうしてか、私にもよくわかりません。あなたにはどんなこともお話ししてきました。ハンスについてもです。しかし、子供たちについて話すのにはいつも気が引けていました。たいていの母親が自分の子供について話したり、自慢したりしすぎると思っているからかもしれません。もちろん私も自分の子供たちを誇りに思いますし、彼らがそうした子に育ってくれたのには感謝すらしています。しかし、私が自慢したりうぬぼれたりしすぎれば、子供たちに迷惑をかけてしまうでしょう。

彼らの年齢をお尋ねでしたね。これはすっきりと覚えやすいです。皆が三年ずつ違っていて、上から十、七、四、一歳。ペーターが十歳、クリストフが七歳、カトリンが四歳、ハンス＝トーマスが一歳です。そして六ヶ月のケリー・ブルー犬は、私たちが可愛がっていた性悪な雌犬の代わりです。その雌犬はマリアのヘレナの子でした。

この時々恐る恐る考えてみるのですが、これ以上子供をもうけないとしても、あなたは私を愛して下さるかしら。そもそも、この問いは私には非常に大事なものです。ありのままの私を好きでいて下さるのを望んでいます。もし、子供がいなければ、確かに私は全く変わってしまうでしょう。作曲や指揮があなたにとって大事であるように、これは私にとって大事なことなのです。

ところで、前に私の小さな写真を二枚、スウェーデンのグランドホテルにお送りしましたね。あれはお好みではなかったかしら。他の写真は持っていないのです。ここ何年も、良い写真家が周りにいなかったのです。しかしもしかしたら、あなたは写真を受け取れなかったのかもしれない。ちょっとそのことが気がかりなんです。

十四日から十八／十九日の間に、ハイデルベルクでお会いできたらよいと思います。旅行制限のために会えなくなったりしないことを願っています。鈍行列車で行けば、うまくいきますよ。私もうまくやらないといけません。あなたが出発する十日くらい前には旅程を教えて下さい。

しばしば考えるのは、私たちがお互いを忘れて、全てを夢とみなそうとしたら（本当にしょっちゅうそんな風に思えるのです）、その方が良いのではないかということです。しかし、それは間違っている、と言う内心の声があります。安楽を求めてこの困難から逃げてしまいそうになるほど、私は臆病かもしれない。ただ、私の心は今までなかったような激情でいっぱいで、もしこれを理性で押し殺したりすれば、私は本心に対し罪を犯すことになるでしょう。

続きはまた明日書きます。おやすみなさい。

一九四二年三月二五日

あなたの演奏会の批評を読もうと、昨日の新聞を手に入れたところです。もともと私は嫉妬とは全く縁がない人間ですが、今はちょっとだけ、いやかなり妬んでいます。マリアがあなたの指揮する第七交響曲を聴き、スキーに行き、そして第九交響曲にも行ったというのですから。どんなに私は、日曜日の朝と月曜日そして火曜日の晩、あなたのことを考えていたことでしょう。あなたがどこにいるか、もし正確に知ることができるなら良いのにといつも思います。良かったという気持ちにあなたが自らなれたのなら私もそうしたかった。多くの人が体験したのに、私だけがしませんでした。演奏を聴いた人々は泣かなかったですか。ば、それは本当に良かったのでしょう。ヴィーン・フィルの創立百年祭に、あなたはどんな講演をしたのでしょうね。

シュレンドがあなたについて書いた本は持っていて、時々読んでいます。とても良い本で、あの大きな本よりもずっと良いと思います。大きな本で良いのは写真だけです。とりわけ青少年時代の写真です。この本は今は持っていません。

この二日間とても素敵な訪問がありました。従兄弟アレックス・アルベルトです。野戦病院にいた後、十日間の休暇をもらったのでした。彼はロシア戦線では、いつも最前線で働いてきました。詳しくは後でお話しします。書くと大変長くなってしまうでしょうから。

恐ろしく長い手紙を書いていますね。筆無精な私がです。以前はただ情熱に駆られて電信を打つように書いていました。立ったままでも、あるいは開いたドアの上で、できるだけ大きな字で書いて、便箋がすぐにいっぱいになったものです。

おそらく、我慢できない場合は、金曜日の朝、出発の前に電話をします。もしなければ、あなたが一日か二日の午前か晩に電話をしてみて下さい。

さようなら、あなたのE

ところで昨日からコークスがありません。日中はヴィースバーデンの春の太陽で何とか我慢できますが、晩になると早くにベッドに入らねばなりません。日中にちゃんと太陽が照ってくれる間は、これで何とかなります。

そちらは食べ物は大丈夫ですか。レンヒェンはあなたのために十分なものを手に入れられていますか。日々の食料探しに歩き回っている時、よくそんなことを考えています。

年初のヴィーンでのオペラ公演以来、ＥＦとＷＦは会っていなかった。最初に会ったのは、ハイデルベルクの「ヨーロッパ・ホテル」の二室において、一九四二年四月十四／十五日のことだった。それはマリア抜きの、彼女が知ることなく交わされた最初の約束であった。

翌日は次のような手紙が書かれている。

ＥＦからＷＦへ
ヴィースバーデン
一九四二年四月十六日

愛する人よ、今朝、末っ子が私にもたれかかってきた時、彼をしっかりと抱きしめてしまいました。私はあなたによって何と幸せであることか、とその時感じたのです。ヴィーンから帰った時とは何たる違いでしょう。当時、私は絶望して仕事も手につきませんでしたから。

私があなたによってそうであるように、あなたが私の愛から大いに力を得ることができますように。いや、これはもはや私の愛でもあなたの愛でもなく、私たちの愛なのです。以前はこれがおそらく大きな体験になるにしても終わってしまうだろうと考えていました。しかし、今ではそれは祝福された始まりであり、多くの幸せが私たちを待っていると思います。あなたもそう思いませんか？　あなたは私をこんなにも幸せにしてくれたのですよ。
あなたのＥ

ところで、使用人の失態で（ホテルにトランクがなかったもので）、列車に乗り遅れてしまいました。しかし、すぐにフランクフルト行きの列車があったので、全てはうまくいきました。
月曜日は電話をしないで下さい。この手紙は破り捨てるか、見つからないように気をつけて下さいね！

ＷＦからＥＦへ
ポツダム
一九四二年四月十六日

最愛の人よ、今僕はここポツダムで最初の夜を迎えている。すぐ君に電話しようとしたのだが、残念ながらヴィースバーデンからは返事がないとのことだった。最愛の人よ、僕は夢の中にいるようだ。ここにあるものは全てがとても悲しく、空疎に思われる。君の瞳、君の微笑み、そして君の姿がいつも眼前に浮かんでいるのだ。言葉にはできないくらい君を愛している。僕はこの幸福と同時に、幸福から来る不断の漠然とした苦痛を感じている。おそらく君がとても離れた所にいるからだろう。最愛の人よ、僕は本当に君に惚れ込んでしまった。もう時間だ。ベッドに入る。君のことを考えながら。恋人であり、最愛の人であり、最も甘味な喜びである君よ。W

次のいくつかのEFとWFの手紙ほど、戦争、政治、音楽そして愛が密接に結び付いていることをはっきりと示しているものはない。

EFとWFは一九四二年四月十四日、ハイデルベルクの「ヨーロッパ・ホテル」で「こっそりと」会っている。二人の関係は素敵な散歩のようにはいかなかった。EFはヴィースバーデンから出した手紙で、それを認めている。「私たちが既に普通に文通しているということを、マリアに言うべきかどうか、よく考えてみて下さい。」

四月十七日、WFはEFに次のように書いている。「今朝、電話でマリアから突然こう言われた。まるでやましい思いを抱いているかのように、僕が妙に優しい、と。僕は思わず笑い出しかけた。しかし彼女は、何度もそう思えることがあった、と言う。もしかしたらザーローの別荘で彼女が泣いている時、僕がフラウヒェンにハイデルベルクに来るよう頼んだのでは、と急に思ったのかもしれない。もちろん僕は「違う」「馬鹿げている」などと言ったが、少し慌ててしまった。」

翌日の四月十八日、WFの電報がポツダムからヴィースバーデンにもたらされた。「火曜日にすぐヴィーンから電話してよろしいか」とある。これはなぜであろうか。

四月二十日はアドルフ・ヒトラーの誕生日であった。ベルリン・フィルハーモニーでは、その前夜はゲッベルスの命令で管弦楽団が祝賀演奏をするのが慣習になっていた。開幕の演奏と宣伝相の祝辞に続いて、ベートーヴェンの第九交響曲が演奏されるのである。WFはそれを行わねばならない立場にあったが、基本的にこの政治的な祝賀会からは逃げていた。医師の診断書が彼の「体調不良」を証明し、代役の指揮者が立てられた。しかし、一九四二年四月十九日、WFはこの状況から逃れることができず、日曜日の午後は指揮をしなければならなかった。フレート・K．プリーベルクがその著作『巨匠フルトヴェングラー～ナチ時代の音楽闘争』で報告しているように、米英軍の爆撃を避けるために、この演奏会は夜ではなく昼間に行わざるをえなかった。そしてこれは帝国放送局に属する「ノルウェーからギリシャまでの、また大西洋沿岸からドニエプロペトロフスクまでのあらゆる放送局が中継し、UFA（ドイツの映画会社）週間映画ニュースのカメラも並べられて収録していた。」

EFはその晩にはもうヴィースバーデンからWFに宛てて書いている。「第九交響曲の放送を聴いたところです。大きな紙いっぱいに、あなたが好き、あなたを愛します、と書きたい思いです。」

ちょうどこの日曜日、演奏会の前にポツダムで、WFはEFへの告白の手紙を書いたのだった。彼の最も内なる思いは、ゲッベルスでも爆撃でもないのは確かだったが、おそらくベートーヴェンでもなかったのだ。

WFからEFへ
ポツダム、日曜日
一九四二年四月十九日

最愛の人よ、君に電報を送った。君がもしかして今日マリアのいるここに電話するかもしれない、と恐れたからだ。彼女はずいぶん早くに出かけたから、ヴィースバーデンへの長距離電話を申し込んだ。君に日曜日の正午に電話できるかは、もちろんわからないが。

君の手紙は昨晩受け取った。ああ、最愛の人よ、僕の気持ちも全くその通りだ。それにこの感情は前には持たなかった、君を愛するための力を僕に与えてくれるのだ。言葉を慎みたいと思うが、今まで君のような女性を愛したことはなかったようなのだ。そして、いつの日かそれがたんなる誤りとわかったらと思うと不安なのだ。僕は馴染めない世界にいる点では不幸であり、君から遠く隔たっているが、言葉では言い表せないくらい幸せであり、夢の中にいるように歩き回っている。君について、声や、眼差しや、可愛い姿を考える勇気がないんだ。だから一緒に散歩した時に話し合ったことを思い出そうと努めている。あの日、君とあんなに長く一緒にいられたのは本当に良かった。次の時には、マリアがそれに気付かないように、賢くやらないとね。彼女は今ではもうそのことについては言わない。そして、彼女だけしかできないように、とても親切だ。しかし、僕が変わってしまったことに、何となく気付いていないとは限らない。

彼女に優しく接するのが、一時なら難しいわけではないにもかかわらず―正直に言えば今では不実なものだから―僕は何かとても不思議な気持ちだ。また、そのことが僕をしばしば言いようもなく憂鬱な気持ちにさせるし、ただ率直に彼女と話す気にはすぐにはなれそうもない。

しかし、全てこれらのことは君には何の関係もない。一時でも心配をしないでほしい。全てのことについての責任を、僕は一人で負っていきたいし、負わねばならない。君の手紙が僕をとても幸せにしているということを、知っていたかい？

明朝、僕はヴィーンへ飛ぶ。明後日、おそらく八時前に君に電話をかけてみたい。もしそれがうまくいかなければ、水曜日だ。金曜日の晩はまたベルリンに戻る。君からの手紙を一つは、いやいっぱい受け取りたい。最愛の、誰よりも誰よりも愛する女性である君よ！

W

ＥＦはＷＦに、自分が「防空消防講習」に参加しなければならないことを告げている。さらにベルリンでもヴィースバーデンでも、ＥＦとＷＦが「通じている」という噂が生じたが、二人はそれを平然と受け止めた。五月中旬にまた会うことが既に了解されていた。

ＷＦは作曲への抑えがたい衝動と、頻繁に襲われる不眠に悩んでいた。このことはＷＦとＥＦの間でこれ以降、常に話題に上がることになる。

ＥＦがＷＦの「仕事」と言う場合、それは興味深いことに彼の作曲をさしている。この時の「仕事」は、彼の第一交響曲の作曲であった。

EFからWFへ
ヴィースバーデン
一九四二年、復活祭の日曜日

愛する人、最愛の人よ、

復活祭の卵を探すのに追われています。子供たちは小さな色とりどりの贈り物に顔を輝かすのです。そもそも卵が足りないのです。

郵便配達が通った時に、あなたから手紙が来たらなあと思いました。しかし、配達員は通り過ぎてしまい、中に入っては来ませんでした。また火曜日まで我慢しなければなりません。

少し疲れています。復活祭のうさぎを演じるため、かなり早くに起きたからです。昨晩は優雅な—今では稀になりましたが—ヴィースバーデンの集いの一つに出ていたのですよ。とても楽しみましたし、化粧もほとんどしていないのに、なかなか素敵でいられたと思います。思い込みですって？　でも、私は嬉しいのです。あなたが私を好きでいて下さることが、しばしば信じられないんです。たぶん私には優しくして下さっているのですね。

旅行は大変厳しく制限されているのでしょうか？　最悪の場合でも私たちはフランクフルトで会いたいものです。あなたが嫉妬するに違いないことがまだ一つあります。それは私の一番若い息子です。しかし、この幸福はすぐに過ぎ去るでしょう。彼はもう歩いています。そしてこれもまた一つの時期に過ぎないでしょう。なぜなら彼は私の手をもはや必要としていないからです。たいていの母親は子供を自慢するものですが、私はそれに反していくらか憂鬱な気分になっています。もっと悲しいのは、自分の子供に最後の母乳をやる日、子供がおいしがって小瓶から飲んでいるのを、いくらか辛い思いで見なければならないということです。

ねえ、あなた、再会が楽しみです。それまでに何もないように、これが私の心配です。ただ旅の準備だけを考えるように努めています。そしてそれを心に抱いているのは良いことなのです。なぜって、それはかなりの間ありえないだろうから。つまり五月に旅するのはまず無理そうだからです。

マリアと三度電話しました。私は彼女をどんなに好きなことか。状況は本当に深刻です。あなたのE自分のことを書きすぎてしまいました。あなたも自身について書いていただかなくてはいけません。よく眠れていますか？あなたのお仕事には満足していますか？ ヴィーンから書き送って下さい。

一九四二年四月二六日、WFはこれまでEFに出した中で最も美しくはっきりとしたラブレターを書いた。いつもWFはマリアと一緒にザーローに、つまりシャルミュッツェル湖畔にある週末に過ごす家に来ていた。そこはポツダムのサンスーシ宮殿や彼のファザネリーからは六十キロくらい東にある。ファザネリーはWFの本来の住居であり、ここから彼は練習や演奏会のためにフィルハーモニーに車で出かけていた。

マリアへの隠し事や嘘が、WFとEFにはだんだんと耐え難くなっていく。彼らはマリアとはうまくやれないと考えており、状況は明らかに壊れていた。EFとWFは結婚を望んでいた。だんだんと頻繁に、WFは自分が直面している「運命」について語るようになる。

WFからEFへ
ポツダム
一九四二年四月二六日

最愛の人よ、僕らの電話が終わったところで書いている。君の声がまだ耳に残っている。声が今回はとても近くにしっかりと聞こえた。いつも君からたくさん手紙をもらえる今は、すごく幸せだ。昨日は二通来た。ああ、君が近くにいるのを感じる時、どんなに嬉しいことか。女性というのは、愛する人にキスをしたいと手紙には書きづらいのだと、君は思っているのだったね。それについて僕はほんのわずかしか書かなかったが、いつも考えているんだ。君の口、君の眼、君の頬だけでなく、君の首、君の肩そして美しい素敵な腕にもキスや愛撫をしたいのだ。それから君の可愛い、可愛い、可愛い乳房を、ひとつずつ両方だ。しかしそれでも十分ではない。君の全身、全てにキスし愛撫したい。君の近くに潜り込んで、君を捕まえ、抱きしめたい。何度でもだ。

できるものなら、自分がしたいことは全て、君に長く詳細に書きたい。でも、それに君が我慢できなかったらと思うと、不安になるのだ。そもそもなぜ我慢できないというのだい？　僕らはこんなに分かり合っているというのに。しかし、なぜ全ておいて君は他の女性の十万倍も素敵なのか、またなぜ僕が君を、君だけを愛するのか、よくわからないのだ。僕が君のもとにいようと、君と同じ部屋にいようと、今のように君から遠く離れていようと、君を愛している。

来週末マリアがザーローに来たら、彼女に言うつもりだ。僕には状況がもうわかっている。僕らがもう結ばれているということは、さしあたりは言わない。その内に彼女が君に、僕らが会ったのかと尋ねたら、落ち着いて「違う」と言うんだよ。僕は彼女に、僕らはそんなことは全く企てないだろうと言うつもりだ。そう決心してからは気分がよくなった。人は運命には逆らえないのだ。そして僕らの間にあるのは運命だということは、太陽を見るよりも明らかだ。僕はいろいろ経験しているから、自分自身に対しても冷静に考えることができる。僕が君を愛しているのは、たんなる思い込みばかりではない。最愛の人、最も可愛い人よ。さようなら。Ｗ

ＥＦは講習を受けて「消防助手」になった。それは考えられる最高の仕事だった。しかしＷＦのように彼女も衰弱し、流感にかかった。「どうして私はたくさんの砂をすくい、最も速く焼夷弾の火を消し、バケツいっぱいの水をすくわなければならないのでしょう？　こんな馬鹿げた名誉だとは！」数日前に彼女は「厳かな儀式で」「母親十字章」を授与されていた。「子供たちにそれは感動を与えました。私が家に帰ると、幼い息子がお漏らしをしていました。着替えをさせると、長男ペーターは「四番目の子どもにもこんなに尽くすなんて、本当にお母さんは勲章ものだよ」と言うのです。」（一九四二年四月二八日）

当時テレビはまだなく、映画館では本編の上映の前に「週間映画ニュース」というのがあった。EFは、WFとせめてスクリーンで会うために、よく映画館へ行った。ベルリンで四月十九日に演奏されたベートーヴェンの第九の一部も見ることができたが、そこでは終演後ゲッベルスがWFに求めた、全くあり難くない握手も映っていた。外国人がこれを見たら、—今日までそう思う人は多いが—ヒトラーのドイツとフルトヴェングラーが取引をしたと思うだろう。もちろん、それは全く間違いなのだが。EFも彼女自身の意見を述べている。「あなたをスクリーンで見るなんて、特別の感触でした。部分的には良い映像もありましたが、余りに少なく、最後は握手です。これについてはじかにお話ししましょう。」(一九四二年四月三十日)

マリアとWFの間では話し合いをすることになりそうだった。WFは彼女に手紙を書いたが、それをまだ郵送してはいなかった。むしろ彼は彼女と話したかった。これも遅れることになる。WFの健康は思わしくなかった。歯痛とウイルス感染に苦しめられていた。

三十一歳のEFは、WFとマリアの精神生活に入り込み、自分の感情を精緻に分析している。

EFからWFへ
ヴィースバーデン
一九四二年五月二日

最愛の人よ、とてもいま慌ただしくて、理性的にものが考えられません。いつも私はあなたのもとにいます。悪いのは、苦しみと悲しみばかりを感じていることです。痛みが深刻な課題になっています。しかし、これはあなたと私の心にとっては、良い試練というものです。あなたとマリアがいかに強く絆で結ばれているか、そしてそれを続けたがっているか、あなたは知ることになるでしょう。私は目下、もっぱらあなたと彼女の側から全てを見ています。私自身もその対象です。私自身をそのように感じているのです。

あなたが感じていることを、全て私も感じていると思っている時、私はあなたの傍らにずっといます。今朝あなたに手紙を書きました。私にとって大事だったのは、いかにしてマリアが全ての事情を知ることになるだろうかということと、彼女の私への立場でした。もう日も暮れました。あなたが言うであろうこと、そしてどんな感情と考えがあなたの心に生じているか、それだけを考えています。以前のように、私が今あなたの部屋に入って来たと、一度想像してみて下さい。私自身も想像しています。あなたが私をどんな風に見るだろうかと。私が行くべき時を言って下さい。侵入者として、何の前触れもなしにです。突然、私の心は切ない憧れで満たされ、あなたをこんなにも、新たに心から愛していることを知ったのです。

でもあなた、苦痛は耐えることができます。私に悩みなどはなく、いつも幸福です。あなたがしていることなら何でも、私を苦しめたり傷つけたりすることはありません。私はけっして尊大なのではなく、あなたの防護壁のようなものなのです。この世で私が本当に私自身でいられるのは、あなたに対してだけです。完全に解き放たれ、理解されたことで、私はあなたからこんなにも幸せにしてもらえたのです。私の書くことをわかっていただけますか？　あなたは私を傷つけることはありえません。あなたは私を愛しており、愛さねばなりません。しかし、私たちが離れていざるをえない理由と外的状況があります。強い者ならなんとか耐えることができるでしょう。この場合だと私は強いですし、最愛の人であるあなたもそうでしょう。

マリアがどうしていたか、私は知りません。あなたは彼女の人生を破壊してよいかどうか、きちんと考えなければならないでしょう。彼女に苦しみを与え続ける、あなたにはそれが耐えられますか？　これよりもっと辛いことがあるでしょうか？　あなたは彼女に多くのものを与え、多くのものから守りました。しかし、彼女は今やそれを理解しないでしょう。本当のところはどうなのか、全てを書いて知らせてください。

新たに密かに会うことが、二人の話題に上っていた。「私には怖い場所があるのです」とEFは書く。恐らく彼女はマグデブルクが嫌だったのだ。「そこでは二十人に一人が私を知っていますから。」どんな旅行でも、彼女は目的地と内容を詳しく説明する必要があったのだ。最大の困難は四人の子供を寝泊まりさせることだった。彼女は嘘をつくのは嫌だったが、ポツダムで会うのは、マリアがいる上に、公衆の噂にもなるのでかなり危険であった。

WFは数え切れないほどの演奏旅行、リハーサルと演奏会に明け暮れていた。マリアはますます強く彼に結婚を迫ってきた。

しかし考えてもみられたい。このドイツ第一の指揮者が一九二三年にデンマーク人のツィトラ・ルントと結婚していることは、広く知られていたのに、既に数年にもわたり彼はベルリンの高名な女医と「同棲」していた。そして今や、一人の戦争寡婦との関係が生じていたのだ。この女は、母であり四人の子持ちであり、さらにそれに加えて、指揮者より二五歳も若かったのだ！

ＷＦは社会規範を乱すまいとするあまり、全く不合理な考えに行き着いてしまった。

WFからEFへ
ザーロー、月曜日の晩
一九四二年五月四日

最愛の人よ、マリアが再びベルリンへ戻って行ったところだ。それがひどい日々であったことを、君は察してくれるだろう。僕は限りなくマリアのことで悩んでいたが、それが彼女にどう作用するか、はっきりと考えたことはなかった。心臓が止まるような思いになるのは、同情からではなく、僕が彼女を愛しているが故にだ。

全ては僕が全然そうとは知らなかった、または既に克服されていたと思っていた、彼女の恨みから出ている。彼女とは今日まで結婚していないので、例えば彼女の父親は僕の名前を聞きたがらない。彼女と場合によっては別れるわけだから、今急いで結婚してはいけないのではないか、と僕は感じている。しかし、基本的に彼女はすばらしい人であり、現実を正確に把握し、結局は僕たちのようにそれを受け入れるだろう。そして、僕たちが現実であるなら、彼女は自身の人生を情熱的に精力的に生きているのと同様に、それを認めてくれるだろう。

彼女にいつも言ってきたのは、この件全てにおいて僕が要因になっているということだ。それについて彼女は理解を示そうとはしなかった。しかし結局彼女が言ったのだが、君をそもそも以前と同じように好きだということに、自分でも驚いているとのことだ。僕の感情については一言では話せなかった。彼女がそれについて尋ねることはなかったが、もうわかっていたよ。君が僕を愛していることを、彼女は知っていたのだ。僕たちは二日間一緒にいた。二日目、君のこと、そして君への僕の愛のことを考え、夜通し一睡もできなかった。最愛の人よ、君と語り合いたい。全部を書くことはできない。

今や僕は、おそらく歯を抜いたことや喉の炎症よりも、このことのせいで依然として病んでいる。そして、他の理由からもそうするべきなのだが、ヴィーンで会うのを断念するべきか思案している。決めるのは明日まで延ばすが、僕たちは十五日にヴュルツブルクで会えないのだから、難しいだろう。

僕が君に会わなければならない、つまりここから出かけねばならないということを、マリアには言ってある。しかし、どこならば僕たちは都合良く会えるだろうか。ああ、愛する人よ、僕たちの愛には多くの悲しいことが結びついている、と君が感じるのも無理はない。しかし僕は彼女を、いつものように僕の中でこんなにも強く無条件に感じている。そして、彼女は全てを克服していると思う。

今日は疲れてとても悲しい。しかし君をこれ以上ないほどに愛している。

W

彼女は僕に、一人の男が二人の女を愛するということはあるのか、と尋ねたよ。

WFにとってとても重要だったのは、テーゲルン湖沿いにある彼の家族の遺産を、EFに見せることだった。タンネックから彼はヴィースバーデンの彼女に次のように書いている。「君が居てくれたこと、僕に贈られた二日間の心地よい時間にまだうっとりしている。まるで天国にいるようだったよ。今朝君とプラットフォームに行った時、まだ君の目を見つめていた。そして今、君に書かねばならないことがありすぎる。せめて、また電話で話せたら良いのに。」(一九四二年五月十七日)
後の「祝祭週間」の前身である「芸術週間」は、一九四二年五月三十一日から六月二十二日まで帝都ベルリンで行われた。それを聴くのは人々にとって穏やかな休息、ささやかな慰めとなっていた。指揮者ではカール・シューリヒト、カール・ベーム、アルトゥール・ローター、クレメンス・クラウスが召集され、WFはベルリン・フィルとブラームス・アーベント(悲劇的序曲、第四交響曲、ゲルハルト・タッシュナーをソリストに迎えたヴァイオリン協奏曲)を行って芸術週間を締めくくった。その開幕演奏会もWFは任されており、プログラムはシューベルトのハ長調交響曲《グレート》、ロベルト・シューマンの《マンフレッド》序曲、アルフレート・コルトーをソリストに迎えたピアノ協奏曲であった。

EFはヴィーン以来初めて指揮台上のWFを体験する。帰宅するやいなや、彼女はWFに宛てて書いた。「昨日の今頃あなたはシューベルトの交響曲を指揮していたのですね。今でも多くのことが思い出されてきて、幸せでたまりません。」(一九四二年六月二日)

結局EFは、彼とポツダムのファザネリーで過ごしてしまったのだ。WFとマリアとの話し合いが予定されていたが、後にはそれには一言も触れられなくなる。少なくとも文字の上ではそうである。このコンタクトが成立したことは、次のEFの手紙が示している。WFはポツダムを出発、ベルリン・フィルとスイスに演奏旅行をしていた。

EFからWFへ
ヴィースバーデン
一九四二年六月六日

今日マリアから手紙が来ました。「彼は青ざめて出て行ったわ。どうすることもできないようで、それは私もそう。」あなたはどうすることもできないし、彼女もそうです。私は疫病神なのでしょうか？ 強く愛されているという幸福を、あなたが私と同じように感じ、何より愛する幸福を感じ、それを周りにも感じさせてくれるのを、私は望んでいたのです。

帰り道、山で若い女性を追い越しました。彼女の後ろを歩いている時から、何か感じるものがあり、私は振り返って彼女の顔を見ました。そこで気づいたのは、彼女が妊娠しているということです。とても可愛らしく見え、年齢は私より十は若かったでしょう。このことはまさに衝撃でした。なおさら子供のない女性なら何を感じるでしょうか。ウエストが醜くなったと思うだけでしょうか？

私もこの女性のように、春が訪れてあなたの子供を授かるであろうことを望みます。もう書いてはいけませんね。それを書くと長くなりすぎますから。
前にあなたはこんなことを書きました。「僕は君をこんなにも愛しているのが、ほとんど恥ずかしいくらいだ。」今日そんな風に私も感じています。

E

私たちはWFがベルリン・フィルと一九四二年六月二十一、二十二日の二回のブラームス演奏会に専念していたと思うかもしれない。しかし、最も重要なのは、愛の生活と、第一交響曲を作曲することだった。この作品の作曲を彼は既に一九〇五年、十九歳の時に始めていた。その後これに何度も手を入れてきたが、一九四二年六月二十二日には、少なくとも第一楽章をオーケストラに音出しさせようとしたのだ。

EFは一九四二年六月十七日に大変不充分な短い電話の後で、彼に宛ててこう書いている。「夜中の一時、ベッドの中です。昨日の午後と晩は、そもそも全く取り乱していて、冷静ではありませんでした。晩には疲労困憊して、コーヒーを三杯も飲んだのに死んだように眠り、空襲警報を聞き逃してしまいました。」

良からぬ疑いが、EFそしてWFをも苦しめていた。マリアがWFを追いかけていき、彼の演奏会を聴いたということをEFは知る。「彼女がチューリヒにいる、とあなたが教えてくれて以来、私の中でマリアとの関係が少し変化しました。なぜこの事実が私をこうも傷つけるのか、自分でもよくわかりません。」（一九四二年六月十九日）「あなたによくわかっていただきたいと思いますが、私は多くの点でマリアのようにはいかないのです。たとえば二四時間以内のスイス入国などがそのようなことにあたります。私はおそらくあなたには重荷なのでしょう。よく考えて下さい。自分が愛する人のためなら勇気も出てきます。しかし、それと同時にいざとなれば保護していただくことも必要です。」（一九四二年六月二十日）「あなたが私を傷つけるとしても、私には全く正直でいて下さい。あなたにはいつも豊かな感情と心情を表していただきたいのです。」（一九四二年六月二十一日）

WFはマリアの心理を究明し、早い時期から彼女が両性愛志向を持つことを知っていた。

WFからEFへ
ポツダム、日曜日の朝
一九四二年六月二十一日

最愛の人よ、
マリアとも電話した。君にも電話で説明したあの手紙を彼女が読んだ時、どんなにひどく彼女が苦痛に苛まれたか、君は想像できないだろう。僕は彼女とずいぶん長く付き合い、愛しているから。それを共に経験するのは僕には恐ろしかった。彼女は僕に理由を絶対に話そうとはしない。正午に僕が帰ってきて初めて、彼女が隠していた手紙を読んで、その理由を知った。君にも手紙を出すんだった、と今日彼女は言っていたよ。
僕が彼女と結婚しても、本当は君を愛しているという状況には、彼女は満足しないし、受け入れられないだろう。僕もそう思う。絶望的に難しいことがあって、それは最も難しいことなのだが、彼女は自分が女性であろうと苦闘しているのだ。なぜなら、その理由が運命であることを、彼女は感じているからだ。彼女は女性でありたいと願っているし、女性として僕を愛してきた。男性や天使など女性以外のものとして、彼女は愛することや愛されることを、欲してはいけないし、してはいけないのだ。僕も男であり、男として愛したり愛されたりしたい。男以外のものとしてはできない。長い時間をかければ君より自分が僕に気に入られる、とおそらく彼女が考えているのはもっともだろう。しかし、それは全く別の、真逆の結果になるかもしれない。僕も君もわからないのだ。僕と結婚することがどういうことなのか、君はわからないし、君と結婚することがどういうことなのか、僕はわからない。僕が一緒に過ごした全ての年月にわたり、彼女を愛し、彼女の愛のかけがえのなさと大きさを最も幸せなものとして受け入れてきた、ということは本当だ。しかしだからといって、今ここにある、抗しがたい圧倒的な感情を君に対して抱いていることは、少しも変わらないのだ。
ああ、最愛の人よ、すぐに書いてくれ。僕は今日は演奏会、明日はリハーサルをしなきゃならない。明日また書く。いつも愛している。

W

WFからEFへ
ポツダム
一九四二年六月二十三日

最愛の人よ、

今日は電話ができなかった。八時頃にそちらが出なかったので、キャンセルしたよ。最悪なのは、おそらく明日は電話できないということだ。マリアがここにいるからだ。彼女は今晩ポツダムのクレメンス・クラウスが指揮する演奏会に行き、ここに泊まって、次の日は車で診察に出かける。だから、君には木曜日に電話しよう。彼女がいなければ、水曜日にも電話してみるかもしれない。しかし、彼女はなかなかいなくならないのだ。もう演奏会も終えた。やっとひと安心だ。昨日、僕は自分の曲を稽古した。全てを書き直し、ついにここまで至るのが待ち遠しくてならなかった作品だ。

まさしくもっと待ち遠しいのはただ一つ、君と一緒にいることなのだ、愛しい人よ。何日かヴィースバーデンに来るように、という君の提案は、僕をそわそわと落ち着かなくさせ、本当にそうしたくてたまらない。ちょっと知りたいことがある。そこでは妨げられずに、一日六、七時間はピアノで作曲できるだろうか。

食べ物は十分にあるだろうか（今はこれも大事な問題！）。

ミュンヘン行きの寝台車を用意してくれないだろうか。そして君もミュンヘンに来てくれないか（とても重要！）。

今日の午後、僕は離婚の件で弁護士のもとへ行く。明日また便りを書こう。

最愛の人よ、今君が目の前にいるようだ。僕の愛はどんな時にも現実なのだ。君にキスできないことに、もう我慢できない。

最愛の人よ（こう書いてよいだろう？）。

君のW

WFからEFへ
ポツダム
一九四二年六月二四日

最愛の人よ、そのうちに君にはマリアの手紙が届くだろう。彼女はそれを電話口で僕に読んでくれた。どのように君が返事をするつもりか、僕にはわからない。明らかに彼女は自信がなかったのだ。手紙を僕に読み聞かせようとしたのだからね。僕にも君にも同じように向けている要求を、彼女は忘れてしまったかのようだ。

とにかく、最大の責任を負わねばならない人間、すなわちここで何かを言って決定しなければならない唯一の人間は僕なのだ。僕は今日また彼女と話し、こう聞いてみた。僕が彼女と結婚したとしても、間もなく、例えば三ヶ月後に（こんなことはまずないと思うが）、妹と同棲するためにまた別れることにならざるをえないかもしれないが、それでも構わないか、と。彼女は、構わない、僕が妹と結婚したいなら、まずそれを妨害することはない、と言った。しかし僕がそれをすぐにでもしようとするのは、彼女にとって何か違うこと、全く違うことのようなのだ。

このことだけは確かだ。遅まきながら冷静に言うならば、彼女が手紙を通じて被ったショック、あらゆることへの呆然自失の絶望は、僕が今まで考えていたよりもずっとずっと大きなものだったのだ。どんなことがあってもアメリカに行くなどという、彼女の意図は、極めて堅固なものだったのだ。しかし、この苦難において、僕たちはそれをできなくなり、したくもなくなっている。誤解されており、原則として苦痛の大きさからのみ生じている、彼女の今の「要求」は（なぜなら彼女は「要求」などをするようなことは今まで全くなかったからだ）、僕にこれに応えようという気を起こさせないのだ。

彼女への愛、彼女との絆からすれば、どこかに他の道がない限りは、こういう良くないやり方で離別することが、僕にはただおぞましいだけのものであり、僕が君を得ることもできなくなってしまうということなのだ。打開の道があるかどうか、君と話したい。今手紙に書くことはできない。だからというわけだけでもないが、来週君の所に行くことにする。火曜日、二回目の演奏会を済ませたら、夜の十時にポツダムを発つ。フランクフルトに迎えに来られないか。あるいは君に別の提案があるかい？

ああ君、僕は嬉しくてたまらない。マリアが自分は君よりも僕に相応しいと口説いてきても、君にはいっそう慎重になって欲しいと思う。しかしね、僕は一番良くわかっているのだ。君は彼女とは全く違うが、僕はだからこそ無限の信頼をする。僕は君について、間違いなく知りえているのだ。彼女は、僕との同棲でいかに難儀しているかについて、君に訴えるだろう。だが、僕が君の所では、彼女の所と同じようにしているとは限らないのだ。

彼女は本当に僕を助けてくれた。二人は僕が最も辛い時期に知り合い、加えて彼女はいつも僕にとってある種、魂の女医でもあった。しかし、僕はそういうことを今もう必要としていないのではないか。僕がまさしく今、当時彼女といた僕とは全く違ってしまっているとしたら。

昨日、僕は弁護士の所に行った。明日、妻と話すことになるだろう。うまくいけば、六から八週間で離婚が決まるはずだ。秋を越しても決まらないということはちょっと考えられない。それが済めば、すぐに結婚する。マリアとだ。そして（僕たちがお互い一緒に暮らしていける見通しが立てば）、マリアとはクリスマスに別れ、君と結婚するのだ。どう思う？

それから何より急ぎの諸問題があるが、特にここでの君の住まいはそんなに簡単に手に入るわけではない。僕はこのことを既に考えてきたが、そうすぐにはうまくいかないだろう。君の子供のことも考えなくてはいけない。そもそも彼らは、戦争が続く限り、ヴィースバーデンで大事にされるのがいい。

ちょうど今しがた君に電話したばかりだ。だから書くのはもうやめようと思う。僕が君のために戦うことを君が期待しているとしたら、もっともなことだと思う。ただそれを、マリアそして彼女が現にしてくれることに対する僕の感情と調和させたいのだ。

最愛の人よ、言い表せないほど君を愛している。

W

WFからこれらの波乱に富み、疲労困憊させる手紙が押し寄せたことによって、EFは姉の性質についていくらか説明しなければならない気持ちになっていた。

今やWFは、EFの暮らしぶりを知るために、一刻も早くヴィースバーデンに行きたかった。彼は彼女の子供たちに会ったことはまだなかったし、彼女の親友であり、ドイツ人のアルベルト・ミュラー＝ウリと結婚していた、スウェーデン女性ヒレヴィにも、もちろん会ったことはなかったのである。しかし、このいわゆるEFの「視界」に入っているヒレヴィ宅に、WFは泊まることになる。それは子供たちにWFの訪問を知られないためであった。

EFからWFへ
ヴィースバーデン
一九四二年六月二六日

私の最愛の人へ、
落ち着いて「私の」と書きます。なぜなら、この瞬間あなたは完全に私のためにいるからです。日曜日の朝にあなたと電話して以来、とても緊張していたのが嘘のようです。変わったのにもはっきりした理由はなく、専ら私だけからそう思えるのです。あなたのもとにいられたら、そして私たち二人が喜び幸せでいられたら良いのですが。
おそらくあなたは、この手紙をマリアと会う前に受け取ることになるでしょう。そして今では、私のことをとても利己的だと思っているかもしれない。しかし私は彼女よりも利己的であるということはありません。違います。多くのことにおいて、私の方が利己的ではありません。
マリアはその人生において、彼女自身にも誰か他の人にも遠慮するということがありません。驚くべきことに、本当に若い時からずっとそうなのです。私は彼女ほど「己も生かし、他も生かす（各人のあり方を認める）」という格言にふさわしい人を他には知りません。私たちの場合、彼女にはこのようなあり方しかないとすると、彼女が今耐えている内面の闘いは言いようのないほど難しいものなのです。私がその中に巻き込まれず、彼女の妹として共に悩むのであるなら、心やましいところもないわけですし、二人して悩みに立ち向かうことになり、彼女がこの課題を克服することには心理学的にも興味深いものがあることでしょう。「傷つけられる」よりは「恥をさらす」ほうがもちろん悪いのは、後者には英雄的なものがまるでないからです。ああ、彼女のことを考えると、本当に胸が締めつけられます。彼女を助けることができないのですから。

彼女に宛てた私の手紙を、彼女でなくあなたが持っていて良かったです。きちんと答えたかったがゆえに、自分だけで考えてしまい、彼女があなたについて抱いているかもしれない考えを、ああでもないこうでもないと、想像をしていたことは恥ずかしく思います。なぜ私にはあなたが、とても繊細であるのに強く、そしてとても柔軟であるのに厳格に思われるのでしょう。すぐにでも会いましょうね。あなたはヒレヴィ・ミュラー＝ウリのところに泊まって下さい。彼女はとても口の堅い、賢い、楽しい女性です。私よりは少し年上です（煙草とお酒はちょっと飲みすぎるけれど）。アルベルト・ミュラー＝ウリは旅行中ですが、彼はヴィースバーデンで最も親切な人ですよ。一つだけ。あなたは正午に彼女と食事して下さい。全く遠慮は要りません。晩には私も加わります。もちろん私たちは昼間には会って散歩ができるでしょう。

愛する神よ、今日の天気が続きますように。楽しみです。

あなたのE

一九四二年六月二七日から、WFは四日間をヴィースバーデンで過ごした。ヒレヴィのもとでは、ピアノと休息が彼に与えられたと言ってよかろう。垣根越しに散歩する子供たちを眺めることもあった。いずれにしても、彼はEFの「心地よい現在」によって幸せだった。

七月一日、彼は作曲をするため、ポツダムに帰ってきた。オーケストラは演奏会のシーズンを終えていたのだ。

二人は八月十日あたりから、テーゲルン湖畔で二、三週間の休暇を共に過ごしたいと考える。バート・ヴィースゼーにあるタンネックは、WFの弟ヴァルターとその妻ヒルデガルト（「ヒルデ」）によって管理されていたので、前もって申し込まねばならなかった。EFはヒレヴィを連れ出すことになって、WFは作曲に多く時間をかけることができた。WFが死んだ後も、ココシュカ一家がEFを一緒にギリシャに行くよう誘ったりしていたので、休暇の過ごし方については変わりがなかった。EFとオルダは文字通りの休暇をとり、「オカ Oka（ココシュカ）」は彼の休暇を画業に使えた。そして当時のWFは音符で「描いていた」のだ。

一九四二年七月十六日のEFの手紙を読むことほど楽しいことはない。この（大変知的な）主婦、後のWFの妻は、彼女のヴィースバーデンでの仕事について書いたり、既にやって来てテーゲルン湖畔で作曲をしているWFを思い浮かべている。二人の役割分担も既に考えられていた。

EFからWFへ
ヴィースバーデン、晩
一九四二年七月十六日

最愛の人よ、

今日私の心は一日中晴れやかであったということを、あなたに話せて良かったです。主婦の最もありふれた仕事も、今日のような日にすると、とても気持ちがよいのです。

家事だけに関わっています。私は言ってみれば二人の人間を演じているのです。一人は、例えば丁寧に洗濯物を干し、ロープに付いている鍵に衣類の端を引っ掛けて、ピンと張るようにしたり、最も速く乾く位置を作り出したりしますが、もう一人は、あなたのことを思い、シーツをバタバタ鳴らす音が聞こえても、急に突風が吹き込んだ長い帆を思うのです。一人は言わば自分のために、無精してもう一人の勤勉さに便乗しています。煮物を作る時も変わりません。一人があくせく働いて手を青柴色にしていると、もう一人はその香を楽しみ、瞳はそれに満足している。例えば私が若者たちを呼んで、ゼリーの入った鍋を与え、彼らがそこから食べて信じられないくらいに汚くなり、本格的なアメリカインディアンに扮装するくらいになった場合がそんな時なのです。

最愛の人よ、私が書いたのは内向きのことばかりでしょうか？　しかし、そうであっても、あなたは私を理解して下さるに違いありません。笑われたくないから、同じようなことは、いずれにせよ誰にも書かないでしょう。とにかく、これは私にはどうでもよいことですが、そんな見かけは取るに足らないことでも、言いたくなる時もあるのです。

前の週はちょっと悲しかった。私の考えは、このように私からあなたへと流れ出していましたが、それが聞かれているという実感を持てなかった。私は自分を虚ろで衰弱していると感じました。内なる耳が聞こえなくなっていたかのような感覚でした。

この別離は大変に長く、あなたから手紙がないのが辛かった。今日、一通を受け取りました。封筒を手にすることからして素敵です。あなたがマリアについて書いている全てのことを、私たちはもっと良く話し合いたい。彼女は突然ヴィースゼーに姿を現すかもしれません。あなたの弟さんに対して、何か考えがあってのことでしょう。

ああ、こうして抜け目なくふるまうのは時折いやになります。ただあなたとだけいたい。それがとても嬉しいのです。

E

タンネックで共に休暇を過ごす計画は、数多くの障害に見まわれた。EFもWFも病気になったのである。理由は明らかにしていないが、一九四二年七月十七日、EFは寝込んでしまいそうなのに、それを知らせていない。「病気などないと言うことによって、私たちは病気を克服しているのです。その上、私はなんたって極めつけの楽天家なんです。」

少し後になっても、彼女は自分が彼によって妊娠していることを受け入れられなかった。WFの最初の手紙での反応はこうだったのだが。「君が電話で僕に言ったことに、心の底から感動している。愛する人、可愛い人よ。おそらくこれは運命の促しだろう。」

一九四二年七月二四日、EFは振る舞いの心得を伝えた。「あなたにぜひお願いしたいのは、マリアが私の妊娠について何も知らないようにしてほしいということです。そうでなくても、彼女は苦境にあります。その上さらに重荷を負わせたくないのです。もともとあなたには言うつもりはありませんでした。しかし、それは不可能でした。嘘をつくことになってしまうからです。あなたが何らかの違和感を知らせてくれたら良かった。その方が私にとって楽でもあるのです。私はすごく勝手なんです！　最愛の人よ、私は世界であなたのためにあり、この私たちにとっての新しい試練をよく耐えて、あなたを幸せにすることを望んでいます。あなたが私を幸せにしてくれたようにです。」

しかし、問題が生じた。EFは子供を授からなかったのである。一九四二年七月二七日、彼女はクリンゲンベルクからこう書いている。「私はとても嬉しいのです。なぜって今やこの運命を変える必要がなくなったからです。この運命は大変あいまいに表現されていますが、もともと望ましかったことを変えるなどというのは、私には全き苦痛となっていたでしょう。もちろん今ではヴィースゼーに行くのが、心から楽しみでなりません。」

一九四二年七月二九日、彼女はこう考えていた。「あなたのためにどんなに私が幸せか、そして今日電話で話した時はどんなに残念だったか、あなたはわからないのです。」そしてWFはこのことを後で確認することになる。「あなたの最新のニュースに満足しました。しかし、そもそも私は依然として悲しいのです。それについて、あなたは私を不快に思うでしょうか。」
彼女が一九四二年八月七日にタンネックで会おうとした数週間前に、WFはEFに、マリアに宛てた注目すべき手紙の下書きを見せていた。EFがその文言をほとんどそのまま受け入れたので、マリアはこれが彼の書いたものだとすぐにわかったにちがいない。

WFからEFへ
ポツダム
一九四二年七月

最愛の人よ、
君には、マリアにこんな風な手紙（大要）を書いてほしいのだ。

あなたの身になって考えてみると、よく理解できます。私からはそれについて何も言うことはできません。あなたはわかっているでしょうが、私には全てが難しくなってしまったのです。これは幸せな愛へと歩み入ることであるというよりは、むしろ私たち皆が見まわれている圧倒的な運命なのです。私の側からは要求を掲げたことはないし、今後も掲げることはないでしょう。あなたが要求してくるというのは、私はあなたの状況からすればとてもよく理解できます。あなたを知るからこそ、考えてもらいたいのですが、あなたの状態が内面からさらに危うくなり、問題をはらんでしまった今、公然と結婚し、社会を敵に回すようなことになれば、あなた方だけの問題ではすまなくなってきます。つまり、外の世界への配慮、私があなたから今までずっと感じたことのなかった配慮が欲しいのです。あなたが（感情を害されたからといって）今の状況を見ず、現実に即していない要求を掲げたりするのは果たしてどんなものでしょうか？

既に長い間結婚していたようなものだとあなたが思うことは、当然で正しいのです。しかし、今になってなすべきことは、申し訳ないですが、あけすけに言うと、あなた自身の内面より外の世界への配慮をすることではないでしょうか。（EFは「私があなたから感じられなかった配慮のことを言っているのです。」と追加している。）わかって欲しいのですが、あなたが現実を否定しても、それはあなた自身に不実であることになるのではないか、ということです。そんなことをしても長持ちする幸せをもたらすことはないでしょう。

あなたは昔のやり方にこだわりすぎていると思うのです。もしそれを私たち二人に課そうとしたら、私は今後身を引くしかないでしょう。私たちの間ではっきりさせられることがあるとしたら、彼です。私ではなくて彼のことです。私について、私の感覚については、あえて書きません。それは今のあなた自身の状態を私の感覚に置き換えてみるということが、あなたには期待できないからです。（EFはそれを削除し、代わりに「あなたが私の感覚に身を置いて考えることは期待できない」と書いている。）しかし、私はあなたの感覚に身を置くことはできます。だから自分を度外視したら、あなたの決心が正しいのかどうか、私にはわからなくなるのです。ただ、今まさに私はあまりにも関わりすぎているから、この件についてはもうこれ以上は言いません。

W

同じように感じてくれることを前提に、僕が君に代わって書けばこうなるだろう。彼女はまだ帰ってきていないが、僕も彼女に同じことを言う時が来るだろう。しかし、君はそれをできる。僕たちは彼女を、ありったけの愛情を込めて彼女自身へと立ち返らせねばならない。

最愛の人よ、今は僕たちが会うのによい時だ。君への抑えきれない憧れを感じる。心の中で君にキスをしよう。

ＥＦが流産を何とか乗り越えた後、ＷＦは彼女が期待していたテーゲルン湖からではなく、全く驚いたことにベルリンの聖ヘトヴィヒ病院から手紙を送ることになる。ＷＦとしては異例に長いこの手紙は、今後全てのことにとってとても大事である故に、これより「ヘトヴィヒの手紙」と名付けたい。

この手紙には、ＥＦに対する、この年老いてはいるがすっかり健康な男とやっていってほしいという告白が含まれている。重大なのは、さしあたり彼の泌尿器の問題だけである。それはしばしば彼の生活を邪魔し、多大の苦しみを与えた。ＥＦが彼との子を生んでいたら、ＷＦは難問を七月には解決していただろう。マリアと別れ、妻ツィトラ・ルントとの離婚をし、すぐにＥＦと結婚していただろう。

しかし、全てに時間がかかった。そしてＷＦの優柔不断が再び前面に出てきてしまう。彼の感情はやっかいな分裂を示していた。こうした人間関係は絶えず確かめられ，慎重にその深さを測られるべきものだった。愛というものはそこにもここにもあるべきものだ。そしてそこよりもここの方がもっとたくさんあることだってあるかもしれない。昔のことをマリアに感謝していたはずが、その気持ちはＥＦの愛の奇蹟でさっぱりと清算されてしまったのだ。

ＥＦにとって、そしてマリアにとって―いずれにしても彼にとって―この状況は、そもそもどんな種類の「仕事」も手につかなくなるに違いないようなものだった。

ＷＦ、マリア、ＥＦのトリオは―そう言ってよければ―本当に古典の名作のようなドラマを育んでしまった。これを舞台作品に仕上げてくれる作家はどこかにいないのだろうか。

ＷＦからＥＦへ
ベルリン、聖ヘトヴィヒ病院
一九四二年八月六日

最愛の人よ、

電話を申し込んだ。話ができるとよいのだが、無理なら電報を送る。今夜はすぐにでも手術をしなければならないと思っていた。金曜日にミュンヘンへ飛べると思う。君に会うのは期待できない。最初から医者が来ていて、その間は我慢しなければならない。ずっと前からすごい苦痛を僕に与えているのは尿管結石なのだ。しかし、医者はこれが手術しないで取り除かれることを、いずれにしても手術を延期することを望んでいる。

その他の点では僕は健康で、もしこの病気さえなければ、いつもと変わらないのだ。君だって尿管を患っている人を抱えこむのは嫌だろう、最愛の人よ。

前にはとてもわずかしか君に書けなかった。この病気でとても辛くて(尿管の状態はぞっとするような恐ろしいものだった)、心配でならず、本当に不幸で病んだ感じがしていたが、このことは誰にも言いたくなかったからなのだ。それからマリアのこともあるし、おそらく僕が、君にすぐに会って、直接二倍も三倍も全てを打ち明けられるという希望を持っていたからね。

この希望を僕は持っていたが、それでもここ病院では、君に書くことよりも良いことがあるだろうか! たとえ君にあさって会うとしてもだ。僕はちょうどフレーダ・レッヒェンベルクに、医者に先んじて、金曜日に飛行機を予約するよう頼んだところだ。うまくいけば日曜日にはヴィースゼーにいることだろう。

今しがた医者が来た。彼はよくわかってくれた。飛行機に乗れれば良いのだが。ああ、最愛の人よ、君にすぐにでも会いたい。

マリアについて君に説明しないといけない。僕は彼女によってもたらされた惨憺たることを耐えてきた。しかしこれだけは言えるのだが、僕は彼女が本当に好きだから、惨憺たることでもそれを避けようとしてきたし、二人は腐れ縁になっているがゆえに、今日か明日、僕は彼女に別れを言わねばならないだろう。言葉が持つ最も真の意味において、僕は彼女から無限の祝福を受けてきた。そして彼女の僕への愛は、常に正当であり偉大であるがゆえに、それを神からの賜物であるかのように感じている。センチメンタルな人では全くないのに、彼女は先週ザーローで激しく泣いたんだ。ずっと彼女は涙に暮れていた。あの涙は彼女の内奥の本当の愛からのものであるとわかったのだ。しかし、それでも僕の心は—僕自身驚いたことに今にも言ってしまいそうになったが—一瞬たりともそのことでは動揺しなかったのだ。どんなに酷くそのことで悩んでいても、いつも感じていたのは、君への僕の愛は神聖なもの、何か新しいもの、浄福への萌芽なのであり、一方マリアへの愛はそれとは違う種類なのだということだった。僕を君と結び付けているのは、もっと奔放で歓呼をあげる未来であるということだ。

君に話せば、おそらくわかってくれるだろう。僕がいかに多くの歳月をマリアとつながっていたか、君にも知ってもらわないといけないからね。道徳や正義に照らして考えれば、僕は彼女を、彼女からの愛を、そして彼女への愛を、全て犠牲にしているということになるだろう。そして僕は、自分が不正をしているということもわかっている。彼女にはっきり話し、よくわかってもらえているのは、彼女がそのような犠牲を全く望んでいないし、そんなことがあってはならないということだ。僕らの間にあるものは、力で抑圧されてはならない。なぜならそれは現実に生きている生命だから。抑圧は報いを受けずにはすまないだろう。もし抑圧してしまえば、これは解決させられず、望もうと望むまいと、おそらく僕が自分に対しても、感情に対しても、特にマリアに対しても負い目を感じてしまうだろう。その負い目は、今まで純粋で明晰だった、僕のマリアに対する関係を曇らせ、結局、彼女自身の価値を奪ってしまうだろう。

既に僕たちが話したようになるに違いない。もし僕たちの関係が、今日このように感じられたとしたら、それは結局僕自身にとっての未来なのだ。そして、もし君にとってもそうであるなら—それはいつもいくらか気がかりだが—僕たちにとって進むべき道は明らかだ。

僕がまだザーローにいて、君が爆撃について語った時—後で君に白状することになるが—、僕は君をテーゲルン湖に招こうとしていたのだ。それ以外にはなにもせず、それを神の摂理と考えていた。僕自身は最悪の場合の離婚手続きを急いで進めていたのだ。十二月末までには間違いなく自由な身になるだろう。

今や僕が現実に悲しみを覚えたのはそれではなく—つまりそれは君への際限のない愛情によって僕が最初に抱いた感覚なのだが—、僕たちは最初の計画を実行し、ある程度の時間きちんとそれを試したい。つまり、僕たちの直感通りいくかどうか、また、現実を克服するという見込みを持つことができるかどうか、ということだ。僕自身はこの試験がうまくいくと思っている。しかし一度既に僕が変わってしまうという、うさんくさい経験をした。君の方でも、もう一度試すという機会を持つべきだろう。なぜなら君は、一人のずっと年上の男と結ばれようとしているからだ。根本的な試験が君にも必要になっている。僕は君に全ての事柄についてマリアと一切話さないよう勧めたい。今それをするのは何にもならない。彼女はライオンのように好戦的で、もはや最初に僕が考えていたよりもずっと必死になっている。君たちが例えば今直接話し合ったとしても、今の時点ではもの別れに終わるに違いない。

彼女は君にいくつかの点で良くないことをしているが、僕がその点で彼女をたしなめることができなかった一番の原因は、僕がもともと罪深いということだ。何より彼女が君によって気分を害しているのは、結婚したいという彼女の願望が外的な表面的な理由から来ている、と君がしゃべったということなのだ。彼女の状態を批判する権利は君にはないだろう。たとえ、彼女が僕を「患者」と見すぎている、と君が思っているにしても、それは許されない干渉になるのだ。

率直に告白しよう。彼女が君に悪く思っていること全てが、君ではなく僕に起因するということを、彼女に言う勇気が僕にはないのだ。僕が君に書き送り、そのまま君が自分の手紙の中に挿入した文章のことだ（僕は今それの大意は言えるが、文字通り思い出すことはできない）。せいぜい、僕は彼女をなだめることしかしてこなかった。どうして君は、そのような気分になってしまったんだろうね。

僕が彼女には自分からは何も言わなかったということは、確かに良くはなかった。しかし、君はわかってくれるに違いない。もし言ったら、それは彼女にとって、あまりにも恐ろしい幻滅になってしまったことだろう。いつの日か彼女にそれも話すことになるだろう。最愛の人よ、ただ君にお願いするのは、この時点では彼女に本当のことを言わないでほしいということだ。もし言わねばならなくなったら、その時は、僕に任せてもらいたいのだ。誰が言うのかというのは根本的にはそんなに重要なことではないだろう。

もちろん、君たちの間にあるこの気まずい雰囲気は時間をかけて改められねばならない。何らかの決着をしても、いずれにせよ、君たちの間で直接の必然的な競争がなくなっていないなら、そうしないといけないと思っている。しかし今は、どんな方法であれ、議論することは君たちの間では全く意味がない。そして、僕は次の時には、君の立場での議論を絶対に避けるだろう。結局マリアは議論を求めないと僕は思う。

最愛の人よ、ずいぶんたくさん書いてしまった。とっくにまずいとは思っていたのだが。神の思し召しがあれば、近く会えるだろう。君を愛しているという感情は、僕には最初の日と同じように言い得ないほど甘味だ。最後には、僕たちのヴィースゼーで過ごした時間が、二人にとってさらに素敵なものになるはずだと考えている。

さようなら、最愛の人よ。

W

「ヘトヴィヒの手紙」からまるひと月がたった。EFとWFは三週間を（WFの弟家族、そしてEFのスウェーデン人の女友達ヒレヴィと）タンネックで過ごした。二人はお互いに向き合うことができたので、今や具体的に―しかし外に向けてではなく―結婚について話し合われたのである。WFは一軒の住まいを求めて、再度ポツダム市長と会おうとしていた。「僕はマリアをまだ失ってはいない」と彼はタンネックから書いている。EFは既にヴィースバーデンの彼女の子供たちのもとにいた。「僕は彼女に書くだろう。でもまだ手紙は書いていない。まずこの仕事を進めないと。」マリアは実際にはWFとの結婚をもはや望んでいなかった。しかし、彼女の妹との結婚がすぐには行われないよう切に頼んだのである。それは妹にとって「ずっと大きな侮辱」となるからだ。

しかし、このことは世間やEFの家族に面目を保たせることにもなった。WFはまず姉妹の一人と、それからもう一人と関係を持ったということ、これを全ての者がまず受け入れねばならなかった。兄弟たちはマリアをできる限り助けたが、EFを軽蔑することは決してなかった。「フラウヒェン」はWFを愛している時でさえも、常に愛されていた。もっとも、WFには再びマリアのもとに戻るようにという忠告はあった。

手紙では感情の吐露だけでなく、驚くべき戦争の出来事がたびたび登場してくる。EFは一九四二年九月二日にヴィースバーデンからこう書いている。「空襲警報の間は家から出て、焼夷弾を警戒しないといけません。マインツは悲惨で気を滅入らせるような光景です。汽車から眺めただけですが。専門家の判断によると、ロストックはさらに破壊されているようです。でも私自身の感情は平静を保っていて、愛する神への信頼で満たされています。昔の人々がそうだったように。そもそも恥ずかしいので、このことを他人には全く言いたくないのです。彼らは私を笑うでしょうか。しかし、そんなことは私にしてみればささいな、無意味なことなのですが。」

同じ九月二日に、WFはEFに宛てて書いている。「僕は君と関って、初めて結婚の神聖さをわかったという感じを持っている。」今やマリアへ書いた手紙でも、彼が最終的に彼女から別れようとしていることは明らかだった。「僕は血を吐く思いだが、仕方がない。」

WFは彼自身の作曲の仕事のため、さらに時間を得ることになる。一九四二年九月八日、彼がタンネックからEFに宛てて手紙を書いていた時、ベルリン・フィルは既にポーランド、ルーマニア、ハンガリーへの演奏旅行をしていた。これらの占領国で指揮をしたのは誰だろうか？　ハンス・クナッパーツブッシュである。またもやナチ政権に対して、ＷＦは反抗したのであった。

ＷＦからＥＦへ
タンネック
一九四二年九月八日

最愛の人よ、

マリアから断りの手紙が来た。彼女は結局手紙では、僕よりも体面をうまく保っている。僕はもうこれ以上の返事はできない。昨日突然に僕に起こったことには本当にびっくりしている。最愛の人よ、今や僕たちは一緒に新しい生活を作り上げねばならない。どんな困難があってもだ。僕たちの愛さえあれば大丈夫だ。僕がまた健康になれば―神の思し召しがあれば体はもとに戻るだろう―心配はない。それまで僕たちは静かにしていよう。全てのことについて、なるべく話さないようにする。これからもそうであり続ける。マリアも何かをするだろうが、それは彼女の勝手だ。僕が彼女についてとても悲しい思いをしているからといって、悪く思わないでほしい。僕は彼女をとても愛してきたが、最近はとても苦しんでいる。でも、今や僕たちは未来を考えねばならない。

僕はハイデルベルクへ出かけることになるだろう。もし君が二十日にここに来られるなら、すばらしいのだが。今回はタンネックに泊まったらどうだろう。いつ、そしてどのくらいの間来られるか、すぐに知らせてほしい。僕が母親のためにもそこにいなければならないハイデルベルクよりも、ここのほうがよいだろう。僕たちはいっぱい話し合うことがあるのだから。ヒレヴィによろしく。彼女から手紙をもらったのには感謝している。すぐに返事を書くつもりだ。最愛の人よ、心の中で君にキスをしよう。

W

ＷＦはタンネックでいっそう熱心に作曲に励んでいた。手紙が短くなっているのは、彼の健康がしばしば悪化したからである。電話は頻繁に音声状態が悪くなりがちで、うまく通話ができなかった。ＥＦは常に新たに、彼のイメージを失わないよう努力しなければならなかった。はっきりしているのは、五番目の子供が彼女にとっては明らかな「愛の証」になるだろうということだ。

ＥＦからＷＦへ
ヴィースバーデン
一九四二年九月九日

最愛の人よ、
あなたから愛されていると私が感じられるなら、たくさん書いていただく必要はありません。あなたからの最新の手紙はいつも私のベッドに、枕元にあります。バルバラ・ケンプは大声で言います。「フルトヴェングラーは五人！も子供がいる女性と結婚するようね。」あまりはっきりと彼女が言うので、隣のレジー・ヨースにもそれが聞こえたほどです。あなたはどう思いますか。五番目の子のために私たちは一緒に頑張らねばなりません。
この出来事の舞台は、ティロルのハルデン湖。時々、他の人々のほうが私たちよりも多くを知っているような感じを受けます。あなたに会いたくてたまりません。なんとなくあなたのことが心配なのです。すぐにでもまた電話を下さい。
あなたのＥ
あなたと会う日が来るのを指折り数えています。

一九四二年九月末から十月初めにかけての一週間、ＥＦはＷＦを再度タンネックに訪ねた。その総括を彼女は一九四二年十月二日に、彼からの手紙の入っていた封筒に急いで書いている。その封筒には―何とよりによって―ヒトラーの切手が貼ってあった。「この八日間が今までで最もすばらしい休暇であったのは、あなたの優しい加護と世話のおかげです。外的な事を数え上げるだけでもたくさんあります。あなたの芸術とファンタジーになんらかの影響を与えてきた様々な満足、例えば、バラエティに富む上等なマーマレードや、あふれんばかりの色とりどりの花束のことです。全てのものの背後にはあなたの暖かい人間性がありました。感謝しています。私たち二人がいっそう親しくなり―そう思えたのです―理解しあえた日々を、心から嬉しく思います。」

もしWFにおいて、マリアとの関係が最終的に清算されたと考えるならば、それは誤りである。家に帰ることはほとんどなく（「このベルリンは恐ろしい」）、彼はEFに書いた。「マリアとの間はとても難しくなっている。彼女は悩んでおり、僕も彼女とのことで悩んでいる。それは同情からではなく、僕が彼女を愛しているからなのだ。しかし君は安心してほしい。もともとの方針は揺るぎないし、僕は「矛盾」してはいない。」（一九四二年十月十七日）

もし彼らがヴィーンで再会したとしたら、EFは勇気を持って明確に彼女の立場を説明することができただろう。実際に人間として話し合えば、年齢の差やWFの偉大さへの畏怖は、彼女にとっては（もはや）問題ではなかった。この手紙によって、彼女は彼の立場から考えようとしている。そして、どんな女性を新しい結婚相手として選び出していたのか、WFはようやく悟ったのである。

EFからWFへ
ヴィースバーデン
一九四二年十月二十一日

最愛の人よ、

自分が愛している男性が、別の女性をもっと愛していたということを知っています。でも、マリアは苦労人であり、とても、とても優しい人なのです。きちんと考えるならば、全てが適切であるというわけではありません。私は彼女に不正はしていませんが、彼女は私を、あなたを得るためにあわてて犠牲にしようとしました。今それがはっきりとわかります。

私たちは結婚について話し合ってはいない、と約束通り彼女に言って下さったのは良かった。私はおそらくヒレヴィを除く全ての人に―彼女があなたに好意を寄せなくなっては困るので―私たちはただ仲が良いだけであると言うでしょう。愛についても何も言わないでしょう。ヴィーンやベルリンに旅行することもないと。私はいつもクリンゲンベルクにいますが、クリンゲンベルクの人は口が固いのです。

あなたは家族のことを考え過ぎるべきではありません。考え深くて、私とマリアに優しくし、人の噂をあちこち言いふらしたりするのには興味がなく、全てを赦す、それが人間というものでしょう。しかし、マリアと彼女の身内が付き合っている人々は、友情を結んでいるにも関わらず他人の不幸を喜び、うわさ話が好きなのです。彼らはマリアを密かに笑っていて、同時に私を罵っています。そして他の人たちは、あなたを巡って二人が争うのを喜んでいます。

もしマリアと私が今話し合うなら、私は彼女にはどんな点でも負けはしないでしょう。私は自分の愛とそのための権利を今までより強く感じています。そして私は純粋な良心を持っているのです。彼女に対して何の隠し事もないからです。

しかし、もちろん私は彼女のような英雄的な風格を持っていません。私はそれほど逞しくはないと言ったことがあるでしょう(真面目な手紙では何か滑稽なことを書くのは良いですね)。

あなたが私を正確に知っているということはわかっているので、心からお願いしたい。彼女にはあなたが私と何度、いつ会ったというようなことは言わないでほしいのです。私については言わないで下さい。彼女が私に優しくしてくれないからです。聞いたところによると、彼女は私を徐々に憎み始めているようです。もしこれが彼女のためになるなら、私は満足したでしょう。しかし思うのですが、否定的なものが人を元気にするとしても、それはほんのひとときです。私を守らないで下さい。私の心にかかっている唯一の大きなお願いはこれです。

しかし、何かが絶対に必要で、このことは現に彼女への配慮をすることに他なりません。あなたは彼女から徐々に離れて下さい。私たちの結婚を問題にしないというあなたの保証は、彼女には結局新しい希望の光明になってしまうからです。徐々にです。もちろん、あなたが彼女と結婚し、古い絆を復活するということではありません。

もしあなたがそれを望まないなら、彼女と毎日のように電話するのは止めて下さい。どんなにそれが深刻なことになるか、私には正確にわかります。いつの日か、真実を語るという踏み出しが必要になるでしょう。そこから全てが始まるのです。もしあなたが友情に留まり、彼女があなたの行為に干渉したりそれについて知ろうとしなくなるなら、全てはもっと簡単になるでしょう。彼女はすばらしい人間ですが、私の忠告に従うのは難しいでしょう。

実際に最も優しいのは誰かわかりますか。それはあなたです。あなたは全てを理解し、共に悩み、他人のことを深く洞察しています。すなわち、他人は幸せにしてもらったのに自分ではそのことを理解していないのであり、あなたは損するつもりはなくても、どこであれ結局あなたが不誠実であると噂になったりするのです。たとえその人が、いかにあなたからそれを心配してもらったか、自分ではわかっていたとしてもです。

しかし、いろいろな考え事はもう終わりにします。私たち二人の方向は同じです。この続きはヴィーンでお話ししましょう。グランドホテルからはまだ何の知らせもありませんが、彼女は明日の早朝にはそこにいるはずです。

この全く長い手紙で大事なのは一つだけ、つまり私たち二人です。それについて考えると、私はとても落ち着きます。そしてすばらしい感情に満たされるのです。日常で私があくせくしているのは、無意味で些細なことばかりです。

私があなたの近くにいて、あなたに優しくしてあげられたらと願っています。

あなたのE

一九四一年から一九五四年までEFとWFとの間に交わされた五百通の手紙の中で、反ユダヤ主義やヒトラーの不当な国家への支持の表明など、センセーショナルで政治的な暴露が見出されるのではないか、と我々は考えてみることができるかもしれない。しかしそれは全く裏切られる！　マリアとの愛や悲劇的な葛藤、そして健康の問題が完全に前面に出ている。WFはカラヤンとは全く逆に、自分の経歴を第三帝国において作っていない。彼は既に一九二二年に、つまりヒトラーの『我が闘争』が刊行される前に、ベルリン・フィルハーモニー管弦楽団とライプツィヒ・ゲヴァントハウス管弦楽団の首席指揮者であった。ドイツ最高の指揮者として彼が終戦まで証ししたかったのは、ドイツに留まることが報われるということであった。そして、それは実際にうまく行ったのであるが、SSのテロとユダヤ人迫害に対して文化を守ろうとした彼の行為は、ヨーロッパと全ての文明世界にとって明白に理解されねばならなかったのだ。

彼のおそらく「微妙な」見解がドイツ音楽には役立ったが、個人的にはむしろ傷付くことなったということは、彼の遺稿が示している。しぶとい敵意と、自分の性格への誤解を、彼は頑張るほどに被ったのだ。

往復書簡の日常に話を戻すならば、政治的な出来事に触れるのはほとんどいつもEFである。「一日中、政治や戦争のニュースで憂鬱になっていました。総統の演説も、再度注意深く読んだのですが、気が滅入ります。」(一九四二年十一月十日)「ゲッベルスの演説をちょっと聞いています。今本当に戦い抜くということが大事であり、自分のまいた種は自分で刈り取らねばならないということです。」(一九四三年二月十八日)「もしこの忠告が子供っぽく思えるとしても、あなたには落ち着いた時間を過ごしていただきたい。私といる時よりも素敵な休息をして下さい！　あなたはおそらく一年は退くべきです。再びそこに戻った時、本当に彼らは喜ぶでしょう。」(一九四三年七月六日)

さて、WFは激しい肉体の苦痛と戦っていた。彼はスイスでの演奏会に招かれていたが、だんだんと出演が危ぶまれていた。「何もいらない、ただちゃんと奏でてくれ」という標語に従って、彼はオーケストラに自分の誕生日の話はしなかった。しかし、EFがこの日付を忘れてしまっていたなどと、どうして彼が信じられただろうか?

WFからEFへ
スイス
一九四三年一月二五日(僕の五七歳の誕生日に!)

最愛の人よ、

何より伝えたいのは、手術が行われるに違いないということだ。すぐにだ。チューリヒに外科医の従兄弟がいて、この事例には最高の執刀医の一人と共に仕事をしているから、僕はここでそれを内々でやってもらおうと思っている。入院は二、三週間で、さらにいわゆる後療法は数週間かかる。それはまたドイツで（たぶんヴィースバーデンで？）行うことになるだろう。これら全てのことを決心するにあたっては、延々と考えたんだ。それを書くにはあまりに長くなってしまうだろう。

はっきりしているのは一つのこと、つまり僕たちが共同生活をするために健康になるということだ。そして、正確にわかった今では、この希望を捨てないでも済むだろう。ドイツに戻る前に事が進めば、それを君にはそのまま伝えるつもりだ。とにかく心配しなくていい。全く危険でないと僕が言っても、それは正しくないだろうが、当然そう希望してよいのだ。ああ、最愛の人よ、昼も夜も君の事を思っている。もともと二月の中旬まで指揮などの予定が入っているが、それは危ぶまれている。それに僕は今とても疲れている。こんな生活はこれ以上できないし、自分の運命を引き受けなければならない。

僕が、公の人間として、ここで多くの好奇心を比較的抑えているというのは、よいことでもあろう。そして僕がそうしたように、君も慎重でいてくれ。君は何も気付かせてはいけない。誰ともこれについては話さず、神と我々の運命を信じ、僕をますます愛してほしい。僕がしているようにだ。

君が僕の傍にいると想像することは、今の最大の慰めだ。僕は君についてたくさんのことを考え、想像の中で君とたくさん話す。特に夜（今はいつもとても具合が悪い）はだ。ここでは夜な夜な君へと抱いている愛のほんのいくらかでも表現できたらと願っていたのだ。最愛の人よ、ごきげんよう。さようなら。

いつも、いつも

君のW

マリアを巡る問題は完全に背景に退いてしまった。彼女とWFの間には子供はできなかった。EFが子供を作ることで自分を彼に売り込もうとしたというのは、全く考えられないことである。なぜなら、二人は本質から成り行きを理解していたからだ。彼女は既に一度彼によって懐妊したが、子供は産まれなかった。愛だけが、その後の道を示していた。一九四二年十一月十五日、彼女はヴィースバーデンからこう書いている。「あなたのことをさんざん考えねばならなかった今晩、まさしく気付きました。私の理解しているどんな付属物、つまり習い覚えたことや、批判や皮肉が抜け落ち、私はただ一人の愛する、憧れる女性に他ならなくなっているのです。そしてこんなに激しく女性として愛することができるのは、特別に幸福な気持ちでした。私の最愛の人よ、あなたが私のもとにいたら、子供を授かっていたでしょう。」

ＥＦは繰り返し胆石疝痛を嘆いていた。「昨日はクリスマスのガチョウを平らげました。ものすごくおいしくて、たくさん食べ過ぎてしまいましたが、晩にもガチョウの脂をたっぷり塗ったパンです。それで今晩は胆嚢の調子が悪いのです。ここ五年はおとなしくしていたのですが、たくさん食べ過ぎてまた痛み出したのです。」（一九四二年十二月二十一日）

胆石疝痛と遅れている月経を区別するのを、ＥＦはいつもできているわけではなかった。「それは月経であるようには思えないのです。私の具合は悪いのですが、いつも良くなければならないものでもありません。もし、既に長くあなたが苦しんでいることを思えば、私のなどは全く取るに足りません。」（一九四三年初め）「私はできるだけ日々の仕事だけを考えたいのです。何週間も私は我慢してきましたが、十四日たっても月経が来ないなら、ようやくはっきりわかります。胆石疝痛とその後に続くものを考えることによって、私の自己診断はいくらか動揺してきます。」（一九四三年二月十八日）

そこでＷＦが一九四三年二月二八日の「悲劇的な手紙」をとにかく発送しなかったのは賢明だった。

ＷＦからＥＦへ
チューリヒ
ホテル「エデン・オー・ラック」
一九四三年二月二八日

最愛の人よ、

僕が今書くこと全てを、国境を越すまでは発送しないでおくほうがよいだろう。君は僕とむしろまず電話で話し、それからこの全てを読むのが良いだろう。しかし、一晩中君と心の中で話していたので、それを書きたい。

僕の人生を今や捉えてしまった不吉な方向において、君は僕の唯一の同僚であり、伴侶であり、僕の全く絶望的な愛が向けられている人間なのだ。そして、僕は君を愛することができる限り、君と話したい。僕は全ての事柄についてますます経験を積んでいる。あのジュネーヴの有名な同種療法医には、同種療法がこの病気の最初の段階でだけ─まだ「残尿」がない限り─有効であるということを言ってほしかった。そうなると、これはクレーブラット博士の見解には反している。にもかかわらず、この同種療法医をとにかく次の月曜日（八日後）、ジュネーヴに訪ねてもう一度話すことになっているが、まさに問題なのは、いかに手術が行われるかということだ。適切な医者を見つけないとね。

君のことを考え、そしてこの恐ろしい問題がなければ、人生が僕には何と美しいか、または美しくなるかということを考えていると、夢のような気がしてくる。最愛の人、最上の人である君よ。

今や僕はとりわけ真面目に死への準備をし、遺言状などを作らねばならない。しかし、こういうことをするのは、僕を待っている死を、生きながら考えることになって良いだろう。

最愛の人よ、ただ残っているのは摂理、天国の神に委ね、希望を持つということだ。

昨晩、僕は演奏会があったのだが、ベルリンには爆弾が落とされ、病院が壊されたと聞いたよ。

最愛の人、君にキスと愛撫を百万回しよう！

W

ＷＦの健康、そしてＥＦの妊娠への心配は、さらなる出来事に影響した。ＷＦは手術をさらに延期した。何人かの医者の意見に従って、彼の男性と生殖能力を維持させようとしたからである。もちろん、二人は大きな幸福の印として子供を望んでいた。ＥＦは一九四三年三月二日、ＷＦにこう書いている。「あなたは私よりもずっと理性的です。私は今もそれが全くどうなってもよいかのような気持ちでいます。」そして一九四三年三月三日には「今日は教授が電話をしてきました。陰部の検査はうまくいきません。彼は私が十四日くらい後に来るよう望んでいます。やはり実際、陰部は悪いみたいです。」少し後にＷＦはこう書いた。「今日は一日中、君が僕に言ったことが気になって仕方がなかった。君がそのことについては喜べないかのように僕には感じられる。おそらく、君はそれを運命の前兆のように感じているのだろう？　ああ、最愛の人よ、それがどうであろうと良いのだ。

とにかく言えるのは、一緒にいようといまいと君を同じように愛しているということだ。しかし、それが得られれば、僕が何となく幸せだろうということは否定しない。」「未知の読者」のために、「子供」という言葉を彼はそもそも避けていた。

マリアへの関係はWFにとって基本的には解決されていた。しかし、彼女の医学的な助言を、彼は全く無視したかったのではなかった。自身の問題に関して、彼は一九四三年五月十八日、全く不機嫌な手紙を彼女に書いている。しかし、これは発送されることはなかった。EFはこの手紙を前もって読んだのだろうか、その内容を非難している。「マリアへの手紙を発送しなかったのは明らかに正しいです。それは最良の結果をもたらすでしょう。」（一九四三年五月二十三日）おそらく、彼はマリアにはもう連絡するべきではなかったのだ。

保険会社社長ヒューブナーや法律家オストホフなど、彼の友人たちをめぐるいかなる考えも、彼には我慢できないものだった。しかしマリアは、シャルミュッツェル湖畔のザーローの家が誰に、つまり彼か彼女のどちらに属するべきか、という問題に固執していた。

WFからマリアへ
ポツダム
一九四三年五月十八日

親愛なるマリア、

君は現代の医師として、体を傷つけることになる手術を免れるという、僕の最も緊急の望みを、必ずしも「真面目」には受け取っていないね。なぜなら君は始めから（フーデポルとの同意のもとに）手術には反対でなかったからだ。そして、君がそれゆえに僕の戦いをそんなに「大変」ではないと受け取っていることは、君からすれば決してひどい「非難」ではないつもりなのだろう。僕が君に調子が悪いということを書き送り、君のところに行っても、それについては全く理解してもらえなかったということは事実であり、よくわかったよ。

このことで確かに僕は懲りてしまった。つまり困難にあっても、もはや君のところに行かなくなってしまった。これら全ては、僕が何度も自分の命と健康を君のおかげで救ってもらった過去とは関係がない。しかし今は、今日は・・・

君の手紙の他の部分に対しては、こう言いえるのみだ。物質的な問題についての議論をオストホフとヒューブナーに委ねることは、基本的には僕らにとって、そもそも考えられる最大の屈辱なのだ。彼らは僕らのことなどわかっていないのだ。オストホフは確かにいくらかはザーローと関係があった。しかし、ヒューブナーはない。君が望むようにすることだ。

ＥＦとＷＦの結婚式は、内々に準備された。それは一九四三年七月二六日にポツダムで行われることになる。新郎の側だけの人々の出席が望まれた。結婚立会人はズーゼ・ブロックハウス、カール・シュトラウベであり、それに彼の私生児の息子ヴィリが加わった。戦争と破壊の時代、二人の姉妹の間の困難な状況は、内輪でも公でも祝福されようがなかった。それに他にも、ＥＦの妊娠とＷＦの手術という二つの問題が解決されていなかったのである。

これら全てのことにもかかわらず、ＥＦは幸せな花嫁であった。

ＥＦからＷＦへ
ヴィースバーデン
一九四三年六月十三日

最愛の人よ、

聖霊降臨祭の日曜日の早朝、まだ七時になっていません。雨戸を閉めていませんでしたので、太陽の光が既に隙間から差し込み、私を目覚めさせたのです。まどろんでいた私の頭に最初に浮かんだのはあなたでした。すると心はたちまち暖かさで満たされ、腕はあなたを抱こうとしました。私は急いで筆記用具を持ってベッドにうつ伏せになり、あなたに手紙を書いています。あなたを愛している、と既にあなたに数え切れないくらい書いていることを書くのです。

そもそも知っていますか。あなたを思う時、まさにあなたの名前を思うのです。私は、ヴィルヘルム、と優しく言う。あなたや他の人がいる時にはあえて言おうとはしません。いつも言いたいのですが不安なのは、もし私がそれを実際に、またそのように周りにも言うことができても、それがどう響くかということです。既に一人で試してみました。

愛するヴィルヘルム、それを言う時、私の心は張り裂けそうになります。あなたが私を名前で呼ぶ時、同様の、または似たことが私に起こります。しかし、同時に驚き、羨ましいのは、あなたはそれを当然に言うことができるということです。一年前のある祝日を思い起こします。もちろん一年前の私たち二人のことを考えているのです。あなたはちょうど聖霊降臨祭の祝日の朝早く、私に電話をくれて、あなたが決意を固め、私たちは結婚するだろうということ、そしてそれをとても短く私に書き送るだろうと言ってくれたのです。

後で、その時の手紙が見つかったかどうか知らせます。何という戦いが、有難いことに私たちの背後にあることか。でも、これは私たちの愛にとっては決して良いことではありません。私たち二人が予感してきたものは、今までは（あなたは私の慎重さを知っています）真実でした。

そうこうしているうちに、二人の最も若い子供の声が庭から聞こえてきました。ペーターが桜の木に座っているのでしょう。「僕にもいくつか投げて落としてよ」というクリストフの声が聞こえるからです。桜の実は私の見るところまだ熟していません。なぜ子供たちは辛抱できないのでしょうね？

しかし、あなたも共に我慢してくれるのではないかと、私は思っています。これは全て愛、私たちの愛のゆえなのです。とにかく以上、説明申し上げました。

今や私たちは一緒に生活することができるよう努力しなければなりません。子供たちや住居などの困難もあることはよくわかっています。しかし、いかに多くが既にこの一年で解決されたかを考えれば、気持ちは楽になります。

さようなら。神様がお望みになるなら、六日後に、もしあなたがこの手紙を受け取っているなら、もっと前にまた会いましょう。あなたのE

WFからEFへ
ライヒェンベルク、ヴィンタートゥール
一九四三年六月

最愛の人よ、この手紙が検閲で遅れたとしても、君のもとにあることを願って書いている。

外科医のザウアーブルッフ教授と列車に乗った。同じ寝台車だったが、彼と長い間語り合った。もちろん僕の病気の話になり、彼は悪い観測をもらしたのだ。もし僕が手術をためらい続けるならということだが、彼の話は非常に説得力があったので、ベルリンに帰ったら、すぐに精密検査を受けることを決めた。

手術をすることにはまだ何となくためらいがある。（とにかく彼は、生殖力を残せるという可能性は八十パーセントくらいで、全ては「バラ」色だと言うのだ。僕には信じられない。）

しかし、おそらく実際は手術をするのが一番良いのだろう。これが最終的な解決になるからだ。だが、まだクレーブラット博士とも相談している。もし手術を受けるなら、全くの秘密裏に行うのだ。君だけがそれを知っていてよいが、手術がうまくいってから僕の所に来てほしい。

昼も夜も君のことを考え、愛している。

近いうちにまた書く。

W

WFは最初の妻ツィトラ・ルントと一九二三年以来結婚していたが、六年後には別居し、今や離婚することになった。五七歳で彼は二度目の結婚をすることになる。

一九四三年七月二六日、EFがポツダムに入籍するために行った時、彼女は三十二歳の戦争未亡人だった。彼女にはハンス・アッカーマンとの最初の結婚でもうけた四人の子供がいた。すなわち、十一歳のペーター、八歳のクリストフ、五歳のカトリン、そして二歳のトーマスである。彼女のヴィースバーデンの家は、戦争末期にアメリカ軍に接収されるので、五人の家族にとっては帰る家がなくなってしまうことになる。

今日の常識からすると不可解なのは、一九四三年六月二十三日にEFが、完全な断念の誓約書を書けたということである。彼女のWFとの二度目の結婚は、空中ブランコのような、勘頼みの飛躍であった。全てこれらのことを、EFは良くわかっていた。

ここに私は、ヴィルヘルム・フルトヴェングラー博士が別居や離婚を望むならば、全く異を唱えず、どんな金銭上やその他の方法による要求をすることなく、逆に彼の望みが無条件に遂げられるためには何でもすることを誓います。

ヴィースバーデン　一九四三年六月二十三日
エリーザベト・アッカーマン

戦争中ゆえに、新婚旅行を考えることはできなかった。WFにとって優先されたのは指揮者としての職務であり、EFにとっては家探しであった。ポツダムとヴィースバーデンは候補にならなかった。オーストリア、アハライテンの小さな城が提供された。結婚式直後の秋には、WFによるヴィーンからの二つの覚書がある。「僕はたくさんの仕事を抱えている。しかし微かな空虚さと悲しみの感情にいつもさいなまれている。まさに人をとても消耗させる指揮という仕事が、この感情を僕の中によみがえらせるのだ。君がそこにいてくれれば、違っていたかもしれない。愛する人、最愛の人よ。僕はそもそも一度は結婚したわけだが、今まで知らなかったこの新しい幸福な状態を楽しみたいのだ。」

彼がこの手紙で後ずっと書いたことは、ただEFの妊娠に関することである。「君が数日間ベッドに臥しているのは、確かに良いこと、必要なことだ。しかし、それから君はまたベルリンへ行き、シュミット博士と話してほしい（彼はまだいくつか君との予定があった）。君は彼と何ヶ月も会っていない。そして最高なのは僕とヴィーンへ《トリスタン》のために行き、それからアハライテンへ行くことだ。」
少し経って、WFはヴィーンの「ホテル・インペリアル」からも書いている。「今朝の知らせにとても悲しい思いだ。何となく僕は希望していたのだ。最愛の人よ。」

この手紙の追伸は、多くの音楽愛好家を驚かすだろう。「ヴィーンでの演奏会はなかなかのものだった。それに僕は不倶戴天の敵リヒャルト・シュトラウスと同じテーブルについたのだ。僕の外交官としての進歩に、君は何と言うだろうか‼」

リヒャルト・シュトラウスがWFの「不倶戴天の敵」だったなどということが信じられようか？　WFはシュトラウスの交響詩（《英雄の生涯》《ドン・ファン》《ティル・オイレンシュピーゲルの愉快ないたずら》《家庭交響曲》）をすばらしく指揮し、また多くのオペラ（《エレクトラ》《ナクソスのアリアドネ》《サロメ》）を好んでいた。《四つの最後の歌》を彼はロンドンで初演し、一九四八年には死期の迫ったシュトラウスをモントルーの養老院に見舞っているのだ。

WFは作曲家としてのシュトラウスの業績を賛嘆したが、人間としての彼とは和解できなかった。二人の間には何が起こっていたのか。

一九三四年十一月二五日、WFは「ドイッチェ・アルゲマイネ」紙において、ヒンデミットを強く擁護したために、ヒトラー政権は紙上で本格的な波状攻撃を彼に対して行った。ゆえにWFは全てのベルリンでの役職を辞任する。十二月五日、十日、彼は罷免証明書を受け取り、今や彼の「楽器」であるベルリン・フィルと国立歌劇場を失ったのである。ゲッベルスは十二月六日、WFがまだ副総裁を勤めていた帝国文化院の前で弁明の演説をした。しかし、帝国文化院の総裁で、作曲家・指揮者のリヒャルト・シュトラウスは一九三四年十二月十九日、ゲッベルスに宛ててこのような電報を打ったのである。「すばらしく洗練された演説に対して心からお祝いと賛意を送ります。誠の尊敬をもって　ハイル・ヒトラー！　リヒャルト・シュトラウス」　一九五三年三月五日、WFが秘書のアガーテ・フォン・ティーデマンに「・・・リヒャルト・シュトラウスが僕の辞任に関してゲッベルスに送った忌まわしい電報・・・」と書いた時、私たちは当時シュトラウスが彼を突然裏切ったということと、WFがシュトラウスを実際には終生「不倶戴天の敵」として考えざるを得なかったことを知るのである。

一九四三年の秋に戻ろう。病気をしたために、WFには結婚する前に時間の余裕がずいぶんあった。従兄弟からの提案によって、彼はスイスで何人もの医師、すなわち同種療法や逆症療法の医師のやっかいになる。ＥＦへの彼の手紙はしばしば何日も何週間も遅れてヴィースバーデンに着いた。ナチスが中味を検閲していたからである。彼らは全ての手紙を開けて読んでいた。手紙に差出人を規則通りに書かなければ、着かないことも多かった。添付された紙片によって差出人の「違反行為」にクレームがつくのは、まだよい場合だった。

ＷＦは差出人の名を記さずに手紙を書くのを好んだ。彼にとってＥＦへの手紙は私信であり、他人にさとられないために、ただ「Ｗ」と署名した。彼は基本的に文書の形では政治的な発言を控えたが、これは抵抗の闘士であったディートリヒ・ボンヘッファーに似ていなくもない。信頼できる人ならば、いかに彼が考えているかを知っていたが、そうでなければ、全く知りようもなかったのである。

「ヘトヴィヒの手紙」以来、ＥＦには夫の健康が最大の心配事になった。彼女はそれを重大なものと感じていたので、彼の失望を解消することはできないまでも、和らげようとした。「あなたは堂々巡りする自分の思想や考えによって苦しんでいるのでしょう。その結果はもちろん不眠症であり、その他の症状にもなっているのです。願わくば、リヒター博士女史がすぐにあなたのもとへ行き、あなたを助けますように。しかし、主たる助けをあなたは自ら見つけるべきです。安らかな時間を送って下さい。この助言が子供っぽく響くとしてもです。」（一九四三年七月六日、ベルリン宛て）

ＷＦは彼の「主たる助け」を自ら見つけた。結婚して三ヶ月を過ぎた頃である。

ＷＦからＥＦへ
チューリヒ
ホテル「エデン・オー・ラック」
一九四三年八月十四日

最愛の人よ、

どんな場合にも僕は君に書く。今まさに手術を決心した。すぐにだ。君に電報を打った。もし君が望むなら、手術の前後の数日間をここで過ごすことができる。

郵便は全て—フレーダ・レッヒェンベルクやレンヒェンらに言って欲しいのだが—僕の従兄弟であるアルノルト・フルトヴェングラー博士に着くようになっている。彼の所に君は泊まってよいし、彼はいつも僕の「演奏旅行」先に全てを転送してくれている。

決心してからは、僕は心穏やかだ。そして医師のもとで詳しい報告を聞いた後では、「僕ら」にとってのさらなる希望を見出している。九月の終わりには本当に健康になれるなんて、思ってもみなかった。

最愛の人よ、僕は最近は恐ろしいほど気が滅入っていたので、願わくば君はそうならないでほしい。限りなく君を愛している。ここでは皆が君に来てほしいと思っているので、すぐに来なかったことにはとてもがっかりしているのだ。

愛している。

君のW

子供たちにもよろしく。

WFはポツダムのファザネリーで手術の疲れを癒やした。演奏会の日程を見ると、ベルリン・フィルは再び占領地で演奏していた。ハンス・クナッパーツブッシュとはベルギー、フランスへ、またヘルマン・アーベントロート、ヨハネス・シューラーとはポーランド、ルーマニア、ハンガリーに出かけている。WFが指揮台に再び登場したのは、十月三十一日のフィルハーモニーであり、それまで彼は長い時間を作曲に費やしていた。

彼の新しい家族—EFと彼女の子供たち—は、爆撃を避けて今はオーストリアのアハライテンにいた。そこではベルナルダ・フォン・アイヒンガーが自分の城の美しい部屋を提供してくれていた。

WFからEFへ
ポツダム
一九四三年九月

最愛の人よ、

残念ながら君に長い間会っていない。僕は独りであり、このところ君がいなくてとても寂しく思っている。今まで僕の具合はあまり良くない。急に昔の不眠症がぶり返したんだ。僕の手術がささいなものではなかったということが、ようやく今になってわかった。しかし、ミュンヘンの演奏会を引き受けた以上はやり遂げねばならない。その次の日、十月一日には、早いうちにアハライテンに行こう。ミュンヘンが新たに空襲を受ける前に行ければ良いのだが。休息できる時はいつも嬉しい。何が僕を邪魔するかなど、全く予測できないが、時間ができるとまた作曲している。なんとも風変わりなことだね。君のことばかり思っている。君は愛されねばならないし、僕が君を愛することがついに許されるということが嬉しい。最愛の人、最高に可愛い人よ。君からこんなに長い間離れているなんて、もう耐えられない。全くひどいことだ。最愛の人よ、心の中で君にキスをしよう。いつも愛している。

君のW

世間のありさまについては、今までになく気分が滅入る。しかし誰に何ができようか。

WFは再び演奏活動にすっかりいそしんでいた。ベルリンで指揮しない時は、ヴィーンやスウェーデンで演奏した。遠くから彼はすっかり新たになった気持ちを書き送った。「僕は結婚によって落ち着きを取り戻し、根底から変わったと感じる。」悪い知らせがベルリンから彼のもとに届いた。一九四三年十一月二八、二九日にカール・ベームが指揮することになっていたベルリン・フィルの演奏会が、爆撃によって中止されたのだ。「僕に関しては、旅行、リハーサルなど全ては順調にうまく行っている。ベルリンへの空爆のニュースは残念だ。最初の空爆は僕も自ら体験した。」

一九四三年十一月三十日、彼はストックホルムから書く。「とても退屈している。全くわからないのは、なぜ君をここまで連れて来なかったのかということだ。確かに君は子供たちのもとにいるのが良い。しかし、君は結婚して以来、僕に対する「義務」をも持っているのだ。どう思う？　再び君のもとにあって、僕の生活全体が将来新たに構築されるに違いない時まで、ただ日を数えている。」

ＥＦは彼女の「義務」によって忙殺されていた。それらの義務は複雑ではなかったにしても、子供たちを必要とした。他方、彼女はホテルの部屋で独りきりでいる夫といたかったので、常にやりくりと旅に明け暮れていた。

たとえば、二人は一九四四年二月二日にヴィーンで別れる。ＷＦにはシュトゥットガルトで仕事があったからだった。ＥＦはヴィーンからアハライテンへの帰途、リンツ中央駅の待合室に居残っていた。「二十時五分からここに座っています。最終列車はもう行ってしまいました。四時頃にロール行きの始発列車が来ます。ちょっと変わった鞄運搬人―長い口髭を生やし、明るい水色の目と桜色の頬をした、足を引きずって歩く人ですが、すばらしい心の持ち主です―が私の世話を引き受けてくれました。早朝に彼は私を迎えに来ます。重い鞄を持ってホテルを探すのは、実際的ではなかったでしょう。遅くとも六時には出発しなければなりません。そうでなければ、次の列車は十三時頃になるからです。最愛の人よ、昨日は実はそんなに元気ではありませんでした。あなたのことをすごく心配しています。とにかく、あなたがシュトゥットガルトにうまく着いたことを確認しました。それまでは何も手につきませんでしたが、こんな転地療養ができるのも、遅刻のおかげということがしばしばあります。さしあたり私は首尾よく、心の中のどんな時期尚早な喜びをも追い払っているのです。」

ＥＦとＷＦの間に息子アンドレアスができたことは、今や明らかになっていた。

ＷＦからＥＦへ
ポツダム

一九四四年二月四日

最愛の人よ、

昨晩から君と話そうとしたが、うまくいかなかった。手紙を書くことで満足しなければならない。アガーテ・フォン・ティーデマンには君に電話するように言っておいた。もう彼女から電話は来たかい？　君が再びうまく帰宅したのを知るまでは、どうも落ち着かない。

ここで可愛い子供たちの写真を見ていると、君のことを考える。ある期間いつも本物を目にしてからというものは、写真はただの貧しい写し絵に思える。本物の方がずっと優しく可愛らしい。

昨日僕は、一切リハーサルなしで、国立歌劇場で《トリスタンとイゾルデ》を指揮したが、すばらしい出来だった。僕は自分の技術を今ややっと信用できるようになったということだ。

最愛の人よ、アハライテンで会うのがひどく楽しみだ。

ここでのことについては何も話したくない。フィルハーモニーは焼失してしまった。これが僕らにとって持つ意味は、とても見過ごせるものではない。

最愛の人よ、心の中で君に千回キスをしよう。

君のW

EFはWFの新しい夫人になった。以前は彼の周りにはマリアだけでなく、もっと多くの女性がいた。しかし彼女らは、WFが自分の人生を根本的に変えようとし、EFだけにすると決めたことを知らなかったのだ。

一九四四年三月十四日、EFは初めて苦情を書くことになる。「匿名の電話がありました。手紙もです。あなたから知らされていて、それらが本当であるのならば、あなたにも見せます。本当でなくばかばかしいことでも、見せましょう。しかし、本当のことであっても、それをあなたが私には言ってくれなかったのならば、私もあなたに言いません。それによって私がなお苦しむとしてもです。私が愛しくてふびんに思うなら、すぐに書いて下さい。」

一九四四年三月十六日「あなたはお元気なことでしょう。ああ、最愛の人、後で心配しなければならないことが生じるとしても、今が実り多いということはすばらしいです。私は自分について失望しかけていたからです。」

一九四四年七月十四日「最愛の人、今日はあなたを夢に見ていました。《ジークフリート》第二幕のミーメのように、ジークフリートを殺そうという願望で心が一杯で、しゃべらずにはいられないような状態にありました。あなたはマリアとブリュッケンアレーにある私のベルリンの住まいにやって来たのです。初めて私はあなたと会いましたし、あなたはもちろんまだ他人でした。しかし、一緒にいることで、私は麻痺してしまったようでした。まずあなたを愛していると言いましたし、他人を前にして自分を制御できない慄きを同時に感じました。鞭打ちに駆り立てられるかのように、部屋を抜けてあなたのところへ行き、私の子供も欲しいかどうか尋ねたのです。しかし、あなたは人々がいるにもかかわらず私を抱こうとするのです。陶然としたところで、目を覚ましました。」

その頃WFはバイロイトで《ジークフリート》は指揮しておらず、既に一九四三年から《マイスタージンガー》だった。一九四四年七月十五日の彼の発言は冷静になっている。「二つの大きな稽古が控えている。今日は総練習だ。全てほぼこれまで通りだ。この仕事だけは、結局はそれが繰り返しであるため、少しは落ち着いていられる。しかし、今の気分は、いつもの状態からすれば、ずっと深刻だ。今日僕の中ではそもそも既に上演の準備はできているのだから、旅立ってもいいのだがね。君への、アハライテンへの、そして作曲することへの憧れでいっぱいになっている。」

それから続くのは、（三歳年上の）同僚ヘルマン・アーベントロートについての驚くべき文章だ。「彼は僕の知る限り最も器用な指揮者だ。考えてみると、彼の《マイスタージンガー》は、彼が僕の練習を熱心に聴いて以来、変わったのだ。今では彼の演奏は僕のに「取り違えるほど」似ているのだ（本当に取り違えられるかもしれない）。彼はとても自信のない指揮者の一人だ。それゆえ、できるだけ自信があるように見えるということに、まさに最大の価値を置いている。一方、僕は反対に自信はあるが、しばしば自信がないように見えるのだ。見かけというのは、この職業では残念ながら決定的なものになることがある。」

そうこうしている間、WFはEFのお気に入りの兄弟ヴィタル・デーレンと仲良くなったのだった。彼はこの年、なんとしてもバイロイトに来て、WFの「マイスタージンガー」を体験したかった。一九四四年七月十九日、WFはそれについて書いている。「昨日の上演は良かった。以前よりも状況をよくコントロールできていると感じる。しかし同時に、バイロイトがいかに仕方のないものかと感じさせる「偽りの名声」を克服する必要をさらに悩ましく感じた。僕は作曲にかからねばならない。他はみな無駄な時間だ。ヴィタルのもとではリボルバー（回転式）拳銃の射撃をしたが、とても気に入った。もともと考えていたのは、僕が君をどんなに愛しているか、彼に一度きちんとわからせておきたいということだった。しかし、滑稽な感じがして何か恥ずかしく、うまくはいかなかった。しかし、彼は僕の思いを感じてくれたと思う。

ＥＦは今や七ヶ月の身重だった。末子のトーマスと共に一九四四年九月の初め、彼女はサン・モリッツへ保養に行く。涙ぐましいほど、ＷＦは彼の二人の前妻に気を遣っていた。なぜなら、休暇の家「アクラ・シルヴァ」の上階では既にツィトラ・ルントが待っていたからである。ＥＦによれば、「ツィトラはスイスに留まることを固く決意しています。私は大きくなったお腹を引きずってサン・モリッツへ買い物に行くところです。」

数日後に訪ねてきたＷＦは、もう長い間、彼の最初の夫人と会う気にはなれなかった。彼女をこの間どこか他の所に宿泊させるようにしたのは正しい判断だった。

「アクラ・シルヴァ」は、簡単に言えば、ＷＦにとっての自由の巣だった。ドイツ帝国において彼は肉体も生活も危険にさらされており、ヒトラー政権は、彼にはこの政権への共感がないということを、きちんとわかっていた。同じように明らかなのは、彼がベルリン・フィルを決して見殺しにはしないだろうということだった。したがって政権は、ドイツ人とドイツ音楽への彼の誠実に、足かせをもって「報いた」のである。もし彼がドイツを離れようとしても、パスポートは決して与えられなかっただろう。もはや彼はスイスに、数少ない演奏会をする時以外には戻って来れなかったのである。この威嚇と、手紙と電話が思うようにやり取りできないことは、ＥＦとＷＦに今やほとんど無期限の別離をさせることになった。

ルツェルンで彼らはまだ一緒だった。ＷＦは八月に当地の音楽週間で祝祭オーケストラを指揮する。今や彼はチューリヒを安心して分娩できる場所ではないかと考えていた。ＥＦが彼女の小さい息子トーマス（三歳）と片時も別れなかったためだろう、彼は待ち遠しい思いをしながら旅をしていたのだった。最初に、彼らはＷＦの弟である医者のアルノルトのもとに泊まった。それから、禁酒のホテル「ザイデンホフ」に移る（ＥＦ「ホテルですからどのくらい禁酒に効果があるのかはわかりません」）。トーマスはその間に「とても敏腕なホテルボーイ」になってしまい、ついには親交のある出版社社長ヒュルリマンの家族に対してもそのように振る舞った。一九四四年十月二日、ＥＦはこう書いている。「いつもあなたのことを思ってはいますが、サン・モリッツでいかに私たちが素敵な時間を過ごしたとしても、出産の直前の日々は一人でいるのが一番です。あなたが私といないということが、ほとんど嬉しいくらいなのです。」

これら全てはベルリンの演奏会シーズン、すなわちドイツ敗戦前の最後のシーズンが始まる少し前のことだった。オーストリアでWFはリンツのザンクト・フローリアン修道院そしてヴィーンで演奏会を指揮することになっていた。それから一九四四年十月二十二日には、彼とベルリン・フィルの演奏会シリーズが始まった。演奏会の後半にブラームスの第三交響曲が鳴り響き、これはヨーロッパ中で聴かれることになる。帝国放送協会によるこの放送は、ベルンブルグ通りにある破壊されたフィルハーモニーではなく、ウンター・デン・リンデンの国立歌劇場から行われた。

WFはベルリンでまだブルックナーの第九交響曲のレコード録音にいそしんでいた。確かに驚くべきなのは、彼が大きな仕事の負担にもかかわらず、オーストリアに戻っていたEFの年長の子供のために骨折っているということである。

もともと彼らは皆、アハライテンで、つまり小さな城に住むベルナルダ・フォン・アイヒンガーとクリステルのもとで快適に過ごしていた。しかし、最年長のペーターは、リンツでギムナジウムに通っており、通学の道すがら爆撃にさらされる恐れがあった。そこで彼をEFはクリンゲンベルクのヴィタルの家族のもとに送ったのである。そこでは彼は隣町のミルテンベルクに通って学業を続けることができた。

おそらく―そのように考えると―クリストフ（九歳）とカトリン（六歳）もそこで過ごさせ、ペーターのように、彼らの祖父母の近くにいさせたほうが良かったかもしれない。しかしその代わり、テーゲルン湖にいたヴァルター・フルトヴェングラーの家族が、彼らを引き受けることを申し出てくれた。

WFはベルリンから、彼がまさにアハライテンで見たことを報告している。

WFからEFへ
ポツダム
一九四四年十月六日

最愛の人よ、

僕からの電報をもう受け取ったと思う。ここベルリンではその間に、全てのことが円滑に行った。子供たちはアハライテンで無事に暮らしている。クリステルもだ。カトリンだけが少し顔色が良くないが、彼女がクリンゲンベルクに留まれば良くなるだろうとベルナルダは考えている。ペーターは今日、僕に非常に満足しているという手紙を書いてきた。ヴィタルには、子供のことで手紙を書いたが、今まで返事をもらっていない。電話も彼にはほとんどつながらないのだ。最近は、僕たちが彼らをタンネックにやらないでもよいのではないかと考えている。考えようによっては、こうするのが最も安全なことのように思える。

ここでは録音を明日までやって、それからリンツに行く。聖フローリアンで演奏会を引き受けたからだ。十月十二日にはヴィーンへ行き、十八日にはまたここへ戻る。二十二日に演奏会があるのだ。確実なのは、僕の演奏会はいつも金曜の晩九〜十時に（全ての放送局から！）放送されるということだ。

君からの電報を待っている。望むとしたら、君が元気でいてくれることだけだ。

誰よりも、誰よりも愛している！

君のヴィルヘルム

EFとWFの子、アンドレアスは、紛れもない「晩婚の子」だった。出産予定日は十月九日だったが、彼はそのまるひと月後、一九四四年十一月十一日、周辺国が破壊された中で唯一無事だったスイスで、産声をあげることになる。

EFは眠れなかったようだ。「今日はあなたに電報を出しました。ベルリンにひどい爆撃があった後で心配になったからです。おそらく領事館を通じて、あなたの健康状態についてはいくらか知ることができるでしょう。」（一九四四年十月十日）WFも全くニュースを知ることができなかった。彼の郵便配達人はヴィーン・フィルの第一コンサートマスターなのだった。「今晩スイスに行くシュナイダーハンが、この手紙を携えている。君がこれを早く手に入れることを願っている。君についてほんの少ししか知りえず、わずかしか手紙を書くことができないのは、別れて暮らしている僕らにとっては最も良くないことだ。毎日、子供の誕生の電報を待っている。ヴィーンやベルリンなどが攻撃を受けたことを読んでも、心を騒がせてはいけない。僕はいつも頑丈な防空壕の近くにいるから。」（一九四四年十月十五日）

五番目の便りを、EFは一九四四年十月三十日に発送した。「三回目の陣痛が始まりました。今回私たちが中断したのは、胎児の心音が不規則になったからです。それを知って以来、完全に自然に委ねたいと思っています。」出産したらすぐにアハライテンへ、場合によってはタンネックへ自分を迎えに来てほしいという、EFからの願いはますます切迫したものになってきた。しかし、WFにはそれは難しかった。「来れるかどうかはすぐにわかるだろうが、それは僕の思い通りにはならない。君から得た最後の知らせは十月十日のものだ。その間には電報があった。」（一九四四年十一月一日）

一九四四年十一月十一日、ついに出産があった。二日後、EFはアハライテンへ最初の葉書を送る。その絵葉書ではバスが追い越し車線でゴットハルト峠を登っているのだが、スイスの切手はチューリヒではがされている。しかし、二つ目のスタンプがあった。鍵十字とドイツ帝国の検閲済みのスタンプである。この内容に対しどんな検閲がなされたというのだろうか。

EFからWFへ
チューリヒ
一九四四年十一月十三日

最愛の人よ、こちらは皆元気です。あなたの息子はよく飲み、すごく可愛いです。昨日私は一通手紙を書きました。全体では今やこれを含めて五通の手紙と二枚の葉書になりました。あなたからは三通の手紙と一枚の葉書を受け取っています。あなたが来ることを、心から願っています。それは必要なことでもあるでしょう。私が「新しい息子」をここに残していくのはとても難しいのです。今彼がとても可愛くて、私にとっては一人前の家族になってしまったからです。しかし、おそらく彼にとっては、私が二月まで留まるのがもっとよいのでしょう。それからあなたはここで演奏会をするのです。この葉書を受け取る頃は、あなたは時間通りにベルリンにいるために、もう出発していることでしょう。

私はあなたにはいつも長く詳細に書いてきました。そして二度は配達人によって届けてもらいました。でも、あなたからの葉書は私を悲しくさせました。あなたにはニュースがないということがです。

ペーターは私に慰めの手紙をくれました。「すぐにパパは来るよ」と。もしそれが本当なら良いのですが。

そちらの皆さんによろしく。そして来て下さい。

あなたのE

WFからEFへ
アハライテン
一九四四年十一月十四日

最愛のエリーザベト、

ハイデルベルクにいる妹メリットからの知らせを読んだところだ。母が亡くなった。葬儀は既に十一月九日にあったのに、僕はそれも知らずに、十二日に僕らの息子の誕生の知らせを母に電報で送っていたのだ。僕に母の死を知らせる妹メリットの電報は、今日まで届かなかったのだ。

長い間覚悟はしていたし、彼女が最近はとても弱ってしまっていたから、死は彼女自身にとって一つの解決であったとしても、僕にとっては代わるもののない一つの喪失なのだ。この喪失は僕の人生全体に影響するだろう。彼女はすばらしい美しい幼年期を始め多くのことを与えてくれたからだ。

特に辛いのは、最後には彼女にほとんど手紙を書かなかったことだ。メリットの手紙が来た日、ちょうど母に長く詳細に僕らの子供についても書こうと思っていたんだ。

僕たちの結婚は、彼女にとって最後の大きな幸福だった。彼女はその直感で、君が僕にとって意味するものを完全に悟っていて、それがゆえに幸福だったのだ。

最愛の人よ、いつ君を訪ねるかはすぐにわかる。知らせよう。ここでは全てのことがずっとうまくいっている。

いつも、いつも、いつも

君のW

誕生から六週間たっても、新生児の名前は一つに決まっていなかった。「ゴットフリート」にするべきか「アンドレアス」にするべきか。しかし、それは確かに最も重要なことではなかった。今決定されるべきことは何だったろうか。一九四四年十一月十六日、EFの手紙にはこうある。「ああ、最愛の人よ、大いに思い煩いをしています。私はどうするべきなのでしょう？ドイツから来る人は私に、小さい子は大きな旅行の困難ゆえに連れていくのを思いとどまるべきだと言います。預ける場所として唯一良いのは、ここでは小児科の診療所でしょう。費用は日毎に八スイス・フランです。しかしそれでは、私がこの子を四週間も養わないことになります。そして私にとっても離乳は―もしそれが突然来るならば―難しくなるでしょう（母乳が溜まることなど）。それは私には大きな断念かもしれません。なぜなら、二月にはドイツから出てスイスに入国できないかもしれないとしたら、彼とはいつ会えるというのでしょう。ですからいつも思うのは、あなたが彼に会ってくれたらということです。」少し後に彼女はこう書いた。「それまで彼をここに放っておくだなんて、どうしてそんなことを思えたでしょうか？」

実際WFは、十一月の末にただ一度、数時間彼の小さい息子に会うことができた。彼に入国と出国の世話をしたのは誰なのかは謎である。EFは一九四四年十二月三日にこう書いている。「とても嬉しいのは、あなたがそこにいて下さったということです。さっそく、またスイスであなたの演奏会が行われる日まで、カレンダーを毎日めくることにします。今あなたは、私からの最初の郵便を受け取るまで十六日は待たねばなりません。しかしそれから郵便は定期的に着くでしょう。」

その間にEFはチューリヒの診療所を退院していた。彼女は二人の小さな息子と隣のグラールス県に住み、小村ミットレディでベルテ・トリュンピーとその姉妹イザベレの世話になる。トリュンピーの年老いた母は、ドイツ人であるフルトヴェングラーを好きではなかった。おそらく彼女は、彼の中に「ナチ」を見て、自分の国には入れたくないと感じていたスイス人の一人だったのだろう。一九四四年十二月二五日付けのEFの手紙。「彼女のお母様とはまだお会いしていません。お母様は私がここにいるのに同意していないのです。第二のカティンカです。しかし、私はベルテルのもとに住んで、不便はありません。イザベルとベルテルは、彼らの母親がまたたわ言を言っているのがとても不快であるようですが。」
おそらく、年老いたトリュンピーは、WFがEFに宛てて一九四四年十二月九日に書いた葉書きも見ていただろう。WFはうっかりしてしまったのかもしれない。なぜなら、ポツダムで貼られた二枚のヒトラー切手の脇には、こうはっきりと読めるスローガンがあるからだ。「総統は闘争、労働、配慮にたけておられる。していただけることは、していただこうではないか。」
一度くらいは「総統」がWFから心配を取り除いて下さればよかったのに。「最愛の人よ、葉書きだとひと月かけてもわずかしか書けない。だから次の時は葉書き三枚分の手紙を書こう。君からはまだ何も便りがないが、元気であるに違いないと思う。僕自身は、今や別れて暮らしているのが前よりも苦痛になり、完全に病気になってしまった。唯一良いのは、ちょうどクルト・ヘッセンベルクの交響曲を稽古していて、とても興味を感じているということだ。この作品は僕が今まで見てきたものの中で本当に最良のものだと思う。もちろん、現代の作品ならではの限界はどうしてもあるのだが。」(一九四四年十二月九日)
限界のある現代作品、そこに彼は自分の第二交響曲を含めることは決してなかった。「僕はとにかく仕事に打ち込んでいて、自由な毎日が嬉しい。ますます元気だし、新しい交響曲の最初の楽章の主部は十四日後にはもう総譜になるだろう。それどころか、この楽章全部を仕上げられるかもしれない。」(一九四四年十二月二七日)
WFはそうこうするうちに、彼にとって愛しい子供となったクリストフとカトリンのもとに少なくともいることができるよう、クリスマスの日々をタンネックで過ごそうと固く決心する。二人はまずWFの弟家族のもとに泊まり、クリンゲンベルクに行って、EFの兄弟家族をも訪ねるのだ。しかし、このテーゲルン湖を経由してベルリンへ行く迂回路は、もちろんEFはとても歓迎しただろうが、WFには年の代わり目に不可能になってしまった。結局、彼は代わりに秘書のフレーダ・フォン・レッヒェンベルクを子供たちのもとに行かせることになる。
クリスマスの手紙では、彼はEFのこんな報告に接する。「・・・フライブルクでは全てが残りなく破壊されました。あなたの『音楽を語る』のコピーはまだ持っていますか? ヒュルリマンは今では最後の原稿を失くしているので、それを急いでチューリヒのアトランティス社で印刷したらよいと思います。」一九四四年二月四日ではEFはとても幸せな報告をしていたのであるが。「ヒュルリマンは安全な場所に原稿をまだ二部持っています。」

WFからEFへ
アハライテン
一九四五年一月八日

最愛の人よ、今日は祝日だった。十二月二四日と二五日付の君からの手紙が来た。君がこれらを書いてから十四日もかかっているが、僕はとても心が落ち着き幸せになった。とにかくこれからも手紙を受け取るだろう。君が書くことは全て、僕の心を安らかにさせる。君のことや僕らの息子のことを思い、君を愛しく感じる。

タンネックへの旅行は災難だ。いつも道程のどこかが通行できず、今回はまっすぐにベルリンへ行き、そこからタンネックへ行こうと思う。寝台車が取れたらそうする。金曜日の晩、遅くとも土曜日か日曜日にはだ。以前なら、それからはポツダムにいるが、そこよりもベルリンから動いたほうが僕には良いだろう。場合によっては、レッヒェンベルクが行かねばならないだろう。

フライブルクで一切が炎上したというが、酷い知らせだ。僕は『音楽を語る』のコピーを持っていない。ヒュルリマンが全てを持っているはずだ。彼が他のどこにも初版を持っていないとすると、本の全体が完全に失われてしまったということだ。何年にも渡る仕事だったのに！！

僕の他の仕事は順調だ。まだ中途だが、もし今ヴィーンやベルリンに向かわずに、さらに作曲を続けられれば、新しい交響曲の第一楽章の総譜は、月末には間違いなく仕上がるだろう。そして、交響曲全体の完成は四ヶ月あれば確実だ。

結局、今僕は他のことには何も煩わされていない。ただ一通の手紙を書くことすらしていない。君は唯一の例外だ。全く煩わされることのない、ここでの静けさもまた理想的だ（「愚か者」の悪習である夜更かしはしていないよ）。

最愛の人よ、心の中で君にキスをしたり考えたりしている。

君のW

いかに君を好きか、全く書かなかった。いつも思うのは、全くそれをうまく書くのはできないということ、そして言葉というものは不十分であるということだ。

EFとWFによる往復書簡は、WFが戦争の末期にあってナチスから迫害されることも、スイスへの亡命者となることも根本的には望んでいなかったということを裏付けている。我々は出来事をまとめておこう。

EFは一九四四年十一月十一日、チューリヒで二人の息子であるアンドレアスを産む。一九四四年十二月二日、小さなトーマスは彼女のそばにいた。WFは短い間ビザを得て、三人のもとを十一月末から十二月の初めにかけて訪れる。一九四四年十二月二日、彼はオーストリアのアハライテンに再び戻り、十二月九日からはポツダムのファザネリーにいた。十二月十、十一、十二日に彼が行った一連の演奏会では、前半でクルト・ヘッセンベルクの第二交響曲の初演があり、続いてヴォルフガング・シュナイダーハンを独奏に迎えてのブラームスのヴァイオリン協奏曲と、ベートーヴェンの《レオノーレ》序曲第三番が演奏された。

ムックの演奏会カレンダーを見るとわかるのは、帝国の軍需大臣アルベルト・シュペーアがベルリン・フィルの一九四四／四五年の演奏会期に、一連の「軍需産業のための演奏会」をさせようとしていたということである。音楽によって労働者が結束し、力づけられるためだった。工場で演奏会をすることはなかったが、たとえば、一九四四年十二月十二日にはアドミラル・パラストで、WF指揮の三回目の演奏会が、変更されたプログラムにより開かれる。労働者には馴染みにくいヘッセンベルクの交響曲の代わりに、ベルリン・フィルはフランツ・シューベルトの《未完成》を演奏した。

演奏会が休憩に入ると、アルベルト・シュペーアはWFの楽屋にやって来た。二人だけの話し合いがあった。シュペーアの発言を信じてよいなら、その後で互いに相手を司直の手に売り渡したとしても不思議ではなかったかもしれない。差しで話した二人が一致したのは、第三帝国の終焉が迫っているということだった。WFがナチスの銃殺者リストに載っていると考えていたシュペーアは、二月のスイスでの演奏会を終えたら、もうドイツ帝国には戻ってこないようにと彼に勧めたのである。この指揮者への尊敬と人間としての共感が、シュペーアにそう言わせたのだった。

一九四四年十二月十四日、WFは指揮をするためヴィーンへ行き、クリスマスと年末年始を独りアハライテンで過ごす。そこで彼は作曲をしたのだ。

その間、彼の前の愛人で、EFの姉マリア・デーレンは何度もゲシュタポから尋問されていた。ゲシュタポはシャルミュッツェル湖畔にいた彼女を探し出すと、彼女がWFと留まっていた部屋を捜索した。彼が一九四四年七月二十日のヒトラー暗殺未遂事件にいくらか関係していたという証拠は見つかったのだろうか？

一九四五年一月十五日、彼は再びベルリンに戻って来る。一月二十二、二十三日の演奏会を準備するためだった。モーツァルトの《魔笛》序曲とト長調の交響曲（第四十番）、そしてブラームスの第一交響曲というプログラムである。カルラ・ヘッカーはその時見聞した証人として、聴衆が既に午後にはアドミラル・パラストに集まっていたと報告している。モーツァルトの交響曲の演奏は、爆撃でなく、長い停電によって中断させられた。WFをベルリンの有名な女医、リヒター博士が訪ねてきた。それによって明らかになったのは、彼がいつ逮捕されてもおかしくないということだった。

この時はWFも警告を真面目に受け止めた。しかし、一九四五年一月二十三日の演奏会の後、一九四七年五月二五日まで、彼がベルリン・フィルの指揮台に立つことはなかったと、いったい誰が予想できただろう。

彼は移動して再びヴィーン・フィルを指揮する。一九四五年一月二八日のプログラムは、セザール・フランクの交響曲ニ短調とブラームスの第二交響曲だった。二日後、WFは氷の上で転倒したと仮病を装う。後頭部から転倒したということで、数日間は絶対安静という、ヴィーンの医師からの指示が出た。

ベルリンのインテンダントで、電報で知らせをWFに伝えていたゲルハルト・フォン・ヴェスターマンには、この指揮者のこと以外にも心配があった。「毎日、驚くことがどんどん起こります。オーケストラのほとんどの楽員は、身分は保証されているとはいえ、国民突撃隊に召集されることになっているのです。」（一九四五年二月三日）「二月三日の午前十一時頃、私たちは千機もの飛行機によるすさまじい爆撃を耐え忍ばなければなりませんでした。市の中央部は恐ろしいほどに破壊されました。」（一九四五年二月五日）

ＥＦからＷＦへ
ミットレディ
一九四五年二月四日、日曜日
朝早く、ベッドの中で

最愛の人よ、

あなたが私からの手紙を全て受け取っているかはわかりません。ですから、あなたは到着したらすぐに一通受け取って下さい。ああ、あなたがなんとか無事に旅行できたことを望んでいます。私たちの息子はすぐ横の寝かごに横たわり、満足していびきをかいています。朝食をとったばかりでお腹は一杯です。

私はただ「私たちの」と書きます。この言葉はとても多くのことを表していますね。私がこの言葉をとても優しく言うのは、彼を腕に抱き、小気味よい重さを感じている時です。彼が生きていること、生気と温かさを感じます。私があなたの妻であると実感します。あなたが私を抱いて、その抱擁の甘美さに我を失っているような気がします。最愛の人よ、ごめんなさい。しかし、あなたもそのことを考えているのではないかと思います。私たちの愛があれば全ては美しいのであり、それをあなたに書いても良いではありませんか。

日曜日の晩

今あなたは手紙を読んでも、世の終わりとか悲惨について考えることでしょう。だから、愛について書きます。

私はいつも家で考えていて、どうしようもない無力感にしばしば苛まれています。あなたがするつもりのことは、私たち二人が話し合う前には誰とも話さないで下さい。どんなに全てのことについて聞きたいことでしょうか。とりわけ、去年の写真すらない子供たちについてです。私の憧れは募ります。しかし、もちろんあなたは全てに最善をつくしてきました。私は今とても、とても疲れています。既に実際ここ一週間、寝る前に—一日最後のご褒美として—あなたの素敵な手が私の顔をなでていると想像することにしています。

ちょうどエルゼ・ティーメから手紙が来ました。どうやらあなたもすぐ来るのですね？　絶対確実な証拠です。

一九四五年二月六日

あなたが到着する日が近づくにつれて、私の不安は増してきます。何か途中で突発事故が生じるのではないかと。

ついさっきまで医者が来ていました。息子の具合はまた良くなりました。四週間前のショックはもう過去のことです。

一日あなたのところに行けたら良いのですが。でも、ここでは電話のほうが良いようです。

この手紙を今発送します。なぜなら明日あなたはそこにいるでしょうから。

また会えたら、あなただって嬉しいでしょう？

あなたのエリーザベト

トーマスはもうパパのためにいくつも贈り物を用意しました。

ＷＦは今やスイスへ亡命することになる。一九四五年二月七日に国境を越えられたのは幸運だったが、彼はドイツに戻るつもりだった。彼の良心を苛んだのは、彼がベルリン・フィルを置き去りにして来たことであった。今、彼はオーケストラに何もしてあげられなかったのだ。

チューリヒに着くと、彼はＥＦに駅で出迎えられたが、すぐに一人でオーケストラとのリハーサルのためローザンヌに向かった。エルネスト・アンセルメは彼を、ここジュネーヴでスイス・ロマンド管弦楽団（ＯＳＲ）を指揮させるために招待していた。再びＥＦとＷＦは別れたわけだが、彼らはスイス国内では互いに訪れたり電話をすることができた。

ＥＦの心配はドイツにいる子供たちだった。クリストフとカトリンはまだテーゲルン湖畔のタンネックにいた。年長の息子ペーターはクリンゲンベルク・アム・マインで、彼女の兄弟ヴィタルとその妻バルバラ（「ベアヒェン」）の家族のもとに住んでいた。EFの手紙はスイスではミットレディからルツェルンへ郵送された。

EFからWFへ
ミットレディ
一九四五年二月十一日
晩

最愛の人、電話でのあなたはとても悲しそうでした。あなたの素敵な声が依然として悲しげな響きで聞こえています。まだどこかで何とかならないかどうか、自分で一度じっくりと考えて下さい。そして私の意見ですが、あなたのためにも「後で」と言うのが良いと思います。もし今会えるとしてもです。

知っていますか。そこでは見せしめの例として、ナチの親衛隊大佐などが撃たれています。信じて下さい。彼らはもし邪魔だと思ったら、あなたの前に絶対に立ちはだかるでしょう。これまで、そしてこれからも、あなたがどんな危険にもさらされることはないという保証はあるでしょうか？ 私は自分の抱えるいろいろな課題について考えています。もし全く家のことや子供たちのことを聞けないとしたら、我慢できるだろうか、ということです。今や最も困難な時期は過ぎ去りました。子供たちは私の明るさや慰めをおそらく必要としないのではないでしょうか？ ところで、あなたは一人でここスイスにいるつもりですか？ そんな辛いことは考えることすらできません。あなたと別れていることはできません。あなたへの憧れで私は死んでしまうでしょう。あなたがここに来て以来―言わばあなたと一つ屋根のもとにあると考えれば―私はとても朗らかなのです。あなたに簡単に会えると思えるのが既に慰めです。贅沢はいけませんね。

「ベアヒェン」からは昨日、一月十八日付の手紙をもらいました。その手紙はペーターのことで私をちゃんと安心させてくれました。彼女の小さな娘は、私たちの子供より三カ月も年上なのに、たった五百グラムしか重くないのです！

三ヶ月前の今日、私たちの息子が生まれたのです。その日のお祝いとして、私には初めて生理がありました。本当に良かったと思います。明日は、洗濯とか大いに働かないといけませんから、早めに寝ます。ちょっと疲れているからでもあります。悲しみ過ぎないで下さい。確かに私は最悪のことも想像しています。ドイツはもはや八方ふさがりだと思います。しばしばとても嫌な気持ちになります。

しかし、あなたは自分の仕事のことを考えて下さい。それも重要です。そして、第二交響曲を今年の前半に全部仕上げてしまうことを考えて下さい。もしあなたが妨げられずに仕事ができる場所を見つけることができればしめたものです。ドイツ人なら悩みも大きいはずで、私たち二人もそうです。しかし、私たちが一緒になれれば、それは少し軽くなるでしょう。

あなたにとってこれは良い試練なのだと思います。最愛の人、最愛の人、最愛の人、あなたを本当に愛しています。

あなたのエリーザベト

明日、ローザンヌでの成功を祈っています。水曜日にジュネーヴからのラジオ放送を聴くのが楽しみです。チューリヒでのことも楽しみです。十五日にあなたを待っています。十七日には早いうちに二人でチューリヒでのリハーサルに出かけましょう。しかし、その前には行きません。最初の練習がチューリヒであるとしてもです。たぶん私は邪魔になるでしょうから。

一九四五年二月十二、十四日、スイス・ロマンド管弦楽団（OSR）とWFとの演奏会が開かれた。当時スイスの代表的な指揮者であり、OSRの首席指揮者であったエルネスト・アンセルメの庇護のもとでの演奏会だった。その後すぐWFは、ジュネーヴからミットレディへ向かう。彼の「離れて暮らしている家族」であるアンドレアス、トーマスそしてEFを訪ねるためである。

その間にもスイスの新聞が延々と非難し続けていたのは、WFがこの国に留まって彼の妻を訪ねたということだった。老トリュンピー、部屋の貸し手はそのために手をまわしたに違いない。突然にこの指揮者が指名手配され、羽を伸ばせる場所がもはやなくなってしまったのである。チューリヒにいる彼の義兄弟、医者のアルノルト・フルトヴェングラー博士にすら、もう無理を強いるわけにはいかなかった。

ミットレディの教区信者にEFが問い合わせたのは、短い間、彼女の家族をその貸家に住まわせられるかどうかということだった。

WFからEFへ
チューリヒ
一九四五年二月十五日

最愛の人よ、

この「国」では、ミットレディでの事件がおそらく老トリュンピーのおしゃべりになってしまうのだろう。しかし、この新聞でいかに僕を責めようとも、それはたいしたことではない。君は心を落ち着けて、今いる所に留まるのだ。君は確かに滞在許可を持っているのだから、するべきことを君に言うまで待っていてくれ。おそらく明日にはもっと詳しいことがわかるだろう。教区信者を頼ることはたぶん諦めたのだね。イザベレが僕のために何も言わなかったことを望む。そこからたぶん全ての事柄は始まると僕は思う。

アルノルトとマルゴットはとても興奮している—彼らはこの新聞を読んだのだ。僕らがなるべく迷惑をかけたくないということを、彼らには言ってある。そして、僕ももう彼らの所に泊まることはないだろう。彼らに望む唯一のことは、僕の持ち物を、それを自由に扱えるようになるまで預かってほしいということだ。

最愛の人よ、君と一緒にいた時はとても素敵だった。君を愛しているし、きっと全てのことは、今がどうであろうと僕らにとってうまくいくだろう。

さようなら。僕らの子供たちとトーマスによろしく。

W

十一時三十分に列車でヴェヴェイに発つ。今晩からはそこにいる。電話はモントルー、六二三七七だ。

二月二十、二五日の二回のWF演奏会が迫っていた。その中間の二月二十三日には、ヴィンタートゥールのオーケストラとの演奏会があった。ここからEFがいる所までの隔たりは、まだ優に六十キロメートルはあったが、二人は演奏会の前に少しミットレディで会うことができた。

その間にスイスの左翼新聞は勢いづいてくる。「プロイセン枢密顧問官フルトヴェングラーが、演奏会を指揮するために外国に旅行すれば、それによって彼はその才能を芸術に捧げるだけでなく、国家社会主義者の所轄官庁の意志による、ドイツ文化の宣伝者としても見える。その文化にメンデルスゾーンはもはや属することは明らかに許されない。」(一九四五年二月二十日、『国民新聞』、バーゼル)

WFが「国家社会主義者の所轄官庁の意志」によらずに旅行していたことを、人々が知ることができたら良かったのだが。どんなにか彼はすすんでドイツでもメンデルスゾーンを指揮しただろうか! まだ戦争が終わっていなかったとはいえ、人が彼を—今まで通り—この自由で中立的なスイスでも諸手を挙げて受け入れることができたら良かったのである。しかし、チューリヒの人々は非情だった。「チューリヒ州の評議会は、枢密顧問官フルトヴェングラーが二月二十日および二五日に予定されている演奏会を指揮することを禁止した。」(一九四五年二月十二日の評議会の放送記録)

新聞『民衆の権利』はさらにこのような主張をするに至った。「フルトヴェングラーは何年も、強制収容所での犠牲の叫びを荘厳な音楽で覆い隠すことに加担してきた。」(フレート・K.プリーベルク『力較べ』より引用)

フルトヴェングラーをOSRに招いたエルネスト・アンセルメは、最も有名なスイスの作曲家たちとこれに介入し、反対の論陣を張った。「我々はわが国で精神の自由が顧みられず、芸術が政党の権力闘争のために誤用されているという、恥ずべき深刻な事実に直面している。」(一九四五年三月六日)

しかし、それも焼け石に水だった。「彼がヴィンタートゥールで当地のオーケストラとブルックナーの第八交響曲を演奏した時」—EFは一九八十年に出版された著書で述べている—「演奏会の間中、組織的なデモがありました。警察はホールまで押し寄せようとしたデモに放水して追い払おうとしました。聴衆が—入場券は売り切れでした—通りに出て来た時、彼らは水溜りと彼らをののしっている人垣をくぐって行かねばならなかったのです。」

私たちはこの酷い結末を予期できる。今やようやく、EFが演奏会の二日前にヴィンタートゥールへ送った手紙が問題になるとしてもである。ミットレディでWFと過ごした日々において、もちろん新聞の攻撃は彼女にはもうお馴染みのテーマだった。WFはスイスでは望まれていない、ならば彼は指揮者としてどんな展望を持っていたのだろうか？　もう彼女の夫はリハーサルのためにヴィンタートゥールへ先に行ってしまった。別の日にEFは加わったのだろう。彼女に住む場所を提供していたイザベレ・トリュンピーは、ようやく演奏会の晩、当地に着いた。

これはWFが戦争中に指揮した最後の演奏会となった。その後しばらく彼は指揮をすることはなかったのである。

EFからWFへ
ミットレディ
一九四五年二月二十一日

最愛の人、

怒りと涙の手紙と電話が届いています。『行動』紙での記事に満足したということもです。

今朝、駅から戻ってきたのですが、悲しくてたまらなかったです。自分では全くなぜかがわからない。今はまた少し良くなりました。おそらく曇り空だったからでしょう。

演奏会が楽しみです（私としては、どちらかと言えばブラームスの交響曲の方が聴きたいとしても）。アイヒラウベ夫人が日曜日にも感動して電話をしてきました。ブルックナーは明らかにジュネーヴからすばらしく放送されたのです。

イザベレはようやく金曜日の晩に行くでしょう。私は今日あなたが乗ったのと同じ列車で明日ヴィンタートゥールへ行きます。すぐにコンツェルトハウスに行けばよいかしら？

あなたを書き表せないくらい愛しています。
あなたのE

もしある夫婦が十三年間に五百通のラブレターを書いても、週に一通の割合にすらならない。しかし、十三年間に一通も手紙を書かない夫婦もいる。とにかく、彼らがいつも一緒に生活していたら全く書かないのではないか。

WFとEFには、戦争そしてWFの不安定な指揮者としての生活によって、頻繁にとても長く離れて暮らさざるをえないという慢性的な悩みがあった。これは二人にとって常に苦痛であったとしても、私たちはそのおかげで一九四一年から一九五四年までとても多くのことを知ることができるのである。

彼らの手紙は二人の間に交わされたレチタティーヴォであり、アリアである。レチタティーヴォは今日の私たちに、知人や家族に、そして戦争の時代に何が起こったかを時系列的に伝えてくれる。一方、アリアには彼らの愛情と心理的葛藤が反映している。

手紙が残されているからこそ、マリアから解放される過程のような非常に緊迫した局面を知ることができる。しかし、一九四五年四月一日から四六年二月七日までの、二人が毎日共に過ごした時間においては、手紙を書くきっかけはなかった。WFはドイツでは指揮が禁止され、スイスで作曲をしていたからである。

EFとWFの手紙は、彼らの対話の残響でもある。電話の内容がしばしば手紙として続けられ、そう、彼らは同じ日に電話と手紙を交錯させながらやり取りしていたのだ。したがって、もし郵便が時間通りにきちんと着かなかったり、電話が戦争のために不調になると、大変に困った。

要するにここに現れているのは一つの恋物語なのである。それはWFが抱いた感情の全く知られざる側面を示す。しかしまた、この物語は一人の夫人についても語っている。彼女は—二五歳の年齢差にもかかわらず—その夫にとって、自負心と感受性の豊かな同等のパートナーであった。そしてWFが、この危険な道程において示された彼女の勇気と快活を愛し、それを自分にとってのかけがえのない価値であると思ったのも当然であった。

WFはこの時点でまだ自覚していなかったとしても、一九四五年二月二五日には「亡命」していたのだ。この手紙の日付からして明らかなのは、それがジュネーヴ湖沿いのクラランで書かれたということだ。そこで彼は一九五四年十一月三十日に死去するまで―三つの場所に移り住むことになる。すなわち、「プレイリー診療所」「皇帝邸」そして最後は自らの家の「バセ・クーロ」である。

スイス人の友人、文筆家ジョン・クニッテルによって、WFは細胞注入療法の医師であるパウル・ニーハンス博士を紹介される。WFがここから妻に手紙を出した時、彼は診療所の専用封筒を用い、自分の名前は書き入れていない。彼がそこに滞在しているとは誰にもわからなかっただろう。

EFも宿をミットレディから近くのホテルへと移したところだった。ブラウンヴァルトで二人はなるべく姿を見られないように会おうとしたが、それもできないことが多かった。なぜなら、三回のスイスでの演奏会で得た出演料は既にほとんど使い果されていたからである。WFは完全に無一文でこの国にやって来たのであり、今や彼を助けてくれるドイツ人との、個人的な接触を求めていた。

彼がEFにまだポツダムから書いていた時、郵便配達人はしばしば彼の義兄弟であるハイノー・ゲフゲンだった。ゲフゲンはEFの姉カティアの夫で、仕事のためにベルリンからチューリヒへと旅行することができたのだ。今や彼は、有難い仲介者となっていた。

明らかなのは、七人のフルトヴェングラー一家は戦争や亡命のために、実際は四箇所に離散していたということだ。

WFからEFへ
クララン
一九四五年二月二五日

最愛の人よ、

僕の住所は、（モントルー郊外の）クラランの「プレイリー診療所」だ。

ここで僕はすぐに二つのすばらしい部屋を与えられた。それに加えてピアノもあり、明日から作曲を始める。部屋からは湖が見え、今日は豊かな陽光が差している。美しく、本当にすばらしい。ニーハンス博士は魅力的で、とても感受性豊かで、親切な人だ。そして、僕がどんなに疑い深い人間でも、本当に心地良く親切に接してくれる。それにはとても感謝している。

僕は今、三月十四日までビザを延長している。スイスのビザも、おそらくここですぐに申請するだろう。そうして、もし他の全てのことがうまくいけば、君に会いにミットレディに行くと思う。ここレマン湖のほとりであたりを見渡すと、ずいぶんたくさん空き家があるようだ。しかし、気持ちとしてはミットレディのほうに惹かれている。

ドイツへは—僕は明日か明後日再びケヒャーのもとに行く—念を押しておくが、十四日後に戻りたい。三月四日のベルリン、三月十一日のヴィーンでの演奏会だけをキャンセルしたい。三月十七日のベルリンでの演奏会のためにまた戻るつもりだ。だから、この辛い決定のために、僕はさらに十四日間スイスにいることになる。

午後

ちょうどモントルーまで湖畔に沿って散歩してきたところだ。

日曜日だというのに人はまばらだった。ほとんど老人か子供だ。大きなホテルやペンションはどこも空だ。生気のない気が滅入るような印象を持った。いつもは人が新聞売店に来て見出しを見ているのだが、それも全くいなくなった。

ああ、最愛の人よ、この法外な苦難を前にして、僕はあたかも自分が生きる力も勇気ももうないような感じがすることがある。君は僕を支えてくれる唯一の人だ。最愛の人よ、君のことをいつも考えているし、君は僕を未来と結び付ける。愛している。

マリアも、もし本当にベルリンの攻囲線が始まれば、医者として危険にさらされるらしい。そして僕のかわいそうなヘレネ。自分が脱走をしたような気持ちになる。僕はそこにいないのだ。しかし、そこにいたとしても、何の助けができようか。何度も自分に言い聞かせているのは、僕がドイツの未来のためにここにいるということだ。

明日の午後、僕はもう一度ベルンにケヒャーを訪ねる。それからここに泊まる。

ここでは世界から完全に逃れられるのだ。

一九四五年二月二六日

ケヒャーのもとへは明後日ようやく行くことになった。ハイノー・ゲフゲンとカティアの様子はどうだい？　もともと僕らは、とりわけ君は、いや僕も、彼女に何としても会わねばならないだろう。おそらく彼女は総合定期券を持っていれば、君を訪問できる。ここでは旅行が最も高価なものだからね。そうでなければ、どこかで会わねばならない。ハイノーがまた戻れるかどうか、僕は固唾をのんで見守っている。

もし僕に返事をくれるなら、一番良いのは、ニーハンス博士に僕への手紙を同封した手紙を出すことだ（封筒ごと同封）。最愛の人よ、僕がついに我が妻とまた一緒に生活できる時はいつやって来るのだろう。しかし、僕はもう君の近くにいる。これで良いのだ。

最愛の人よ、君にキスをしよう。

EFとWFの往復書簡から、第二次世界大戦の終わりまでの断片を挙げたい。EFはまだグラールス州にいた。ブラウンヴァルトにあるホテル・ニーダーシュラハトに、彼女は二人の小さな息子と一泊三食付き二十一スイス・フランで泊まっていた。WFはニーハンス博士の診療所に身を寄せていた。お互いの隔たりは二百キロほどもあり、旅行や電話をしようにも資金はもうほとんどなかった。

WF（一九四五年三月一日）「もし君がイザベレに会ったら、彼女に言ってほしい。僕がグラールス州に滞在できるか、きちんと再確認を得たいのだ。とても心強いのは、君の「戦闘的な」気質だ。僕も確かにつまるところはそうなのだが。最愛の人よ、僕らはきっとこれらの心配を克服できるだろう。他にもっと大きな心配がないとよいのだが・・・」

WF（一九四五年三月二日）「僕にとって今大事なのは、君とまたなるべく早く一緒に過ごせるということだ。昨晩のような孤独をこれ以上は我慢できない。君がドイツへ旅するのは、この状況では全くありえないだろう。状況が変わるまで、まだ我慢しなければならない。しかし、僕らが一緒にクラランに住むことは、今でもまだ難しいように思う。僕らの息子と別れていなければならないのが、気にくわないのだ。しかし、じきに別れて住まなくてもよくなるだろう。

一九四五年二月十三日、ドレスデンは米英軍の空爆によって破壊される。軍事的には全く無意味な行為だった。三万五千人の市民がそれのために生命を奪われることになったからである。事実上、戦争はもう終わっているようなものだったのだ。既に一九四五年一月二七日には、アウシュビッツに収容されていた人々が赤軍によって解放されており、二月の最初にはスターリン、ルーズベルト、そしてチャーチルは、ドイツ帝国の分割占領について話し合い合意していた。ドイツの降伏までもうあとわずかという状況だった。

スイスの新聞は、こうした一連の事件の進展や、明るみになった「ユダヤ人の根絶」に関する記事で一杯だった。マイダネクのナチの絶滅収容所で行われた「ユダヤ人の殺戮」は、あらゆる想像を凌駕するものだった。

EF（一九四五年三月九日）『新チューリヒ新聞』だけは読んでいますが、これで十分です。私はドイツを強く愛しているということ、日々その思いが募っています。ドレスデンで起こったことは、徐々に詳細がわかってきましたが、マイダネクなどで起こったことよりもひどいです。もしかしたら、意図的に起こったのではないでしょうか。これは書くべきではないでしょう。あなたも同じような気持ちであると思います。」

WF（一九四五年三月十一日）「今フェデラーの忠告で、当面三から六週間ここに留まるのを延長する申請をしたところだ。望むらくはこれがこの国に受け入れられると良いのだが。すぐにでも君がここへ来ることを望んでいる。申請の結果は週の中頃、遅くても週末にははっきりするだろう。これまでここで過ごした日々は書き表せないほど美しい。しかし、いつも良心がとがめるのは、昼も夜もドイツについて考えるからだ。戦争が早く終わってくれたら。今どれほど多くの人が死なねばならないことだろうか！」

EF（一九四五年三月十二、十三日）「ところで昨日からちょっと心配なことがあります。そもそも私は生理になっているはずなんです。だから祈って下さい。本当に愚にもつかないことかもしれませんが、一番の心配は、あなたが私をもう愛することができなくなったのではないか、ということです。人がとても愛し合っても、極めてまれにしか一緒にいられないのであるなら、危険なことではないですか。それから滞在延長の期間も問題です。私たちがいつもただ四週間おきに、スイス滞在の延長許可を待たねばならないなら、何も借りることはできません。そして私たちはここでもいつも別れたまま会うことになってしまうのです。」

ナチスの独裁者を解明するために、スイスでは何冊もの本が出版されており、それらはWFの目をようやく開かせた。ヒトラーは一九三三年一月三十日に政権を掌握し、同年二月二七日には、帝国議事堂が消失。証拠はないにも関わらず、ナチスはこれを共産主義者のせいにする。オランダ人ファン・デル・ルッベが逮捕され、死刑に処せられた。ヒトラーはこれによって、「共産主義者の暴行から守るため」最重要の基本法を労せずして施行するための口実を得たのだ。彼にとっては豊作だった一年の後、一九三四年六月三十日、ヒトラーは彼を排除しようとして失敗したとする「レームの反乱」をでっち上げた。裁判所の判決を経ないで、突撃隊のレーム大尉と精鋭たちは粛清された。粛清された者は百人にものぼった。身ぶるいしてWFはこの年を回想している。一九三三年、権力掌握の後すぐ、彼はナチスから国立歌劇場の監督に任命され、一九三四年には最大の危険に陥ることになった。ヒンデミットに関する記事によってあらゆる芸術上の独裁に対して抵抗したからだった。

WF（一九四五年三月十二日）「ドイツは最長でも五、六週間のビザを与えてくれるだけで、それ以上は無理だ。もしスイスがもっと長くしてくれたとしても、それは四月の後半までだろう。そしてさらに延長ができるかどうか。フェデラーが言ったのは、僕らが僕の診療証明書（ユングとレッフラーによる）を理由にコンスタンツに行くつもりはないかどうか、ということだ。僕がよぼよぼと衰弱して見え、実際の年齢より老けている、と君は思うかい？　そういうことが、そもそもとても「効果のある」証明書になるのだ。コンスタンツに、僕らが子供らと一緒に住み続けられるようなサナトリウムがあったらいいのだが。ゲッベルスにそこでの滞在を求めるべきだった。仕事上は何も関係がなかったからだ。もし僕の心配が晴れるなら、とてもすばらしいことだ。しかし、何も起こらない場合はどうしたらよいのだろう？　昨日は、帝国議事堂の炎上と六月三十日のことについてスイスで出版されたたくさん読まれている本を読んだ。ひどく気分が悪くなった。しかし最悪なのは、そこでの叙述が全く納得のいくように思われたということだ。僕が関係者を知っているだけにそう思えるのだ。ようやく再び自分の芸術をやれるということに、僕はいかに憧れていることだろうか。ここ四週間は悪しき間奏曲だった。」

EF（一九四五年三月十七日）「というわけで、ライスト博士のところでは良かったです。彼は私に薬をくれました。それが効かなくても、彼は確かにまだそこにいるから安心です。私自身はそれをもう再び信じたりはしません。しかし、彼がすぐに言ったことは、それがいかなるものであっても、精神的ストレスになるのであれば望ましいものではなく、それを私はあなたに最初は何も話すべきではないということです。それに、もうそれは終わりつつあるようです。」

ＥＦ（一九四五年三月二七日）「クリンゲンベルクとミルテンベルクがアメリカ軍に占領されたとイギリスの放送が伝えています。私は嬉しいです。しかし、いつ私たちは最高の知らせを受け取るのでしょうね。二人の息子をベッドに入れたばかりで、ペーターがうまく一人で寝るか、絶えず考えねばなりません。こんなことを考えていてごめんなさい。忍耐強くありたいものですし、これからもそうであるでしょう。もし私たち四人、つまりあなた、私、そして小さな息子たちが一緒なら、全てがよりうまくいくでしょう。とても感謝しているのは、あなたと二人の子供がここで安全であると知ることができるということです。お腹いっぱい食べ、そして暖かくして。ここに来て最初の日から私は一つの場所を求めています。私たちが目立つことなくいられる場所をです。なぜなら、ここで彼らは既に、保養協会でもホテルでも私がどこにいるかまたもや問い合わせてきたからです。その問い合わせはもちろん拒否されました。とても厚かましくて、私の気持ちを無視しているからです。早く一緒に暮らしましょう。そうなれば全てうまく行くでしょう。」

ＥＦの十三歳の息子ペーターはまだクリンゲンベルクに住んでいて、ミルテンベルクのギムナジウムに通っていた。クリストフ（十歳）とカトリン（七歳）はテーゲルン湖畔のタンネックに住んでいたが、そこは明らかに問題があった。ＷＦの弟ヴァルターはヒルデとの間で子供をもうけていたが、ＥＦの二人の子供と一緒の教育はできなかった。それを助けるために送られたクリステルは、当然ながらクリストフとカトリンのために力を尽くした。そしてＷＦの秘書フレーダ・フォン・レッヒェンベルクは全てをうまくまとめなければならなかった。いかにＷＦが妻を鎮めようとしていたか、それは感動的だ。いずれにせよ彼女は絶えず精神的に不安定だった。しかし、まずはヴォー州のクララランへの転居が控えていた。

ＷＦからＥＦへ
クララン
一九四五年三月二七日

最愛の人よ、

同封した手紙をすぐにパスポートと一緒にそこに記してある住所に送ってほしい。転居の許可は迅速に得られるだろう。タンネックのために君は悩みすぎてはいけない。ヒルデには、彼女の労苦をねぎらうような、やさしい手紙を書いてくれ。これはまさしく最重要なことだ。僕もそれをしている。確かに困難な状況だ。しかし、僕たちは全てを変えることはできない。君も突然に大慌てでタンネックに行ってはいけない。クリステルが根本的にヒルデとはうまく折り合わないからだ。明らかにヒルデは、母として自分の子供に味方するだろう。しかし、子供たちが実際それによって悩まねばならないというほどのものではない。クリステルがそこで悩んでいるのは、別のことだ。それはそうとして、有難いことにレッヒェンベルクもいる。君は僕のことを思い、僕のためにいなければならない。ここしばらくは辛抱しよう。すぐに僕らは一緒になれる。キスをしよう。愛している。

W

EFからWFへ
ブラウンヴァルト
復活祭　一九四五年三月三十／三十一日

私にはあなたが遠くに去ってしまったような感じがしています。あなたと一緒にいられれば、この悲しみをようやく振り払えるでしょう。

最後の日である今日は、陽光でいっぱいの別れでした。

あなたのもとにいれば、全てのことが良くなるだろうと思います。『世界週報』誌にソフォクレスの翻訳が載っている論文（ちなみにアトランティス社刊）がありました。翻訳者の様々な試みがわかります。そこから私の気に入った、あなたと私に合っていると思われるものを一つ。

私はよく知っている、
お前たちはみな悩んでいるということを。
しかし全ての悩める者の中で、
私ほど悩みに満ちている者はいない。
お前たちの悩みはたった一つのこと、
つまり自分自身についてだけであろう。
しかし私の魂はこの街を、私を、そしてお前を同時に嘆いているのだ。
［訳注　『オイディプス王』の冒頭にある王の台詞］

もし他の民族のように、他者に罪を見だすことができないとしたら、他にも苦痛があるということはいったい何を意味するのでしょうか。

あなたや子供たちと「ひきこもる」ことに大いに憧れています。あなたが私のように、また私があなたのように感じることをまた体験したいです。

小さい息子はとても体重が増えました。二人の少年はとても可愛いです。

すぐに、すぐに。あなたのエリーザベト

一九四五年五月九日、戦争は終わる。ナチスの（公的な）支配は終わりを告げた。エルネスト・アンセルメは、スイスのヴォー州に貧しいフルトヴェングラーの家族が邪魔されないで留まることができるよう配慮していた。一家はクラランの「プレイリー診療所」の最も狭い部屋で生活する。ニーハンス博士が自由に使わせてくれた二つの部屋は、作曲と子供たちのために使わねばならなかった。トーマスはそんな間に五歳、アンドレアスは一歳になった。

ベルリンは七十パーセントが破壊された。もちろん歌劇場やフィルハーモニーもだった。しかし、ベルリン・フィルは存続した。指揮にあたったレオ・ボルヒャートは二十二回の演奏会をした後、アメリカ兵から誤って撃たれて命を落とす。そこに若いセルジュ・チェリビダッケが登場した。彼はその卓越した才能を駆使し、ＷＦの「代理」になる。ＷＦはロシアの意向によって、すぐに国立歌劇場、つまりアドミラル・パラストで指揮できるはずだった。しかし、アメリカによってベルリンでは演奏禁止になったので、彼は今やスイスに住みながら二年間を名誉回復のために戦わねばならなかった。その間にＷＦはクランで第二交響曲を書く。しかし、それでは家族は養えなかった。スイスでの後援者であるヴェルナー・ラインハルトから、月々八百フランを、なるべく速く返済するという条件で借りることになる。

ＷＦからＥＦへ
インスブルック
一九四六年二月七日

最愛の人よ、
国境でちょっとした突発事故があった。フランス軍によって拘束され、今二四時間ぶりに再び解放され、明日ヴィーンへ向かう。君はそれを聞いても動揺しないでほしい。いずれにせよ、今は全てうまくいっている。明日まではここインスブルックに留まる（恐ろしい雨天だが）。ヴィーンから長い手紙を書こう。
君のことを思い、君や僕らの兄弟にキスをしよう。可愛いトーマスとニコデ嬢によろしく。僕が君を愛しているように、僕を愛してほしい。
Ｗ

ＥＦからＷＦへ

クララン
一九四六年二月十二日

最愛の人よ、

当然ながら既に全ての新聞が、あなたの「拘束」を掲載しました。土曜日にです。言うまでもなく、文書や印章が失われないかが心配です。私が呆然自失したのは、フォン・パレッティ氏から、あなたがさらにヴィーンへ向かう途中にあったということを聞いた時でした。ただ望むのは、また途中で新たな事故が生じないことです。あなたが囚われたという新聞の記事は、ここの診療所の電話を大いに混乱させました。信じられないのは、そもそも何が起こったかを知ろうとして皆が電話してきたということです。気の毒なくらい心配している人もいれば、新聞の誤報だと思っている人もいました。私はあなたの出発の日にすぐに手紙を書きました。ちょうど二通の手紙がアメリカから来たからです。そこにあなたを擁護する意見が述べられていることは驚きでした。亡命しなければならなかったあなたの第一コンサートマスターであるコルベルクも、証言を申し出ました。音楽雑誌での彼のインタビュー（四ページにわたるもの）は本当にすばらしい。特に嬉しかったのは、これらの人々がみな、あなたのために尽力していることです。あなたが彼らにお願いしたのでも、じかに話したのでもないのにです。

あなたには冷静にふるまってほしいと思っていますが、多かれ少なかれ全てのドイツ人が置かれているこの困難な状況では、誠実さと礼儀正しさこそが助けになるということを、確信しています。あなたの芸術家としての偉大さはそもそも邪魔になるのであり、ただ人間としての潔白だけが問われているのです。

リヒャルト・シュトラウスがどう振る舞うかということには興味津々です。私の手紙はいくらか切り取られています。子供の部屋で書いたからです。トーマスは熱で喉が腫れています。兄弟は元気活発です。

待っています。あなたが再び私のもとに来て、あなたを愛することができる時まで。

あなたのE

ヘッスリンが電話してきました。木曜日には演奏会を聴きにローザンヌへ行きます。クーレンカンプフがメンデルスゾーンの協奏曲を弾きます。その他には《エグモント》序曲とブランデンブルク協奏曲です。あなたからはいつ電話をもらえるかしら？

ベルリンでアメリカが許可を与える前に、WFはそもそも指揮台に戻りたくなかった。既に魅惑的な提案はあった。すなわち、イタリアで指揮する時は彼はただおぜん立てに乗っていればよかったし、ロンドンでは演奏会と、EMIやデッカによるレコード録音をするようにうながされた。ユダヤ人秘書ベルタ・ガイスマールとの再会はすぐに実現した。一九二十年代から彼女は彼に仕えていたが、一九三五年に亡命し、ロンドン・フィルハーモニックとその創設者トーマス・ビーチャムのマネージャーになる。WFができるだけ早くイギリス人の前に登場できるために彼女は尽力した。

進展がないのは、ベルリンでナチスでないWFを「非ナチ化」することだった。その際、大いなるフルトヴェングラーの崇拝者たち—ボレスラフ・バルロクを筆頭に、カルラ・ヘッカー、そしてセルジュ・チェリビダッケ（ベルリン・フィルも同様だった！）—は、WFの嫌疑をはらすための証拠を集めるため全力を挙げた。

WFはまずヴィーンへ行き、「審議委員会」—彼はそう自ら名付けて引用符を付けた—で証言する。一九四六年二月十三日にこの委員会は初めて開かれた。EFは二月十六日、「プレイリー」から彼にこう報告している。「昨日の新聞によれば—そして今や全てのドイツの新聞の一面にも出ているでしょうが—あなたはヴィーンで「告発されるのを覚悟している」と言ったそうですね。」

もちろん、「告発」という言葉を見たベルリンのアメリカ人たちは、こちらの方がヴィーンよりも全てかなりスムーズに進んでいると思ったことだろう。一九四六年二月二十日、WFはこう書いた。「君に長い間書かなかった。たくさんの騒ぎがあったのだ。君を喜ばせるようなことは何も言ってあげられない。そもそも無関心な無数の人間たちと話したり、僕自身を説明したり、謝罪しなければならないなどというのは、この世で最も不快なことであり、何日かは病気になってしまいそうだ。僕の案件が全体としては今まで普通に進んでいるにもかかわらずだ。ベルリンで三月二、三日に演奏会を指揮できるかもしれないという希望は依然としてある。」

しかしその希望は実らなかった。かつてのベルリンの仕事斡旋人と合意することが求められていたからである。一九四六年三月四日、ヴィーンから彼はこう知らせている。「週の中頃までにはオーストリアの委員会で審議が進み、ベルリンの委員会は僕とゲッベルス宣伝相との文通を手に入れるだろう。最終的な決議をする前に、委員会は文通をまだ調べたいのだ。もし文通が手に入らないなら、僕は自分に与えられた機会を生かして、ベルリンへ飛び、明らかに主たる障害になっている場所に出向くつもりだ。」

一九四六年三月十日あたりには、彼はベルリン入りしていたのだろう。一年以上前に彼はこの故郷の町から出て、なおヴィーンで指揮をし、そして後頭部から「倒れた」のである。ねつ造された診断証明書がスイスの国境を越えて彼を救った。ローザンヌ、ジュネーヴそしてヴィンタートゥールでの三回の演奏会の後では、さらなる医者の診断書が、ベルリン・フィルの首席指揮者へ干渉することを終戦まで不可能にしたのである。

今や彼は再びベルリンにいた。戦争の混乱に見舞われ不当な罪を負わされ、全くやつれて仕事もない男としてである。彼がヴィーンでほどなく無罪宣告を受けるまでの間、アメリカの委員会は休んでいた。それでもベルリン・フィルとは話がすぐに先に進んだようだ。演奏会場が今や破壊されたフィルハーモニーではなく、「ティタニア・パラスト」や「放送局」や「西側の劇場」であったとしてもだ。信奉者たちは心底から彼を待ち望んでいた。手に料理用スプーンを持つレンヒェンもその一人だった。彼が復帰すれば、チェリビダッケはすぐに第二線に退き、彼にベルリン・フィルをすばらしい状態で返したかもしれない。

四つに分割されてしまった都市ベルリンについて、WFは一九四六年三月七日にヴィーンについてこう言ったことをくり返すかもしれない。「それはそうとしても、都市の生活は僕にはぞっとするよ。」そしてEFは思うだけではなく、実際一九四六年三月十二日には、彼をすぐにまた家族の領域へと連れ戻したのだ。「小さな兄弟は最も危険な年齢にあります。彼の心は安定を失っています。荒々しく怒ったかと思うとすぐにまた優しくなるのです。（どんな考え方をしてもわからないのです。彼は誰からこのような性質を受け継いでしょう??）」

ほとんど三ヶ月、WFの旅は続いた。「何週間も確かなことを知らされず、ひどい別離の時間でした。」（EF　一九四六年三月二六日）その代わり、二人はほぼ六ヶ月一緒に暮らすことができた。しかし、私たちにはこの時間は都合が悪い。手紙が書かれなかったからだ。

◇ ◇ ◇ ◇ ◇

EFはその間に、もっぱらWFのことだけを世話する私設の首席秘書官に昇格したのだった。世界中から郵便は山のように届けられたが、当時コピー機はまだ発明されていなかった。オリジナルを手放したくない時、EFは彼女の新しい友人モニ・リックマースに仕事を頼み、WFのために全ての重要なものを筆写させ、それを彼がどこにいようとも転送したのである。

一九四六年十月中旬、彼は再びドイツに旅立った。ベルリンの非ナチ化委員会の日程が決まったからである。それは十二月十一日だった。彼はまずヴィースバーデンに立ち寄る。アメリカの軍司令部で最初の個人的な接触をし、情報を与えるためであった。そこでも彼は当然ながら作曲と演奏を忘れることはなかった。すぐにこんな体験もした。ラインガウで甘口のワインを飲んでいる時、一流のピアノ・トリオを聴いたのだ。ピアニストのヴァルター・ギーゼキングとチェリストのルートヴィヒ・ヘルシャー、そしてもう一人の男は、一九四五年までベルリン・フィルの第一コンサート・マスターを務めていた、ゲルハルト・タッシュナーだった。「タッシュナーがここにいる。僕らは昨日二曲のソナタ（《クロイツェル》ソナタなど）を一緒に演奏した。君もそこにいてくれたらと思ったよ。名誉回復が現実に十二月十一日には急いで行われるだろう。困難は今や全く別の側にあるが、ここでは人は物分かりがよく親切だ。これは最も大切なことだ。」（WF　一九四六年十月二十日）

ヴィースバーデンからクリンゲンベルク・アム・マインまでは車で一時間の距離だ。WFがそこに行こうと考えたのも無理はない。EFの三人の子供が住んでいたからである。クリストフ（十一歳）とカトリン（八歳）は、タンネックのWFの家からクリンゲンベルクのEFの家へと連れて来られ、ペーター（十四歳）と一緒にいた。EFの兄であり「アルベルト工場」の社長ヴィタルは、全く立派なことに、WFをヴィースバーデンに迎えに行ったのである。一九四六年十月二十一日の報告がEFにとって何を意味するか、想像するのは容易だ。彼女は二年来、年長の三人の子供と別れていたからである。

「僕は全てを君の目で見、どんな時も君のことを思っている。昨日はすばらしい車マイバッハでヴィースバーデンからここまで運転してきた。僕に目がけて子供たちが突進してきたよ。昨日の正午以来、僕は家族の一員だ。細かいことは全て後で話そう。とにかく君は安心していいのだ。彼らはアハライテンでのように全く元気そうに見えるし、満足して自分の本性を発揮している。僕ら―子供たち、ヴィタルそして僕―は、すぐに午後、この美しい田舎で大いに散歩をした。ペーターはほとんど変わっていない。元気で健康そうだ。クリストフはずいぶん成長した。見た目にもだ。主要なそして最も目立つことと言えば、カトリンが成長したことだ。彼女は突然に顔がクリストフに似てきたと感じる。彼らを双子だと思えるほどだ。彼女は本当に魅力的だ。君の姪のベアーテもとてもかわいらしいし、小さなウルリケはさらに面白い。彼女は既に兄たちよりもたくさん話すが、他にも、もっとひょうきんで人なつこい気質を持っている。他の家族とも僕は知りあった。みな優しく親切だ。」

子供たちへのホームシックで、「診療所」にいるEFは緊急に夫による支えを必要としていたかもしれない。短い間に親しい友人が二人も亡くなった。一九四六年十月二十二日、三十六歳のウルジ・リックマースが小児麻痺で死去する。彼女の父親であり船主のパウル・リックマースが亡くなる九日前のことだった。母とモニだけが隣の家「プチ・クレ」に残された。「その家の前に来ても、老リックマースが仕事の合間にブルテリア犬の「ビッディ」と一緒に遊んでいないのを見るのは、とても辛いのです。「皇帝邸」からも音は聞こえません!」WFの弾くピアノの音のことだろう。これは邸宅の庭でとても良く聞こえていたのだ。老リックマースは自分の家の部屋を彼の作曲のために提供していた。しかし、WFは旅行中であり、EFはスイスの友人と話し合い、二人の息子とチューリヒ、ブロッケン、そして最後はアッペンツェル州のハイデンへと向かう計画を立てていた。

WFが十一月三日にヴィースバーデンから、「僕はここでは一人ぼっちの、まさに哀れなやつなんだ」と書いたのを、彼女はあまり真面目に受け取らなかったのだ。彼は妻に会いたくてたまらず、彼女をクラランで驚かしたかった。しかし、EFは既に出発していた。モニ・リックマースは一九四六年十一月二十三日に、ハイデンへ書き送っている。「もちろん、あなたや子供たちのいない「診療所」ではとても幸せとは言えません。そうなってしまったのは由々しいことでもあります。唯一良いのは、あなたがいくらか自由になるために、子供たちを世話する人を見つけることがいかに必要であるか、彼が十分に意識なさっているということでしょう。もしここで住まいを見つけるのが完全にうまくいかない時は、ルガーノに住むことを考えれば少なくとも安心できるのではありませんか。」

WFはクラランにいることに我慢ができず、妻を追ってアッペンツェル州のハイデンへ来る。この回り道は想像できないくらい交通事情が悪かった。しかし、ヴィースバーデンで彼は秘書のフレーダ・フォン・レッヒェンベルク、アガーテ・フォン・ティーデマンと話し合い、二人と時間通りにベルリンにいることになっていた。

非ナチ化審査機関による手続きはすぐ近くに迫っていたが、一方マリアとの関係は、彼とEFが望んでいた程度になることはもうなかった。今やマリアはナチスとＷＦの関わり合いについて、アメリカによる審問を辛抱して受けなければならなかった。マリアとの話し合いはもはや不可能で、彼女の兄ヴィタルや友人でビーレフェルトの「ドレスデン銀行」総裁のアルベルト・オストホフが仲介しても無理だった。

一九四六年十二月二日
ヴィースバーデン
WFからEFへ

急いで伝えるが、無事に着いた。ここまでの旅行は大変だった。リンダウでは急行列車だけでなく各駅停車もミュンヘンまでは出ていなかった。列車は三日前に運行しなくなっていた。なので僕は午後はフォイステルの親戚のもとで過ごし、真夜中の一時に出発し、ルドルフツェルなどを通ってオッフェンベルクへ行き（乗り換えて）、次にバーデン＝オースへ（また乗り換え）、それからハイデルベルクへ（また乗り換え）、そしてフランクフルトへ（また乗り換え）、そして晩の八時半頃に、ようやくヴィースバーデンに着いたわけなのだ。荷物を持っているから全てがとても辛くなってしまった。夜中の二〜四時と午後、ハイデルベルクからフランクフルトまでは列車の中で立っていなければならなかった。全ては書き表せないくらい汚れていて超満員で貧しかった。そしてもっと悪かったのは僕が聞いたことだ。

しかし僕自身はここで九時間も眠り続け、ハイデンとエルマッティンゲンでの先日からの全てのことにもかかわらず、また健康で元気になった。一つ残念なことが一日中気にかかっている。それは君が困難にあえいでいた時、戻ってきてキスしてあげられなかったということだ。

ここでは、今までたまっていた君の全ての手紙（八通！）をようやく読んだ。今ようやく愛する君へ返事ができる。

今や解決しているのは、レッヒェンベルクとティーデマンがここに来て、僕ら三人が十二月六日の晩にベルリンへ向かうということだ。女性たちをバルロクはなんとか泊めてくれるに違いない。僕はすぐにポツダムへ移動する。差し当たっては、全てはこれで大丈夫だろう。おそらく僕は月末に再び君のもとにいられるだろう。

マリアは僕に手紙をくれた。僕の手紙を開封しないで送り返してきた。こんな書き込みがしてある（署名なしで）。「わかって下さい。私はあなたとのどんな個人的な接触もお断りしなければなりません。」

僕は彼女に、心からこの悲しい「名誉回復」を与えるのだ！　僕はわかっている。何よりもわかっている。彼女自身はこのドイツの運命に直面して、簡素さや人間性へと立ち戻らずに、大衆を前に―どんな大衆だというのか！―目立つことの方が重要だと思っているのだ。

今や僕は彼女をもはや困らせることはない。彼女がそもそも僕の問題をまだわかっていないのを残念に思うのみだ。さあ、もう終わりにしよう。僕はヴィタルとオストホフにこれについて手紙を出した。もうこういうことはないだろう！　君は気を悪くしないでほしい。僕らは将来、彼女も「取り巻きたち」も煩わせることはないだろう。

目下、十五日にはまたヴィースバーデンに戻るつもりだ。君は二日毎に一通の手紙を受け取るだろう。兄弟たちにもよろしくと伝えてくれ！　そしてトーマスにも。いつも本当に君を愛している。じゃあまた！

ガイラーからも聞いた。マリアは今しがた難しい手術（二重筋腫）をハイデルベルクで受けて成功したそうだ。おそらく彼女の僕への態度もこれには関連していただろう。だから僕はもはや何も言わないつもりだ。

ＥＦからＷＦへ
ハイデン
一九四六年十二月十三日

最愛の人よ、全てが水の泡になりました。「無期延期！」という言葉は美しくは響きません。審議についてのロイター通信をあなたは読むでしょう。それはともかく、「エレガントな」フルトヴェングラーというのには笑ってしまいました。あなたをレンヒェンは特にはり切って着飾らせたのでしょうか！

ああ、この世では全てが狂っています。でも、元気を出さないといけませんね。ここにいる私よりもあなたは多くを知っていて、事がなんとか進むようにがんばっているのですから。

あなたの手紙での「国の尊厳の刷新」に関する文章。そう、それは正しかったのです。確かにヒトラーによる大掛かりな人間狩りは、勝者がこっそりと植え付けた劣等感からドイツ人を解放するものだったのかもしれない。ただ、全ては後になってから最も恐ろしい極端へと高まっていった。しかし、今や私たちはもっと低い次元のことを心配しているのです。民主主義（私たちが待ち望んでいた言論の自由と人間的自由そのもの）が全く不人気になり、再び屈辱の刻印を押されないようにしなければいけない。今、「国の尊厳」について話すことができるなら、彼らにたずねて下さい！　この文句は今の私たちから見れば不快に感じられます。しかし、もし彼らが過去を振り返った上で、現在について考えるなら、その意味は全くはっきりと理解されるでしょう！

しばしば私は手を広げて目を閉じ、自分にただこう言います。「あなたのもとにいられたら、あなたのもとにいられたら。」

昨晩はカール・シューリヒトの指揮でメンデルスゾーンの《フィンガルの洞窟》序曲、シューマンのピアノ協奏曲、そしてチャイコフスキーの第四交響曲を聴きました。ピアノ協奏曲は―パウル・バウムガルトナーがソリストでした―ゆっくりした楽章は美しく演奏されたものの、もっと別の歌い方で演奏してほしいような気もしました。しかし、チャイコフスキーの交響曲は立派ですばらしかった。シューリヒトは本当に良い指揮者です(パウル・クレツキとは一緒にできません。私は彼もチャイコフスキーの《悲愴》で聴いていますが)。聴衆は本当に感動していました。そこで考えさせられたのは、この酷い現代は、こういう音楽について無関心な時代であり､優れた人は時代をはるかに超えているということです。最初の二つの楽章､そして次のピッチカートの楽章も、本当に美しかった。実際に―私も一緒に―聴衆が夢中になり感動したということが、私には慰めでした。あなたが音楽批評家や頭でっかちの識者には手厳しいことを書いているとしても、どうぞ民衆を責めないでください。彼らは然るべき場所では自らの耳、心を持っています。

明日、もっと書きます。あなたの妻より。

WFからEFへ
ポツダム
一九四六年十二月十八日

最愛の人へ、
今終わった。アメリカの新聞のマーゲンフィズル氏が、君と今日（直接か間接か）電話で話したいそうだ。彼はニーハンスとクロールを知っている。個々の点を君には直に話したい。やっと終わったのは良かった。人生修業に終わりはないわけだが。眠れなかった。あまりに興奮が大きすぎた。僕は健康には問題を感じていないのに、ずいぶん前からそんなに「良く」は見えない、と皆が言う。とにかく、僕らのことだけを、最愛の人である君を、そして君といられる幸せのことだけを考えている。君は僕に力をくれる。その力が僕の人生を然るべく支えている。それさえあれば、「世界」からの要求と侵犯に抵抗するという、さらに大変なことも今ようやく始められるのだ。
僕はもう計画のようなものを作った。これについて話し合おう。君が住まいを見つけられたかどうか、とても気になっている。僕はおそらく一日はヴィタルのもとへ行くと思う。ヴィーンの演奏会を終えたら君の所へ行くのが実際的かどうかはわからない。あるいは逆かもしれない。いずれにしても、一月末には一緒にローマへ行こう。そしてその後で君もクリンゲンベルクへ来るのだ。レンヒェンが君によろしくとのことだ。彼女は優しく、親切だ。僕はとてもよくしてもらった。皆が君によろしくとのことだ。生活や、食事のことなど僕は大丈夫だから、心配することはない。今日、僕は君からの小包を開けた。カティンカからはまだ何も言ってこない！　最愛の人よ、君にキスをしよう。僕は完全に君のものだ。小さな兄弟たちに僕からのキスを。トーマスにもだ。ニコデとモニによろしく。
君のW

あさっては君の誕生日だ。忘れてはいないよ。書きようがないほど君を愛している。

どんなクリスマスだったのだろう、一九四六年のクリスマスは！　しかし楽しい祝宴はなかったことだろう。無罪判決は来そうで来ない。一九四六年十二月二四日の消印がある二通のWFの手紙はポツダムから出されたが、EFはそれらを枕元で読んで「涙した」に違いない。十八時の消印が押され、合衆国の検閲によってベルリンで開封された封筒だけが二枚残っている。彼はどんな苦情を言わなければならなかったのだろうか？

連合国の最終的な意見表明まで五、六週間はかかりそうだったが、少し早まるかも知れなかった。一月末のイタリアでの演奏会は断らねばならない。彼は時間が無益に流れていくことにしびれを切らし、EFへの辛い憧れを募らせる。「名誉回復の後、僕はまずベルリンで、つまり四つの区域で一回ずつ、そしてハンブルク、フランクフルトそしてバーデン＝バーデンで指揮をしなければならない。そして一回はヴィーンでもだ。全部やるには、僕が恐れる通り、多くの時間がかかるだろう。なぜなら絶え間なく旅行しているようなことになるからだ。それに加えて、国立歌劇場での公演（おそらく《トリスタン》）がある。全てをするのはとても難しいが、いずれにせよ今後は活動の大部分をベルリンに集中させることになるだろう。」（一九四六年十二月二十日）

「今戻って来たところで、書くのが遅くなってしまった。僕は質問書に答えねばならない。それは全ての部署を通過していくまで、それなりの時間がかかる。いずれにしても君に言いたいのは、一月六日あたりにスイスに行きたいということだ。それが何かの理由でさらに先へずれるようなら、そもそも最終的な名誉回復までここに留まるのが良くはないかと考えるべきだろう。今まで僕はこのような考えが絶対にできなかった。君にクリスマスばかりか新年にも会わないというのは、恐ろしく辛いことだ。全く悲しいことだが、どうしようもない。」（一九四六年十二月三十日）

EFも神経がすぐに限界に来て、クラランの「診療所」とハイデンの「ペンション・ノルド」を行ったり来たりしていた。しかし、彼女は優しい友人たちから招待されることになる。彼らとEFはアンドレアスの誕生の際チューリヒで知り合ったのだった。「私はクラランにいました。しかし激しく求めても、私たちのためにどうしたら良いかはわかりませんでした。テシン州に行くとよさそうなのです。おそらくテシン州になるでしょう。あなたが来れるかどうかについての最初の二つのニュースは、とても現実味があるので、私はもはや書くことがありません。考えるのですが、あなたはひょっとして連合国による判決が批准された後に来たらどうですか。ただ、それは私にとって結局一つの大きな自己否定を意味するであろうことを、理解してほしいと思います。あなたをこれ以上は待てません。私はこの別離は最悪のものと思えます。もはやあなたと別れていたくはありません。私はとてもやつれて見えるでしょうし、既に自分を鏡に映して見るのはやめてしまいました。」(一九四七年一月十日)

一九四七年五月一日、ついに無条件の無罪判決がWFに与えられた。彼が咎められるとすれば、皆が知っていたこと、すなわち彼がドイツに留まっていたということ以外には何もなかったのである。彼は一九四五年一月二十三日以来、ベルリンでは指揮をしていなかった。聖霊降誕祭の一九四七年五月二五日、ティタニア・パラストで彼がベートーヴェンの《エグモント》序曲、交響曲第五、六番のプログラムを指揮した時は、大変な歓呼で迎えられた。そこにはあの真似のできないフルトヴェングラーの響きがあった。カルラ・ヘッカーがある時「ユピテルの稲妻」と呼んだ響きである。彼はすぐにこの演奏会を三回繰り返し、六月二日にはベルリン国立歌劇場管弦楽団への復帰も果たした。それから彼は再び国際的な演奏生活へと巻き込まれていく。ハンブルク、ミュンヘン、ザルツブルク、ルツェルン、ストックホルム、ミュンヘン、ヴィーン、ジュネーヴ、ヴィンタートゥール、シャフハウゼンの聴衆に歓迎された後、再び彼はベルリンに戻ってきた。全てはまだ一九四七年の内に行われたのである。

五月一日から十月十五日までの手紙が存在しないことは意味深長だ。なぜなら、書くべきことがなかったからである。いつもEFは旅行をしていた。しかしベルリンでの《トリスタン》の後、彼女はもう一緒にスウェーデンやミュンヘンへは行こうとせず、彼女の大きな子供のためにクリンゲンベルクへ行きたがった。ここから彼女はWFに緊急の警戒信号を送る。本来欲していたことであり、長く指揮をしていなかった間に再び打ち込めるようになったこと、つまり作曲を彼女は彼に思い出させたのだ。

「一九四七/四八年にへとへとになるまで指揮をしても良い、と思っているようですが、あなたはもう確固たる地位を築いているのですから、これ以上もう労苦しなくてもよいのではないですか。どうか一月には何も引き受けないで下さい。なぜなら、それはあなたが六月まで続く嵐の前に休息できる唯一の月だからです。ペース配分を考えなければ、後で悔んでも遅いですよ。あなたの交響曲は、私には今や唯一重要なものなのです。そこにどうしても考えは向かわざるをえない。なぜ私はあなたの音楽が持つすさまじい悲観主義にもかかわらず、そこに多くを期待するのでしょう? クラランで過ごした安らかな一日をどうか考えてください。あなたは作曲をし、私はそんなあなたのことを理解していました。私たちは現にもう一緒なのであり、そう願えばそうなるのです。あなたは今や多くを成し遂げました。何年も前と比べてみればわかります。私を信じて下さい。それは遅すぎるということはありません。何の喜びも友情も与えようとはしない全ての人間から、私たちはもっと自分たちを引き離さないといけません。全く独善的になってしまっても構わない。今のあなたにはその方がよいのです。」

一九四七年の夏から様々な種類の出来事が、EFとWFの家族を見舞うことになる。住居探しで難儀していたが、結局は理想的な解決がクララン自体からもたらされた。二人のリックマースが亡くなった後は、モニと彼女の母親は隣の「プチ・クレ」に移っていたので、「皇帝邸」には空きができた。その家が売れるまで、EFとWFの家族はこのすばらしい住居を使うことができた。大きな庭では子供のトーマス（六歳）とアンドレアス（二歳）、そして今ではカトリン（九歳）も騒いで走りまわることができた。年長の二人がクリンゲンベルクでドイツの高校卒業試験に合格しようと努力している間、彼らはフランス語圏のスイスの両親のもとに来たのだ。家長のWFにとっても、作曲の仕事にもっと打ち込むのが心からの望みだった。第二交響曲の完成は目前だった。この大作を完成し初演するには、彼は精いっぱい頑張らねばならなかったのだ。

ミュンヘンからは、指揮の仕事を彼自身が軽蔑するような調子の手紙が届いた。「ああ、最愛の人よ、指揮棒を持ってここであくせくしている間も、僕の心は君たちのもとにある。リハーサルも演奏会も全て「予定通りに」進んでいる。いつもとても頑張っているし確かに疲労困憊するが、繰り返しているうちに何とかやり遂げられるものだ。」そして、一九四七年十月十七日には次のような認識に達する。「それでも、ここの雰囲気は僕の交響曲をここで演奏したくさせる。今晩は特別に得られた合間に再び作曲をした。」

この交響曲をベルリンでベルリン・フィルと初演しようとするなら、彼の心配は絶えなかった。新聞は彼を酷評し、いつものように、彼が天才指揮者であっても偉大な作曲家ではないということを証明したがるだろう。しかし、ミュンヘンはミュンヘン・フィルと共に、彼には危険の少ない「隣の舞台」に思われた。リヒャルト・シュトラウスは騒動を避けるため、ドレスデンで彼のオペラを初演し、ベルリンでは演奏させなかったが、おそらく同じような事情だろう。

しかし、WFにとって転機が訪れたのは、彼がミュンヘンでの演奏会の後で新聞に目をやった時だった。「僕の交響曲はたぶんミュンヘンでなくハンブルクでやることになろう。ミュンヘンでは残念ながら報道が健全でないという印象を持った。ハンブルクではヨッフムがよくやってくれるだろう。」（一九四七年十月二五日）

もちろん彼が確信していたのは、他の指揮者では誰も自分以上に良くはできないだろう、ということだった。だから結局は「彼の」オーケストラとベルリンで演奏することに落ち着いた。「今や最も重要なことについて、つまり僕の交響曲のリハーサルについて話さなければならない。リハーサルは大変だったが、大きな励ましを与えられた。オーケストラの分野ではこれまでの僕のどんな作品よりも多くの成功を得られたし、その効果についても確信することができた。君は多くの個々の点について確かに驚いたかもしれないが、全体としては、ピアノで弾かれたのと同じように実現できたのだ（特に最終楽章だ。その上さらに―実際にたいしたことなのだが―レンヒェンはそれを聴いて魅了されたのだ！）。この体験は我が道をさらに進んでいこうとする力を僕に与えてくれた。この仕事を完成させるために、今や全力を挙げている。三月には演奏したい。（WF　ライプツィヒから一九四七年十一月四日）

EFが気付いていたのは、夫が演奏会の申し出に簡単に応じてしまうということだ。確かにこれは借金の山を減らすのには役立っただろうが、彼は自分がそもそも欲することをしていないということになる。そして彼女には自分の必要とする人がいないのだった。「家の真ん中にはあなたのいない音楽室があります。あなたは私たちから離れ遠くへ行ってしまいました。」あるいは一九四七年十月十二日の手紙の最後にはこうある。「母親としての私はとても満足しています。やっと自由に楽に感じられるようになりました。しかし、あなたは私からどんどん失われています。何を書いても味気なく感じられます。」そして疑いを述べる。「あなたが私を思ってくれているのかどうか。それをはっきり知ることができたらと思います。」彼は一九四七年十月二五日、ベルリンから書いた。「ところで、ストックホルムで僕は全くおめでたかった。ブリタ・H．とも大体のところで申し合わせ、僕の名誉を回復するという「約束」をしていたのだが、それはうまく行かなかった。最後の夜はとても悲しく、孤独だった。」

EFからWFへ
ルツェルン、ホテル・シュヴァイツァーホフ
一九四七年十一月八日

この手紙が着くまでに、あなたと話せるかどうか。重要なことがたくさんあります。たとえばアルゼンチンのためのプログラム、つまりテアトロ・コロン公演のための作品、楽譜の調達など。あなたはヴィーンで三日間をすごしていて、状況がわかりません。ダグマール・シュメーデスはまだ私に知らせをくれません。あなたは夜に電話なしでいるのでしょう。

おそらく私はヴィーンへ行かないほうが良いのでしょう。もし私が行っても、あなたがほんの少しでも不愉快になるなら、行かないほうがよいのです。その方が全く簡単でしょうからね。私はここにいるのが何千倍も良いし、あなたが来るのを待っています。待つことはおそらく女性的な特質です。しかし、それができれば、待つことは強い特質になります。おそらくあなたは今、そんなばかな、と言うのでしょうね。「それは愚かだ。僕は好まない」と。

しかし、あなたが私の人間と愛を必要とするなら、今は待つことがすばらしく正しいのです。逆ではありません。私はただ、あなたを愛していて、心はあなたへの憧れでいっぱいだということを言えるだけなのです。あなたへの愛を謙虚から切り離すことは決してできないでしょう。

あなたが私から屈辱的な手紙を受け取るかもしれないなんてことが、考えられますか。想像するだけで笑ってしまいます。こんなことを考えられるということすら、既に私には一種の傲慢（それは変えた方が良いですね）かもしれないからです。

明日はヴィーンから演奏会の放送があります。それを私がちゃんと間に合って聴けるかどうか見ものです。きっとうまく行くでしょう。あなたのことを思っています。

あなたのE

子供たちは恐ろしく可愛い。私たちの小さな息子は大当たりです。

それはEFの書いた新しい調子による手紙だった！　彼女は自分がヴィーンで望まれているとは思っていなかったのだ。手紙にあるように、彼は彼女を愛していたのだろうか？　「謙虚」という言葉は、この誇り高く、今や三七歳になる妻にはそぐわないように思える。謙虚や仕える心などというものは、男女同権、つまり双方の願望を満たすことからは遠く離れているからだ。

私たちは彼らが共にした時間のちょうど半分の所まで来たことになる。一九四十年に二人は知り合い、一九五四年に夫が死去する。彼らは類を見ない夫婦であった。夫は気まじめでやぼったく、妻は明朗快活だった。天才そして強烈な労働意欲が彼の営みの原動力だった。それに対して、EFは倦むことなくそれに順応しなければならず、順応できたのである。二人は戦争を克服しなければならなかった。夫は政治的な敵視を受けており、妻は五人の子供が別離を強いられていた。彼の天職である作曲のために、彼女は特別に部屋を空けて創作活動を促す。第二交響曲は完成したが、未だ彼はそれに自信が持てなかった。彼は既にリハーサルで気を失ったのだが、それも驚くにはあたらない。ついに第二交響曲はベルリンで、一九四八年二月二十二日にアドミラル・パラスト、二十三日にティタニア・パラストで初演が行われた。彼が予感していた通りになった。批評界は彼をエピゴーネン呼ばわりしたが、それでも丁寧な取り上げぶりだった。なぜなら、批評家たちは彼を指揮者そして人間としては特別に評価していたからである。作曲で失敗しても彼からは何も失われないということだ。

EFはそれに対して、完全に彼の味方だった。「あなたがそこにいる時、奥ゆかしくなどしていられませんが、今回の演奏では不安でいっぱいでした。しかし、演奏の結果、そしてそこに立って、そうです「奮闘している」あなたにとても納得させられました。あなたの近くに立っていると、はらはらどきどきさせられます。この交響曲の旅立ちは苦痛に満ちたものになりましたね。最初の夜は全く寝られませんでしたよ。」(ポツダム　一九四八年二月七日)

眠れないEFは、アメリカとの契約が実現するかどうかも心配になっていた。一九四八年八月、WFがシカゴ交響楽団の首席指揮者になるかもしれないという話である。しかし、ユダヤ人の亡命者たち、すなわちアイザック・スターン、ウラディーミル・ホロヴィッツそしてヤッシャ・ハイフェッツらは、ボイコットを呼びかけ、その結果、一九四九年一月には全てが白紙に戻ってしまった。これで二人が大西洋越えをすることは永遠になくなってしまったことになる。

彼らの結婚が葛藤なく円滑なものだったなどとは、誰も信じなかったろう。彼のおおらかな女性関係に対しては、EFの無条件でほとんど「生来の」忠誠があった。「狩猟」はそもそも彼の本性であった。それは、結婚して最初の七年間ではまだおとなしかったのであるが。

EFは病気になり、またWFのガールフレンドたちのことを考えていた。「本当によくパリに宛てて書いているものです。そして今日も既にいろいろな手紙を、つまりリーク夫人やレナーテ・シュヴァイツァーからの手紙を転送しました。あなたにもまだ書きたいことがあります。もちろん彼らと張り合うためです。」（一九四九年二月一日）　彼はヴィーンから、一九四九年二月十日付で返事を送った。「こうして僕は失望する気持ちを抑え込んで、君が来れるかどうかということは全く考えないようにしている。今日から毎日一通は君に書くだろう。そうすれば、僕が君を全く書き表せないくらい愛していることをわかってもらえる。まさにこのところあらためて思うのだが、僕にとって生きがいとなるあらゆる美は君のなかにあり、君との愛と結婚は僕の人生に支えと意味を与えてくれているのだ。愚かなシカゴのことのゆえに君にはちゃんと言うことができなかったが、全てのことは取るに足りないのだ。最初の日のように君を愛している。」

その「取るに足りないこと」こそ、女性にとって永遠の悩みであった。

喜び勇んでEFがベートーヴェンの「第九」のためにヴィーンに行っても、WFは多忙すぎて彼女のための時間はなかったに違いない。だから、彼女をなだめる一通の手紙が必要だった。「最愛の人よ、あさって僕は君の所へ行くが、言っておかねばならないことがある。君は僕が愛するただ一人の妻だ。今日ふとヴァーグナーの言葉を思い出した。一人の女性の純粋で迷いのない愛によって男性は救済されるのだ。それはこの世で最もすばらしいことなのだが、僕はこれを今まで知らなかった。遅かったと思うが、遅すぎではない。ああ、最愛の人よ、僕が人生においてまだ持っており、体験している全ては、この一つのことにおいてのみ僕を強めてくれる。君を愛している！　W」（一九四九年二月十二日）

一九四九年の二月から九月にかけて、二人はまた一緒でいられた。旅行の多さはほとんど数えきれないくらいだった。五月にはイタリア、六月にはベルリン・フィルとドイツの演奏旅行、七月と八月にはザルツブルクで《魔笛》と《フィデリオ》という具合である。ザルツブルクでは子供たちも二人とも一緒にいられた。WFがその間に再びヴィーン・フィルと旅行していた一九四九年九月二八日、EFは彼にこう書き送っている。「最愛の人よ、あなたの写真を手にする時、いかにあなたを愛しているか、あらためて気付きます。元気でパリに行って下さい！　あなたと一心同体のように思えたら良いのですが、それともこれは傲慢でしょうか？

私たちはどうしてこうも去ったり別れたりしなければならないのでしょうね！　あなたのE」

一九四九年十二月十七から二十日、WFはベルリンでベルリン・フィルを指揮した。彼が十二月二十三日にライプツィヒでゲヴァントハウス管弦楽団を指揮することになったことは、EFと子供たちには「すてきなクリスマスプレゼント」では全くなかったのだ。

EFからWFへ
クララン
一九四九年十二月十七日

最愛の人よ、

もしあなたに一通の手紙を書くべきなら—そしてこれをあなたはおそらく当然に待ち望んでいるでしょう—私が感じていることを言わねばなりません。

あなた自身については、今年は仕事が軽減できたのはただ六月だけでした。私の思いは全く保留なく、今あなたが歯の治療をすぐに受けるということです。しかし、奇妙なことに—「きちんと説明すること」によって納得してもらえた他の場合とは反対に—今回はうまく行かないでしょう。少なくとも百パーセントは無理です。どこかで何か深い幻滅があります。あなたは悲しんで旅立ちましたが、ここで過ごしたわずかの日々をすすんでさらに短くしているのです。「二四日の十六時に着く」という電報をもらってから二四時間後にあなたからの電話が来るとは。まあ、考えてみれば歯の治療の方が重要です。やれやれ、だからこれは心の曲芸ですよ。「朝令暮改」を私は既に練習しているわけです。昨日からは、それに加えて熱が出てベッドに臥していますが、あなたが来ないのが良いせいか、そんなに興奮する必要がありません。おとといはどうだったかですって？　まあ、こんな感じでした。きちんとモニは彼をジュネーヴに迎えに行き、その間にここでは一切の準備を整えます。彼は最初私の部屋に泊まってもらい、引っ越すまでの時間を過ごすのです。子供たちはここにいません。実は休息中です。それではこれから私たちは彼の部屋に行きましょう。暖炉の上で蝋燭だけが燃えています。食堂への扉は開いていますが、カーテンが広げられています。カーテンの前では「用意された」荒地に二人の小さな羊飼い（息子とトーマス。息子はとてもくつろいで寝ています。彼も本当に寝ています。）が横たわっていて、彼らに私はクリスマスの物語を読んで聞かせるのです。「皇帝アウグストゥスの時代のこと」から始まります。「草原には羊たちを守る羊飼いたちがいました。主の天使が彼らの前に現われると、彼らはとても驚きました。」

ここでカーテンが開いて、クリストフが大きな羽の付いた明るい青灰色の衣をまとって現れます。隠されたランプで照らし出されています(今やあなたは息子がまばたきし驚いて手を上げるのを見るでしょう)。この天使はそれから聖書の言葉を話します。「恐れるな。そして見よ。汝らに大きな喜びがもたらされる。…汝らはかいばおけの中に横たわる赤ん坊を見つけるであろう。…高き所の神に栄光あれ。」ここで彼が引っ込むと、また暗くなります。ほのかに《聖夜》の調べが流れ、羊飼いトーマスが飛び上がります。「ベツレヘムまで行って、見ようではないか。」そこでカーテンが開き、燃えているクリスマスの木の前に、マリア(カトリン)が柴色がかったバラ色の服と青い肩掛けを着て座っています。彼女の脇には年老いたヨセフ(髭を付けたペーター)が跪き、小さな羊飼いたちはためらいつつも、不動の群れへと加わり跪きます。そしてキッテル合唱団が《聖夜》をいくらか大声で歌うとお終いで、私はカーテンをまた閉じます。

そんなふうにあなた一人のためだけにやってみたかったです。

子供たちはもちろんがっかりさせられるでしょうね、この劇をあなたに見てもらえないとしたら。彼らはあなたが来ないことをまだ全く知らないのです。私はそれを彼らにほんのわずか前に言おうと思います。そして全てはそのまま進めさせます。二五日にはリックマース一家を招きます。そもそも、私からすれば劇をするなど考えられませんでしたからクリスマスの時だけです。その後には繰り返すことはできません。たとえばあなたがやって来る三十日にもです。なぜなら、この日にはクリスマスの楽しい魔法と行事は過ぎ去ってしまっているからです。ですから、今あなたにお話ししています。あなたが想像で、この五分間を私たちのもとにいることができるようにです。

三十日にはあなたの仕事仲間の監督オットー・エアハルトも来ます。多くの実際的なことを、ミラノの《指環》のために処理せねばなりませんね。この世界では実際的なものが常に最も重要なものであるように思えるからです。私はここであなたの前にエアハルトと数時間会います。これはもちろん問題ないでしょう。私はとても朗らかで、不機嫌であることはほとんどないと思います。いつものようにです。

昨日はニーハンスとあなたの健康について話しました。ずっとこのところは良いようです。あなたは副甲状腺が小さ過ぎるようです。しかし、私はわき腹だけしか見なかった。個人的、男性的なものが論じられると、私は当惑してしまうようなのです。

確かなのは、最も重大な患部は副甲状腺であるということです。これは六月には簡単に処置できます。ですから、ニーハンスのところに行くのは六月です。正確な時期はわからない、と彼は言いました。

レンヒェンがあなたの世話をするのなら、全く安心です。多くの友人たちも、あなたとじっくり話すことができるとしたら喜ぶことでしょう。

イヴァ・ベッソンの住所は、ベルリンのテレン通り八番地のアドラースホフです。

レンヒェンにはくれぐれもよろしくと伝えて下さい。彼女にこの上着が合うことを願っています。

後でたぶん私たちは電話できるでしょう。

あなたのエリーザベト

WFの手紙を扱うのは特に大変だ。これらの手紙では、日付や差出人が欠けており、さらに収集家によって切手が剥ぎ取られている。五百通の手紙を内容的に正しい順序に並びかえるのが特に問題だ。たとえば、WFが英国で書かねばならなかった手紙がある。しかし、どの旅行の時のものだろうか？　一九四八年三月のロンドン・フィルとのものか、九月のヴィーン・フィルとのものか、十一月のベルリン・フィルとのものか、一九四九年九月のヴィーン・フィルとのものだろうか？　これは結局は一九四八年三月八日へと落ち着く。なぜだろう？

WFは彼の第二交響曲の初演を既にすませ疲労困憊していたが、すぐにその後に英国への客演のためにロンドンへ出発した。公演はA－B－Aのように行われた。つまり首都でいくつかの演奏会をした後、バーミンガム、レスター、ワトフォードそしてウィンブルドンへと旅行し、再びロンドンに戻って来ることになる。EFがここで不満を表明しても当然だ。そのように一九四八年三月八日の彼女の発言は読める。「あなた方はプログラムから何かを削ろうとはしなかったのですか。そんなぼろぼろになるまで働くなんて。あなたがいない所では、私も全く働きようがありません。以前のようにあなたが私に会うのを楽しみにしてくれるのかと思うと心配になります。あなたからの電話は私を全く落ち着かなくさせました。ある何かが？・・」それからその手紙では、空白の三ページが続く。何かが起こりそうな空気だった。文字通りの意味で、まさしくそれはWFからEFへの Luft-

Post（空気の郵便＝航空郵便）だったのだ。

WFからEFへ

ワトフォード

一九四八年三月八日

最愛の人よ、ただこの旅行が、ただこの全ての時間が過ぎ去れば良いのだが。僕はこのところ苦しくてたまらず、再び不眠に陥ることを恐れている。おそらく、イギリスでは君と一緒にいるほうが良いに決まっている。しかし、仕事をするにあたっての僕の不能と無能という、より深い原因が確かに残っている。それは僕を無気力にさせ、何も言いたくなくなるほどなのだ。

今晩、突然にある考えが浮かんだ。そのために君に書かねばならない。何年も前に一度、君はレナーテ・シュヴァイツァーに手紙を書いたのだが、僕はそれについては知らないままだった。彼女は僕に最後に会った時、その手紙について話してくれた。僕は君とそれについて話したかったのだが、そうこうしている間に忘れてしまったのだ。彼女の話は僕には衝撃だった。もちろん僕はそれには何も言わなかったが、はっきりと感じたことがある。それは、（一）もし君がそう誰かに書いたら、それは君を貶めることになる。実際何をどう書いたかは、どうでも良いことだ。君はこれを僕の妻としてはどんな時もするべきではなかった。（二）君は自分がわからなくなると、僕に不正をする。本当に内面が誠実であることこそ、僕らの結婚と愛を結び付けている橋のようなものにならねばならない。以上の二点だ。もし君が、特別な意味ではそもそも成立していない僕の他の女性への関係に介入しなければならないと信じ、僕に隠れて彼女たちに書いたりするなら、これは個人的な自由へのあってはならない侵害であり、僕へのまた僕の中での信頼が愚かにも失われたと感じられるだろう。

僕が突然に不安を覚えたのは、君がそんなことをするかもしれないということに対してだ。君がそれを当時、あさはかにも自分のしたことを知らずにしたということだ。どうかお願いだ。そのようなことはしないでほしいし、考えることすらしないでほしい。そうでないと、僕はおそらく君が愛している僕とはもはや違ってしまうかもしれない。

今書いたことを、悪く思わないでほしい。こんなことが全く無用のものであると良いのだが。もし知りたいことがあるなら、僕に何でもたずねて良いのだよ。僕が君にはいつも真実しか言わないということを君は知っているのだからね。

最愛の人よ、今これを書き終えた。今や君とすぐにでも本当に抱き合うのが楽しみでならない。

君を愛している。さようなら。W

最初の便箋の裏側と手紙の余白に、EFは次のように書いている。


一度はっきりと書いておかないといけません。私はシュヴァイツァー嬢を含む全ての女性を—彼らが私より年上であろうと年下であろうと—いつもとても親切に、自然な気持ちで迎えてきたのです（彼女たちが私を、年上、年下に関わりなく可愛いお人よしと考えていることを知っているにしてもです。もしかすると、彼らの中では用心する気持ちが高まっているかもしれませんが）。私は女性たちがどこかであなたと会おうとするのを、邪魔したことなど決してありません。いつも礼儀正しく、親切に—他の女性たちにはとても驚かれましたが、それがレンヒェン、秘書、ダグマール、ハンナらの誰であろうと—あなたの居場所とか、住所などを教えていたのですよ。あなたが書いた手紙を渡されれば、すぐにそれを私はひたすら真面目にポストに投函するでしょう。他の誰でもそうするようにです。

妻に誠実である男性なら、あなたのような自由な感じ方をしてはいけないのです。しかし反対に、あなたが自由に感じていないのを知るのは、私には息が詰まりそうな感じです。だからただ一つの頼みは、場合によっては私に真実を話してほしいということでした。それをあなたはしてきたではありませんか。

当時レナーテ・シュヴァイツァーからの返事の手紙を渡すと、あなたはすぐに（一）に挙げた理由を言いました。そして私はそれはもっともだと思いました。それは間違いでしたが、おかしなことに、あなたの女性関係を邪魔しようとは全く思わなかった。私はそれがもうこれ以上続かないと思いこんでいたのです。私だけが笑いものでした。今まで誰にも手紙は出していませんし、そうしようかと考えたこともありません。

一九四八年のベルリンでは、フルトヴェングラーの第二交響曲を録音できるかもしれない三つの放送局があった。クフシュタイン通りにあるRIAS、マズア通りにある「ベルリン放送」、そしてハイデルベルグ広場にあるNWDRのスタジオである。少なくともアドミラル・パラストかティタニア・パラストでマイクが吊るされるか、立っていたということは証明されている。なぜなら第二楽章のリハーサルの録音があるからである(CD:Refrain DR 92 0031)。交響曲の全部は結局録音されなかったか、失われたのだろう。EFはこれを何度も残念がり、初演のすぐ後ではこう書いている。「交響曲がテープに記録されなかったことを、私はまだ納得できません。」(一九四八年二月二七日) どこの資料室にもないので、ラジオ局の音楽部長の誰もがこの曲を記録するのには無関心だったということが推測される。

WFのベルリンでの最後の演奏会となった一九五四年九月二十日では、状況は異なっていた。一九五三年に設立されたSFBは、実際にティタニア・パラストでテープ録音をしていた。しかし、ベートーヴェンの第一交響曲が今日まで良い状態でマズア通りの資料室にはあるのに、フルトヴェングラーの第二交響曲のテープは失われてしまっている。自作を振る指揮者は、この日の晩は聴覚に問題を抱えており、ベルリン・フィルとの演奏はいくつかの箇所で難しくなった。

WFはベルリン・フィルや他の多くのオーケストラと、最後の演奏会まで自分の交響曲を取り上げ続けた。もちろん彼はレコード録音することにも関心があったが、イギリスのEMI(HMV)は全く興味を示さなかった。彼がこの会社と一九五一年に独占契約を交わした時、ちょうどドイツ・グラモフォン(DGG)がその間隙を利用した。グラモフォンはベルリン・フィルと当時の会社のスタジオ—ダーレムのイエス・キリスト教会—に行き、三つの作品を録音するようWFを誘ったのである。すなわち、シューベルトのハ長調交響曲《グレイト》、ハイドンの交響曲第八八番、そして彼自身の第二交響曲である。このDGGとの契約が切れると、WFは一九五二年からはEMIに留まることになる。

当時、ロンドンのEMIの大物プロデューサーは、フィルハーモニア管弦楽団の設立者でエリーザベト・シュヴァルツコプフの夫でもあるウォルター・レッグだった。WFはロンドンでフィルハーモニア管弦楽団と、リヒャルト・シュトラウスの《四つの最後の歌》の初演を準備しながら、ソプラノのキルステン・フラグスタートと秘書アガーテ・フォン・ティーデマンが来るのを待っていた。一九五十年五月二十日の手紙で、彼は手短かに報告している。「ここでは全てがとても静かで「普通」だ。フラグスタートは今日来る。オーケストラは優秀だが「イギリス風の単調さ」がある。レッグは慇懃無礼で信用が置けない。アガーテは全くよくやってくれている。」

アガーテ・フォン・ティーデマンは一九五一年十二月、一つの文書を草した。これは重要な情報を与えてくれる。一つは、WFのアメリカへの関係、もう一つはベルリン・フィルに関することである。このオーケストラを、彼はまさに再び首席指揮者として引き受けたのだった。

「様々な場所からフルトヴェングラー博士にここ数年求められているのは、アメリカのオーケストラで客演指揮を行うことだ。先週も新たにレヴィーンのエージェントから要請があった。結局、彼にはアメリカの主だったレコード会社から最高の金額が提示されている。これら全ての申し出に対し、彼はこれまでとても控えめな態度しかとらなかった。なぜなら、いつも一つの小さなグループがアメリカでの彼の登場を妨害しようとするだけでなく、ナチ時代に彼のとった態度の実情が知られるのを阻止しようとしているのを、彼はもちろんはっきりと知っているからだ。しかし今や、合衆国へ演奏旅行するにあたってフルトヴェングラー博士が同行するということが現実的になってきた。ヴィーン・フィルが彼らに提案されたアメリカへの演奏旅行を指揮することを彼に提案してきたのだ。フルトヴェングラー博士は毎年ヴィーン・フィルと演奏旅行をしており、これを受諾するかもしれない。なぜなら、彼はこのオーケストラとは、ベルリン・フィルと同じくらい長く結び付いているからである。しかし彼は、フランクフルトにいるアメリカ政府高官へこの計画について知らせることが適当だと考えた。なぜなら彼が個人的なルートで何度も聞かされたのは、—然るべき時期に—ベルリン・フィルが一つの町の外交使節としてそこで大きな公衆性を持つだろうということだったからだ。まさしくこのオーケストラは、ベルリンが封鎖された時も空輸による救援を受けたことによって、全く特別なやり方でアメリカ国民と絆が結ばれているのだ。フルトヴェングラー博士は何十年にもわたって、良い時も悪い時もベルリン・フィルと仕事をしてきた。彼が大変な苛酷な時代の後で、この楽団に一つのチャンスを与えたいと考えていることはよく理解できる。」

WFは固く決心したはずが、一九五二年一月にはまたいくつかの仕事を引き受けてしまった。一月十日からはローマで二つのオーケストラ演奏会と《ヴァルキューレ》第一幕を指揮し、それからヴィーンで月末まで二つのオーケストラ演奏会とヴァーグナーの《ヴァルキューレ》《トリスタン》全曲を指揮した。一九五二年一月十九日の手紙から彼が後悔していたことがわかる。「来年、僕は月に二，三週間を作曲、一週間を指揮に振り向けるだろう。その年はずっとだ。それが一番良い。」

EFからWFへ
クララン
一九五二年二月十九日

最愛の人よ、

あなたと電話で話したことについて考えています。何かが違うのです。あなたは疲れているのですか？　あなたを喜ばせる物がもうないということでしょうか？

真実は私たちを向いていません。私たちは真実へ向かわなければなりません。私はそれを試みます。今は「さあ仕事にかかろう」というところです。気分転換を求める仕事です。

私は気晴らしを憎みます。なぜなら、それは人生で私をいつも邪魔するからです。湿疹はある段階までなら気になりませんし、正しいことを健康のためにしなければと思わせてくれます。そして、あなたは作曲するために健康でなければならないのです。もしあなたが作曲をこのまま続けられればどんなに良いでしょう。私は確固としたものを感じました。人生は再び意味深くなるかもしれません。私はあなたの前にひざまずき懇願したい。アメリカの事なんか放っておきなさい。レコード契約を結ぶのです！　誰と結ぶかは全くどうでも良く、ただすぐにです。賢く用心しすぎるのは何にもなりません。ただあなたの音楽についてだけ、あなたの作品の演奏にだけ心を砕いて下さい。他のことをあまりしてはいけません。いわゆる容易にできることだけです。レッグや彼の一味とは話してはいけません。あなたは―少なくとも最高裁として―ベートーヴェンにおけるテンポはどうあるべきかを知っている唯一の人です。思うのですが、私たちの力は、どんなうわさ話も（それがいかなる段階であろうと）拒否できなければならないでしょう。なぜなら、残念ながらいつも全てが立腹させられ、とにかく辛いものだからです！　今あなたはきっと、私があなたの作曲についてのどこかのうわさ話を知っているかもしれないと考えているのでしょう。大間違いなのは、あなたがレッグについて私に語ったことだけです。あなたはオリンポスそのものなのです。他の全ては傲慢なものかわざとらしく下品なものです。

あなたは才能、天分、能力、みな申し分ないのです。私はあなたの愛によって豊かになりました。あなたから彼らは一つのものを引きずり下ろしたいのです。彼らは、あなたが私を愛することを許してくれません。彼らは私を否定したい、矮小化したいのです。

あなたに較べたら、それはもちろん不釣り合いな悩みに過ぎません。しかし、私の人生においては最も重要なことです。そして、最近の二日間で私が聞いたのは、とても、ああとても辛いことだったのです。でも、あなたは手紙を読んで、私が自分を再び取り戻したということを知って下さい。

ついでながら、「試練」を受け私の中で葛藤がある時は辛かったのです。なぜなら、私の人生を価値あらしめていた全てのことが貶められねばならなかったからです。しかしここでも、あなたという「作曲家」への思い、そしてその音楽への思いは、私を繋ぎとめてくれましたし、今も繋ぎとめている錨なのです。

ズーゼ・ブロックハウスがすぐにあなたのもとに行くでしょう。何と楽しみなことでしょうか。彼女はあなたにヴェリスホーフェンについて全てを報告するでしょう。彼女は私がどんな点においても信頼できる人間の一人です。

私は依然としてあなたの医者が説明したことを考えねばなりません。子供と一緒にです。

どこにでもいる詐欺師、それらは全く天賦の才などというものではありません。真実、詐欺、全ては入り混じっています。しばしば思うのですが、人は手にした剣で自らを切ってしまうのではないか。そうなれば、私は自分を閉ざしたくなり、もう人と会いたくなくなってしまうでしょう。しかし、もっと上手に、もっと賢く、皆と一緒に泳ぐことしか考えないというのは、私に吐き気を催させます。

残念ながら楽しい手紙ではなくなりました。しかし、クラランは美しく、カトリンとアンドレアスは伸び盛りです。私たちは今とてもくつろいでいます。

あなたのE

WFからEFへ
ミラノ
一九五二年二月二五日

最愛の人よ、君の手紙を読んで驚いたよ！　誰がするというんだい。君への僕の愛を減らしたり、落ち込ませたりなんてことを。何てことを書くんだい。君はこれまで僕が接した中でも最高の人、最愛の人であり、それ以外の全ては笑うべきことだ。君の手紙を読んですごく不幸な気持ちになってしまった。僕が君を愛しているからだ。そんなことを誰が言ったのか教えてくれ。それがまちがっているということを、きっと僕は簡単に説明できるだろう。

僕の体調が良くない時、その原因は君も知っている他のことなのだ。しかし僕らの間では、どんなかすかな影もできてはならない。このことがまずは大切なことなのではないか。

最愛の人よ、すぐに来てほしい。君を愛している。僕の体も心も君のものだ。

W

EFからWFへ
クララン
一九五二年二月二九日

電話をかけたところだ。今晩再びかけてみる。

最愛の人よ、

今日の朝は良かったです。今、私は出かけますが、私が転送したハンブルクからの一通の手紙が来ることになっています。何てことでしょう。あなた以外の誰に言えばよいのか。あなたにはそもそも、その手紙が衝撃を与えたということは言うべきではないのですが。

そして、この夫人に三年前、本当の友情に切り替えてほしいと私が書いたことを思い出すのは、恐ろしく恥ずかしいです。あなたもそうなることを望んでいましたね。彼女はこう答えました。「あなたの手紙から知りました。あなたはW．F．が何者であるかをご存知ないのです。」私はそれを知らないのでしょうか？　今日あなたは電話で言いました。私はあなたを嫉妬で苦しめてはいないが、既に嫉妬している、と。それをしたということで、私は自己嫌悪に陥っています。

思うのですが、あなたと私は、一緒に高い山を登りたいのです。困難や不眠症など何でも克服されるのは気分が良いのですよ。なぜなら私はあなたを信じ、私たちを信じるからです。そこでは岩石にあなた自身によって呼び起こされたいたずら好きの妖精たちが座っていて、石を投げて私に当てて、あなたが向かっている目的からあなたをそらそうとしているのです。

これは大げさなこととは思われません。しかし今、どんなに一途に私があなたを愛しているかをまだあえて書こうという気にはなりません。おそらくそれでも、あなたはこれを感じてくれるでしょう。なぜなら、これらの言葉を言えば、その他の言葉も絶え間なく用いなければならなくなるからです。そして最愛の人よ、もし私が自分に、それは何の意味もないと百回言うとしても、もし再び起これば、私には苦痛になり、再びそれを克服せねばなりません。

私には確かに豊かな感受性があり、自らの想像によって悩まされています。しかし、その中にあなたにとても似ている、一つの朗らかな健全な性質があります。この本性を私は信頼しているのです。

あなたのエリーザベト

アンドレアスを授かったのは、何という慰めでしょう。

真の愛のある所には話し合いと和解もある。EFとWFにおいては、疑いが残っていたとしても、まさしくそうなったのだ。サン・モリッツにある別荘「アクラ・シルヴァ」から、一九五二年四月十四日、彼女はベルリンの夫にこう書いた。「あなたは毎日電話をくれましたが、いかに私がどんな瞬間にもあなたの傍にいるか、つまり、あなたのことを考え、幸せでも苦しくてもいつも心にとめているか、などということの全てを話すことはできません。」そして、その翌日には「あなたがベルリンで元気でいるのは嬉しいです。しかし、いつ暇になるのかを知りたい。あなたはこれ以上仕事はするべきではない、と思うことすらしばしばです。」

EFがそう言うのももっともである。なぜなら、大がかりなベルリン・フィルとのドイツ演奏旅行が控えていたからである。このオーケストラは四月二六日から五月二六日まで、ハンブルクからミュンヘン、クレフェルトからベルリンまで二十都市をまわり、バリへの二日間の寄り道もそこに加わった。そしてほとんどすぐにローマに行き《神々の黄昏》の第三幕を演奏した時、クラランからさらなる警告が告げられたのである。「あなたにお願いです。ヴィーン・フィルを断って下さい。できるだけたくさん断って下さい。スウェーデンから帰ったらたっぷりと休んでほしい。春にはまた旅です。もっと考えていただかないと。」(一九五二年六月一日)

その心配が全く正しかったのは、どんどんWFに疲れが見えてきたからである。彼はロンドンで大きな仕事をしょい込んでいた。一九五二年六月十日から二十二日に行われる《トリスタン》のレコード録音である。それから一週間後にチューリヒで《ヴァルキューレ》を上演、ザルツブルクで《フィガロ》のリハーサルを始めた時、彼は相当に衰弱していた。崩壊は近かった。高熱、肺炎、そして難聴が劇的に健康を蝕んだ。四ヶ月間の指揮の休止がその報いだった。

強烈な仕事への意識と極めて個人的なものが、WFにおいては互いに噛み合っていた。そのことは、ザルツブルクの出来事に先立つ前哨戦において明らかになった。EFは彼に「マリオン」のゆえに手紙を一通書いていたが、それは現存しない。彼女はその手紙を出したことを悔い、WFに一九五二年七月五日、それを即座に破棄するように求めている。

WFは二日間ベルヒテスガーデンに静養のため行き、医者の診察を受けた。しかし、そこでも仕事の準備をしていたのだ。彼の新しい女性秘書ヘンリエッテ・シュパイザーとベルリン・フィルの支配人ゲルハルト・フォン・ヴェスターマンに、彼は確かに「余暇を過ごしたことの埋め合わせ」をするために会っていた。

WFからEFへ
ベルヒテスガーデン
一九五二年七月三日

最愛の人よ、小さなマリオン・W．について、まだいくらかを言わねばならない。君が僕を理解してくれるためにだ。彼女はヴァイオリニストとしてとても才能があり、可愛らしい少女だ（とても若い）。僕が相手にしているのは子供か、女性か、よくはわからないくらいだった。

僕がこの少女に興味を感じたということを、きっと君は理解してくれるだろう。彼女は僕を非常に信頼して、パリやベルリンに行くために助言をしてくれるよう頼んできた。そして僕は、パリに行くためにはどうすればよいか、彼女に手紙を書いたのだ。同時に僕は、文通をしたり、これ以上会いに来たりすることは我々のためには無意味であると書いた。彼女は残念がった。後になって僕は突然気付いた。彼女はこの全てをそれほど真面目には受け取っていなかったのであり、自身の子供っぽい未成熟な想像にすっかりふけっていたのだ。

確かに彼女はまた一通の手紙を書いてきた。どうやら彼女は母親とのいさかいが絶えない悲しい少女時代をおくったらしく、本物の天分と子供っぽい不器用さが混ざり合っている。この特別な関係から生じる独自の影響が、性愛的なものには全く見られず、彼女の欠乏感とお人よしさを形成しているのだ。

それにもかかわらず僕は新たに疑問に思う。どうして君はそんなに興奮しているのか。そしてなぜそんな君を見ることがいつも辛いのか！　フランク・ティースはその著書『落ち着かない夏』で、この全てをとてもうまく書いている。僕たちの関係は完全にゲルティーと彼の関係のようだ。ティースなら小さなマリオンを天分と可愛らしさの融合として、つまり信じたいという欲求（性愛的なものよりもむしろずっと人間的なもの）と無意識に深く愛したいという欲求の混合として、簡単に叙述できたかもしれない。それに、これら全てが彼自身の深い観察を全く必要としないでできるのだ。ゲルティーはきっと言っただろう。「ほっておきましょう。それは全く話す必要はないわ」とね。

もちろん僕はこれら全てをすぐにやめることはできない。これからもすることだろう。しかし、もし君が警察のように、僕のささやかな時々の「娯楽」を―または何と名付けたらいいか―神の名において取り締まるとすれば、それは正しくないし、君自身の精神においても正しくないだろう。今回のことはただの偶然であり、本当に問題とする価値もないのだ。しかし、一点において、最愛の人よ、気をつけてほしい。僕は自由の身であるからこそ、自分から君の最愛の人であり友人でありたいと思っている。その気持ちは無限だ。しかし、この自由が少しでも制限されるように感じることは、その事柄の価値以上にむしろ僕の気分を害し落胆させる。同じように悪いのは、君が悩んでいるのを知ることだ。少なくとも自分も悩んでしまう。事柄の内容ではなく、僕らの愛による相互の信頼が損なわれるからだ。最愛の人よ、まさしく君が理解していることが全てなのだ。そして君がそれをすぐに話してくれたのは良いことだ。

今朝、ツァーベル博士と話した。彼との出会いは本当に良かった。僕はここには七月十日まで留まらねばならない。君にはまだたくさん話すことがある。そのうちに検査などは終わるだろう。この家は離れに単独で建っていて、素敵な散歩ができそうな気がする。最愛の人よ、いつも君を愛している。

君のW

EFからWFへ
クララン
一九五二年七月五日

最愛の人へ、
私の別の手紙は粉々に切り裂いて下さい。私はあなたの妻です。そして、あなたは私を愛し、私は・・・
ああ、全ては台無しになってしまいます。まさしく失敗だったのです。私はどんどん興奮して全てを深刻に考え過ぎてしまった。その前まではとても安心し、信頼し幸福であったがゆえにです。もはや不愉快な思いはこれ以上したくありません。全てはつまらない、さいなことです。

もし、あなたが今だけ指揮を控えて、クラランで第三交響曲に取り組むために、ツァーベル博士の診断書が役立てば良いのですが。

許して下さい、最愛の人。あなたを苦しめてしまって。あなたは私には最も偉大な人で最愛の人なのです。でも、私の方はまさしく十分に偉大とは言えない時があります。なぜなら私はこのような人間だからです。それはひとえに、私が悲しい思いにとらわれ、そのために性急になってしまったからなのです。私たちが二人とも悩んでしまうのは本当に愚かです。あなたを苦しめてしまうと、私も苦しみます。この世の女性はみな、私をあざ笑うでしょう。反省していますし、前よりは賢くなりました。あなたほど真実で純粋な心の人は他にはいません。このことだけが私を満足させるだけではなく、幸せにするのでなければならない。

私は尊大で見栄っ張りでした。最初の苦痛を感じた時ではありません。その時自分は哀れな女でした。しかし私の手紙と傲慢さときたら！

どうかあと一言、私に書き送って下さい。あれ以来、あなたからは全く手紙がないのです。今週、私は自分の愛に弄ばれました。暗がりの中であなたの脇に座り、あなたの手で顔をさすられたいのです。そうなれば、あなたがこの愚かな妻を理解していると実感できるでしょう。

WFからEFへ
ベルヒテスガーデン
一九五二年七月六日

最愛の人よ、今日の君の論調は全く気に入らなかった。僕の手紙がまだ着いていないので、君はそれがきちんと発送されていないと考えたのだね。それは正しくないし、君は僕の手紙が来ても嬉しくないのだろう。同封した小さなマリオンの手紙はそんなに重要ではないし、瑣末なものだと思う。もし、それがどう見ても尊大であると思うなら、君は全面的に正しいとは言えない。この少女がそもそも天真爛漫で無邪気であり—ヴァイオリンでも生活でも—有能できちんとしているということを、君は知らないのだ。

それにもかかわらず、一切の喜びはもう過ぎ去ってしまった。そして、僕にはこの「関係」を中断しようにも何も残っていない。とにかく僕たちはこれについてもう話す必要はないだろう。

ツァーベル博士は面白い医者だ。彼の行う同種療法は、いろいろ新しいことを教えてくれた。ザルツブルクの前にチェリー博士のところに行くかどうかは、まだわからない。最初にヴェスターマンが来る。そして、(月曜日までに)シュパイザーに来てもらうことが必要だ。それからすぐにザルツブルクへ行くことになるのじゃないか?

最愛の人よ、いつまでも君を愛している!

W

君の手紙を読んで何となく気分が滅入ってしまった。僕が君を愛していることがわからないのかい? そして、僕が完全に老人になり—人生が色あせて—女性や少女へのどんな喜びも「葬って」しまうべきだというのかい?!

WFからEFへ
ベルヒテスガーデン
一九五二年七月八日

愛する人よ、君の手紙を読んだところだ—残念だ。シュパイザーは僕に、この手紙を読まないほうがいいだろうと言った。君は手紙を流感にかかって書いたかもしれないと。だから僕はこのことに理解を示したくはない。ただ言えるのは、君は大砲で燕を撃っているということだ。大砲の弾は当たらないだろう。なぜなら燕は小さすぎ、瑣末なことだからだ。しかし、他のいろいろなものには弾が当たり、おそらく壊れるだろう。

とはいえ、僕は君に電話をした。この状況では君は全く書くべきではなかったのだろう。

僕は十二日まではここに留まり、それからまっすぐザルツブルクへと向かうことになるだろう。治療もここでは騒ぎにならないとも限らないからね。さようなら。

君のW

WFは次の手紙で「ユリア」と「ダグマール」について書いている。二人はWFとEFの共通の友人だった。ユリアについての詳細をEFはもはや思い出せない。ダグマール・シュメーデスはデンマーク人の有名なテノール歌手エリック・シュメーデスの娘であり、ヴィーン国立歌劇場のアンサンブルで歌っていた。WFの最後のレコード録音となった《ヴァルキューレ》で自分の役を獲得できたことについて、彼女がEFに感謝していたのは間違いない。ここに証拠がある。

一九五四年九月十一日、クラランからEFがWFに宛てて書いた手紙。「昨日ダグマールはとうとうこの夏について、そして何よりあなたがいるというのに、降ろされてしまいました。そもそも彼女は《ヴァルキューレ》で、ヴァルキューレの一人を歌えるとの確信を抱いていました。しかし私がシュパイザーから聞いているのは、あなたは彼女を欲しがっていないとシュミット氏が彼女に言ったのではないかということです。それは私には全く考えられません。なぜなら、あなたはローマでとても彼女には満足していたからです。もし、ヴィーンでこれからも一生懸命働いていかねばならない彼女が、まさにそこで降ろされてしまい、それに芸術上の理由がないのなら、これはとどめの一突きです。それも唯一尊敬していた人によって降ろされたとなればです。しかし、あなたは実はそうではないと思っているに違いありません。シュパイザー嬢は意図的に、あなたが進めてしまうまでそれを私に言うことをしませんでした。これはあまりにも要領が悪過ぎて、私はすんなりと呑むことはできません。世間知らずの娘がベルリンにいるのは確実です。そして、あなたは全てを整理するべきなのです。」

一九五四年九月十五日、彼女はさらに関連質問をした。「ちょうどダグマールから封書が着きましたが、それはあなたからの郵便がないという失望をいくらか和らげてくれました。彼女がヴァルキューレを歌うよう、あなたが調整してあげられないでしょうか。そもそも「絶対に」私は身内びいきの人事には反対ですが、ここではそれも必要です。なぜなら彼女は本当の女友達だからです。そういう人は少ないのです。」

もし私たちが一九五四年の九月から十月にかけて録音された《ヴァルキューレ》のレコードを手に取るなら、ダグマール・シュメーデスがヴィーンでWFの指揮のもと「ヴァルトラウテ」を歌っているのを聴くことができる(CD:EMI CHS 763 0452)。それにしても何度も示されているのは、有名人はたいてい彼らの妻によって影響を受けるということだ。

これまでWFが気を失ったことについては一度だけふれている。それは一九四八年二月、彼がベルリンのアドミラル・パラストで自作の第二交響曲の初演を準備していた時だった。ベルリン・フィルが演奏したが、そこにはセルジュ・チェリビダッケもいた。もう一度気を失ったのも、やはりこの交響曲に関連した時だった。一九五三年一月十五日から二十日まで、WFは彼女を伴いベルリン・フィルと共に演奏旅行をし、ハンブルク、ブレーメン、デュイスブルク、マンハイム、エッセン、そしてビーレフェルトで指揮をした。再び彼にとっては精神的な負担が法外なものにならざるをえなかった。ビーレフェルトから彼はまっすぐヴィーンへ向かい、そこではベートーヴェンの第九交響曲を指揮した。だから一月二十二日の彼の手紙はとても重要だ。なぜなら、彼が楽友協会ホールで失神した前日の状態がわかるからだ。彼の失神は第三楽章アダージョが演奏されている途中でのことだった。演奏は中断されねばならなかった。

WFは再び自分の作曲家としての名声を求める。彼は批評のいかんに期待していた。少なくとも部分的になら彼は満足できるかもしれなかった。なぜなら、ゲネラル・アンツァイガー・ルートヴィヒスハーフェン紙などが、マンハイムでの演奏を「第一級の出来事」(一九五三年一月二十日)と誉めたからだ。しかし、評論家の「S. SCH」に、WFはやはり「仕返し」をしたかったに違いない。一九五三年一月十六日のハンブルク・アンツァイガー紙にはこう書いてあった。「この交響曲の特徴は闘いだ。音楽的に高い価値を持つ力が使われているが、それはまさに自身の影、すなわち指揮者フルトヴェングラーの影が作曲家のそれを覆い隠しているのを打開しようとする労苦でもある。」

WFからEFへ
ヴィーン
一九五三年一月二十二日

最愛の人よ、ちょうどユリアから電話させようとしてみたところだ。僕がとても憂鬱なのは、君が悲しそうだからだ。これは全くやりきれないし、何が原因なのか考えている。シューの批評はそんなに酷かったかい？(君がそれについて言わなかったので、きっと酷かったに違いない。) 来週君が来る時、とにかく批評を全部持ってきてくれ。これらを直視しないといけない。旅行ばかりが続いたので、「独りでいること」への憧れもある。ダグマールとユリアはとても可愛いが、僕は全てにものすごく嫌気がさしている。もし、僕が君の朗らかさを知らないなら、そして僕から君への無限の愛を信じられなくなったら、一切は台無しだ。いつ君は来るんだい？　キスをしよう！

W

一九八十年に刊行されたWFについての著作で、EFはこう書いている。彼女の夫は自作の交響曲による最後の演奏会の後、ハノーヴァーからヴィーンへの夜行列車に乗る。彼は「旅行中に風邪をひき」、失神し「高熱の出る流感」と診断された。とにかく、これはそんなに酷い状況とは思えなかったのだろう。なぜなら、二週間の休息の後、WFはベルリンで、ベルリン・フィルのソロ・フルーティストであるオーレル・ニコレをソロに起用し、バッハの口短調の組曲を演奏したからである。しかし、彼の心身は疲れきっていた。

夫の健康の回復を非常に心配していたにもかかわらず、EFが一つの引用をしているのは印象的である。それはむしろ「やせがまん」のようなものだった。「愛においては利己的なものがたくさんある。しかしそれがなくなったら愛はどうなるだろう。」

そして、彼女は続ける。「もちろんゲーテと私にとっては慰めになるのは当然です。ああ、私は多くの、本当に多くの尽力をしているにもかかわらず、「利己的」なことがしばしばあります。」（一九五三年二月三日）

ああ、彼女がこの時点に本当に自分のことをもっと考え、彼女自身が「不在」をしないで済んだら良かったのだが。

しかし、最初はいつものように、WFは自分の問題に直面していた。一九五三年五月十二日にWFは―その前年のような―ベルリン・フィルとの大きな演奏旅行を回顧できたのだ。ひと月の間、彼はドイツを横断して旅行した。その途中に、今回はパリとロンドン、そしてスイスで二回の演奏会も行われた。手紙で書かれている「本当に不快な出来事」というのは、彼の作曲への再度の攻撃が行われ、それに対して彼が反論したことをさす。アガーテ・フォン・ティーデマンに対して、彼は自分の態度をこう説明している。「毒入りの武器で作曲家としての僕を四方八方から撃つということをいつもされたため、僕は人が信用できなくなり、過敏になってしまった。」（一九五三年五月三日）

彼とベルリン・フィルはベルリンに無事帰還した。そこで彼はドイツ・グラモフォンの望みに応え、ダーレムのイエス・キリスト教会でロベルト・シューマンの第四交響曲をレコード録音したのである。いかに彼が寝食を忘れてこの録音に打ち込んだかを考えれば、まさに世界中でこれが今日まで特別の録音として賞賛されているのは不思議なことではない。指揮というものはWFにとって、彼がある時言ったように、まさに何が起ころうと妥協なき「愛の行為」であった。

有名な舞台美術家エーミール・プレトリウスとWFはバイロイトでたくさんの公演をし、一九五一年はミラノでグルックの《オルフェオ》を一緒に上演した。プレトリウスのために彼はミュンヘンで講演を行おうとした。「プレー」がちょうど七十歳になったからである。アカデミーの皆が賛辞を待っていた。しかし、何も起きなかった。

「R.」というのは、WFにとってはクルト・リースのことである。リースにも彼はミュンヘンでは会いたくなかった。リースは雑誌の連載で、第三帝国でWFがとった態度について書いていた。この真実で正しいイメージはアメリカ人のために考えられたものだった。なぜなら、ベルリン・フィルとそのシェフによる合衆国への演奏旅行がますます避けられなくなってきたからである。「今回はシカゴの時のような失敗が起こってはならないのです。」（EFからアガーテ・フォン・ティーデマンへ、一九五二年十二月二十一日）しかし、リースの記事のゆえにWFはとても立腹することになる。彼の秘書が一九五二年十二月四日に次のように書いてきたからである。「リースは確かにあの読み物を書き、評判になっています。あなたにぜひお願いしたいのは、それを厳密に修正することです。もし、この最初の記事では削除されたとはいえ、「指揮者のではなくモーツァルトやベートーヴェンのセックスアピール」のような文章が載るとしたら、酷い結果がもたらされるでしょう。」

ＥＦの体調は、彼女が彼に電話で言ったように、「まずまず」だった。彼女は既にクリンゲンベルクの二人の年長の子のもとにいた。マイン川沿いで湯治場を探すためである。ベルリンに彼女はもう行きたくはなく、むしろベートーヴェンの第九を聴きにヴィーンへ行きたかった。五月末にはさらにクラランで数日を過ごすことになる。

ＷＦからＥＦへ
ベルリン、マイゼン通り一a
一九五三年五月十二日

最愛の人よ、ちょうど僕らの電話が終わったところで書いている。あのね、どうも変な気分だ。僕にこれらの吐き気を催す出来事を乗り切らせる唯一のものは、ただ作曲をすることだけなのだ。だから、気持ち悪くなり、おまけに眠れないにもかかわらず、すぐに作曲に取りかかった。何よりそれについては話したくないし、最も良いのは、できることなら何ヶ月も誰とも会いたくないのだ。それは残念ながら無理だが、リハーサルと録音を宿題にしてこれ以上は考えないことにしたい。体だけはなんとかもっても、このところ何も食べられないのだ。

最愛の人よ、君の体調は「まずまず」なのかもしれないが、普通ではないよ。この件が君にも影響しているのは確かだ。そもそも思うのだが、君はもうベルリンには全く来ないほうが良いだろう。この件では誰も僕を助けることができない。もし僕が一人でいられれば、それが一番良いのだ。

プレトリウスのための講演は断る。どこかでＲ．と会わねばならないのは愉快でないからね。

残りの人生をなるべく作曲することに使うのが望みだ。そして、これは僕が今考える唯一のことだ。そして君を求めている。

まさに僕の心のために、そして将来と現実のために。しかし、君にとってふさわしい人間に僕はならないといけないのだ、最愛の人よ。

最愛の人よ、さようなら。明日また電話する。

W

EFからWFへ

クリンゲンベルク

一九五三年五月十六日

最愛の人よ、この手紙を読むのは辛かったわ。昨晩は眠れませんでした。なぜなら、私が元気でないということをまだ書いていなかったからです。あなたが既に近々何かが起こるかもしれないと感じているとしてもです。

私たちはすぐに会いましょう。ベルリンへは行きません。あなたは昨日優しく話しかけてくれました。しかし、私はあなたの手紙を全く正しく理解しています。あなたがこれを書く前から、私は「知って」いたのです。また、昨日の医師の診断からすると、私が二日間ベルリンへ立ち寄るのは全く良くないとのことです。これら全てのことは今晩はっきりとわかりました。

火曜日にクラランへ発ちます。あなたを元気で迎えるためです。

今や「アーテム・シュミット」博士からの忠告を考えねばなりません。シュミット博士は私を診察などしてから言いました。「もっと夏のようになりなさい。」　私が理解できないでいると、さらに「全てはあなたの気の持ちようなんですよ。」　ちょっとムッとした私が、自分にはまだ理解力や肉体もあるのにと言うと、彼はこう答えます。「そうですね。でも、これはあなただけのことではありません。いつも心でそう願いなさい。そうすれば心が一緒に担ってくれます。」　しかし、彼はこうも言いました。「あなたは病気になってはいけない。さもないと夫の愛を失います。」

私は再び健康になるでしょう。あなたと子供たちのためにもです。そして、健康になることは全く可能なのです。

もし私たちが一緒にいれば、全てを話し合えるでしょう。なので、これもとても自分勝手な手紙になってしまいますが。今日も電話で話しましょう。あなたの様子を知りたい。クラランでぜひ何日かを静かに過ごしましょう。
あなたのエリーザベト

あなたの義姉妹のヒルデから知らせを受けました。ミュンヘンの批評は感情的で、それ以外にはなにもないようです。

EFは初めて深刻な病気にかかっていた。そもそもそんな病気になるような彼女ではない。しかし、十年もの間、戦争や五人の子供のことや彼女を愛する—やっかいな—夫という重荷を背負ってきたのだ。夫は職業の多忙、作曲をしたいという衝動、そして悪化する難聴に苦しんでいた。完全に聴覚を失うことへの不安から、彼はもはや心の安らぎを感じることができなくなっていた。だから私たちが二人の対照的な立場を知りたいならば、一九五三年六月十八日に交わされた二通の手紙に勝る資料はないだろう。

EFの完全な住所は、一九五三年六月十六日からシュロス＝サナトリウム・ヴァルトライニンゲン、（十七a）、ポスト・ブッヒェン、オーデンヴァルトになった。ここはクリンゲンベルクから三八キロ離れた所にある。クリストフ（十七歳）は、ここで高校の卒業試験に精を出し、トーマス（十二歳）は休暇旅行中、そして大学生のペーター（二十一歳）は母と成年を祝おうとしていた。城では家族の小さいが本格的な祝賀会が行われたに違いない。EFは一九五三年六月十九日にこう書いている。「年長の子供たちはついに母を、自分たちの近くのサナトリウムに住まわせることになりました。」

カトリン（十五歳）とアンドレアス（八歳）は、クラランの父のもとに留まっていた。深く意気消沈した彼は、もはや見る影もなかった。気の進まない演奏会シーズンを彼が済ませると、それは家族全員を喜ばせた。しかし、「皇帝邸」に彼はほとんど一人だったのだ。

彼がそこでまず《ドン・ジョヴァンニ》、《フィガロ》を、あるいはエリーザベト・シュヴァルツコプフとのフーゴー・ヴォルフ歌曲の夕べを準備していたのかもしれないと考えた人は、またしても思い違いである。彼の思いはザルツブルク音楽祭ではなく、作曲に向けられていた。この夏には第三交響曲を完成させなければならない。

ＥＦは既に一九五三年六月二十一日にサナトリウムでこう記している。「もしもどこかで、私が役に立つかもしれないと思ってくれるなら、すぐに行きます。」しかし、これは彼女自身の回復にとって全く誤った処方箋になったかもしれない。

ＷＦからＥＦへ
クララン、水曜日
一九五三年六月十八日

最愛の人よ、君は行ってしまった。家には誰もいない。会ってその声を聞いている時、君が僕にいつも与えてくれる愛、暖かさ、そして喜びは、もうここにはない。僕はこれら全てが必要であるということを理解するために、自制しなければならない。しかし、君が再び健康になることが必要であり、そのためには僕もそうならなければならない。最愛の人よ、君、そして僕の音楽上の課題は、僕の人生の船が錨を下ろす二つの波止場なのだ。

電話が待ち遠しい。今日カトリンは僕の髭をとてもうまく、丁寧に剃ってくれた。

木曜日

電話ではいつも声が微かでよく聞き取れない。でも君はとても満足しているようだ。日曜日以来、少し良く眠れるようになった。その際にはっきりわかったことがある。僕に欠けているのは、活動の限界を正しく知ることだけなのだ。これは僕の場合、僕のタイプでは、他人のそれよりも大きくならねばならない。これを知って以来、僕は多くのものを得た。きっと君も同じだろうと思う。（それに加えて、君は女性だし、僕らは愛し合わねばならない。）いずれにしても、先週もそうだったが、僕は数年来というもの、作曲には集中も徹底もできていない。ザルツブルクの前にこの交響曲を仕上げられたらと思う。

最愛の人よ、子供たちは可愛い。そして僕ら皆は君のことを思っている。

金曜日

そもそも昨日この手紙を投函したかった。今もう少し書く。昨日の電話はちょっと悲しかった。君がそんなにひとりぼっちだとは。もし保養が効いているなら、君は何より心静かに周囲とも和んで生活していくべきだ。もしそうでないなら、どんな処置も意味がないだろう。このことを僕自身も散歩する時にしばしば感じたんだ。君がズーゼ・ブロックハウスに電話すらしてくれないので、おそらく彼女は君を訪問してくるのじゃないか？

最愛の人よ、昨日考えたんだが、僕は自殺はしないよ。それは君を愛しているからだ（他にも多くの理由があるが）。でも、やっとそのことを僕らは試してみようと思う。昨日はミュラー夫人がここにいて、子供たちに感嘆していた。

キスをしよう、最愛の人よ。

W

EFからWFへ
ライニンゲン城
一九五三年六月十八日

最愛の人へ、

ここに来て三日目です。あなたにカトリンとアンドレアスを知ってもらいたくて書いた二枚の絵葉書以外には、誰にも書いていません。絶えずあなたのことを思い、心の中では何メートルにも渡る長い手紙を書いていたのです。

私は高いバルコニーで、またとない孤独と静けさの中、それこそお城のお姫様のように座っています。しかし、私は精神を集中し、あなたが関心を抱いてくれそうなことを手紙に書くことにしました。

ここでは特別の、まさしく体に優しい食事が出ますし、昼食後は胆汁のために鉱泥の湿布をします。肝臓の検査も受けましたが、半日は断食しなければなりませんでした。検査はまだ続いています。医者は私の高い血沈速度を下げようとしていて、心臓のために軽いナトリウム剤（抗生剤ではありません！）を飲まないといけません。また心臓マッサージを一日おきに、その他の日は腕と脚にマッサージをします。それ以外は暇です。午前に四五分、午後にも四五分歩いています。前はもっと歩いていたのですが、それは結局最初の二日間だけでした。

今日は疲労困憊しているのですが、これは既に予想されていたことでした。昨晩も具合が悪かったのですが、全ては一週間後には好転していることでしょう。私は全くリラックスしていますが、こうするのは確かに良いことです。

しかし、私にとって最も美しいものは森、森です。ここでは家の中にいますが、森に行くことは、毎日の目と心の保養になっています。しっとりとした地面、永遠に変転するすばらしい木々。とても小さなモミの木の植樹は、大きな固まりで咲いている赤いジギタリスによってずっとおおわれています。それによって―私が思い込んでいるように―治癒させる毒を持っているように見えるのです。とても近寄りがたいが尊敬されるような、そう、厳粛にそれらの木々はそこにじっと立っています。

これはまるで童話に出てくるような森です。ロマン派の芸術家たちが描いたり詩に詠んできたような森。ここできっとジークフリートも刺されて死んだのです。「あなたの」演奏するヴァーグナーの森のささやきが、ここでは現実となります。そして永遠に移り変わっていく香り！　切り倒されたブナの幹に立ち寄ると、そこではモミの樹脂の良い香りがします。それからまた、広葉樹林からは言い表せないような匂いもほとばしっています。樹林の間には今ちょうど干されている小さな牧草地があります。今トーマスが来て、正午には私と一緒に食べるところです。そこで私が彼に急いでこの手紙を渡したく、すぐにまたあなたに書いています。郵便の着くのがとても遅いので、この機会を利用しています。

あなたのエリーザベト

ベルリンはすばらしいですね!!　トーマスがちょうど教えてくれたところです。

検査では悪いところはありませんでした!!

三週間、EFは湯治のためヴァルトライニンゲンにいた。一九五三年六月二五日、彼女はそこから自分たちの結婚の総括をしている。「明日で私たちは結婚十年目です。ありとあらゆる困難に見舞われてきましたが、あなたの第二、第三の交響曲、そしてアンドレアスが生まれました。もしこれを結果だけで見れば、私はあなたを支えることが半分もできていません。しかし、私は「自分の立場を貫いてきた」のです。自らの小心と気後れにもかかわらずです。あなたは私の心、私の考えを満足させてくれます。あなたがヴィーンで私にこう言った日からです。「僕らは相性が良いし、本当に良く分かり合えているね。」とてもためらって、おののきながらあなたは言いました。ああ、最愛の人よ、あなたを愛します。このことを保証や信頼として考えようとすれば、「理解」や「相性」以上のものです。まさしく、愛というものこそが、唯一担っていく力であり、愛の故に私はしばしば悩んできましたが、もう悩む必要もありません。もし「理解」や「相性」がちょうどそこで頼りになったとしても、愛こそが大切なものなのです。」

WFの少年時代、家庭教師を務めたヴァルター・リーツラーは、WFが一九三五年に完成したピアノ五重奏曲について、この崩壊の音楽に堪えられる人間は多くはないだろう、と述べている。それに対してWFは「自分は悲劇作家なのだ」と答えた。彼の作曲に対する評価は、最後まで定まらなかった。一九五三年六月三十日、音楽好きの友人フェリシア・ディートリヒに自分の第三交響曲をピアノで弾いて聴かせた後、WFはこう書いている。「ちょうどディートリヒ嬢に弾いて聴かせたところだ。ずっとその間、君がそこにいなかったのが残念だった。この交響曲全体は今やなかなかの出来栄えとなり、終楽章は―ついに―最後まで完成した。これがリーツラーの無駄話への最良の答えだ。彼の常軌を逸した傲慢について、まだ僕は腹を立てている。次の日、僕は人知学の医者のもとへ行き、さらに胃と腸を診察してもらう(ザルツブルクへ行く前にだ!)。あまり具合が良くないので、何かの病気であるかもしれないという感じをだんだんと持っている。」

EFは女優イルメ・シュヴァーブの夢を見る。彼女は一九三四年、WFとの間に未婚の娘アルムートをもうけていた。なぜEFがその夢を自分の胸におさめておかなかったのか。それは彼女の秘密であり続けるだろう。健康を取り戻した彼女はクラランへ戻り、すぐにザルツブルクに宛てて書くのである。

EFからWFへ

クララン

一九五三年七月十一日

我が最愛の人、愛するヴィルヘルム、私はヴァルトライニンゲンでの特別な体験に全く魅力されています。それは最初の週の終わりから第二週の初めにかけてのことでした。一つ夢を見ましたが、それはとてもはっきりしていて、私は―心臓がドキドキして目が覚めたのですが―起きてもそれから逃れられず、その内容をあなたにすぐ書いたという次第です。しかし、それからわかったのですが―手紙を一通り読むと―そんな手紙を受け取っても、あなたは馬鹿げていると思うのではないかという気がして、私は苦笑しながら、理性の戒めに従って手紙を破ったのです。

夢とはこんな風でした。あなたはクラランで仕事机の脇に立っています。私は部屋に入ると、あなたの隣に行き、横から首にキスをします。それをしている間、あなたが考え込んでいるのを私は感じます。仕事机を見ると、そこにはドイツにいるシュヴァーブ夫人宛てのあなたの手紙が既に封筒に入れられて置いてあります。私たちは二人とも何も話しませんが、あなたは恐縮していて、私は―手紙の中身を読んでいなくても―何か私を傷つけることがそこに書いてあるということを知っているのです。そして、心臓の鼓動がどんどん高まり、そこで目が覚めました。しかし、鼓動は長い間、落ち着きませんでした。言ったように、私は全てを手紙に書きましたが、投函はしていません。なぜなら、あなたは結局シュヴァーブ夫人と文通を好きなだけすることはできるからです。そして、私はあなたをそのような酷いことによって苦しめたくなかったからです。そして、これは今日もしたくありません。私とあなたは心からわかり合えているという、言い表せないほど素敵な気持ちがあるだけなのです。

同封の手紙は昨日あなたが発ってすぐに見つけたものです。それを読んだのは晩になってからで、面白いのは、何時間か経ってから私は夢を見たのです。そしてこの夢は、この手紙が残した悪い後味を消し去ってくれました。あなただってそんな手紙は好きにはなれないでしょうね。

愛するヴィルヘルム、バーゼル経由で電話できることを願っています。よく眠って下さい。
あなたのE

ＥＦの「夢の手紙」へ、ＷＦから返事の手紙はなかった。しかし、二人は再び一緒にザルツブルク、ルツェルン、エディンバラ、ベルリン、キールそしてヴィーンへの演奏旅行をし、九月のクラランでの短い休暇では、全てを話し合った。ヴィーンでの《フィデリオ》に続いて、ＷＦは再度の——最後となる——ヴァーグナーの《指環》全四部作に取り組む。聴衆を入れての放送用の収録は、ローマで十月二六日から十一月二七日まで予定されていた。この巨大なツィクルスはヴィントガッセン、フリック、グリュンマー、ズートハウス、そしてユリナックという豪華な歌手陣で録音され、毎日、一幕ずつが演奏された。ＥＦもイタリアへ行くことを考えたが、何よりも、アメリカ軍がその間に解放していたヴィースバーデンの家を心配しなければならなかった。一九五三年十月二七日の彼女の手紙では、既に不安が漂っている。「あなたに会いたい。本当にさびしいです。しかし、残念なことに自分にも完全に自身があるわけではありません。私があなたのもとにいる時だけ、あなたが喜ぶだなんて思ってしまうのは滑稽ですね。私はローマへ行ったら、とても可愛らしい身なりをするでしょう。」

《指環》の後、ＷＦにとってはすぐにベルリン・フィルとの演奏会があった。プログラムは、グルックの《イフィゲニア》序曲、フィッシャー＝ディースカウをソリストに迎えてのマーラーの《亡き子を偲ぶ歌》、そしてブルックナーの第五交響曲であった。ＥＦはクラランの彼女の子供たちのもとに行きたかったが、一九五三年十二月五日にはベルリンの夫から短い手紙を受け取る。封筒にはシェーネベルク市庁舎を描いた小さな切手と、それより大きなオットー・リリエンタールの切手が貼られていた。リリエンタールは一八九六年、自分の乗ったグライダーが墜落して死亡した人物である。「最愛の人よ、僕は働き詰めだ。あまりにも短い時間で、ブルックナーの交響曲を再び完全に自分のものにしなければならないからね。耳の状態は前よりも悪くなっている。エディンバラの時と同じくらいだ。僕はもう飛行機に乗ることはできない！　治ってくれると良いのだが。そうでなくても、このところはいくらか良くなっていると思う。今考えるのは一つだけだ。君は僕のものであり、二人が愛し合っているということによって、僕の不幸が和らぐことだ。最愛の人、君よ！　愛している。ただそのままでいてくれ。W」

クリスマスと正月が過ぎた。しかし、WFは不調を感じ、休むことを余儀なくされる。一九五四年の一月にも二月にも彼はベルリン・フィルと旅行ができなかった。一月七日から、バーデン＝バーデンのエーバーシュタインブルク診療所のレーヴェンシュタイン博士が、入院した彼を診察していた。WFは聴覚、平衡感覚、消化の不調を訴える。彼のために部屋にはピアノが運び込まれることになった。ここにいるのをできるだけ知られないこと、また訪問がないことを彼は望んでいたが、これは有名人には全く難しい望みだった。

EFは彼を診療所に連れていき、またクラランに戻った。そろそろ彼女は自分のために何か良いことをしたくなったのだ。上級フランス語の授業を受け、彼女の部屋の壁紙張りのために全ての本を整頓し直した。週末にはベルンへ行き、本棚を探し、そこでの友達で作曲家・指揮者のイーゴル・マルケヴィッチと会う。「彼はすぐにあなたの交響曲について話しました。チェリストのエーバーハルト・フィンケが彼にレコードで聴かせたそうです。彼は聴く前は、その曲が好きになれないのではないかという不安を持っていましたが、実際の結果は逆でした。あなたは、他の指揮者がこの曲を指揮することをもっと認めなければならないでしょう。なぜなら、そうして初めて—たとえあなたが指揮した場合のようにはうまくいかなくても—人々はこの作品に目を向けるだろうからです。彼自身はこの作品を喜んで指揮したいそうです。もちろん、彼は曲の長さには不平を言いましたが、それも演奏会にかけようと思えばこそです。」　その後で彼女は手紙に書いている。「これを書いている時に気付いたのは、そもそもザルツブルクに私はほとんど関心がないということです。つまり、あなた自身は作曲しなければならないのだから、これら全てをもはやそんなに重要であると考えていないということを、私は感じるのです。あなたのピアノ協奏曲はどうなりましたか？

そしてそもそもザルツブルクの演奏会プログラムは？」（一九五四年一月十八日）

エーバーシュタインブルクからのWFの返事は、あまり楽観的とは言えないものだった。「君のためにもまた健康になりたいし、僕を不意に襲ったこの麻痺を克服したい。今まで客観的には良くなったと言えないにもかかわらず、医者ははるかに楽観的だ。昨日以来、大腸菌による浣腸をしている。これは決定的に重要なことになるだろう。いずれにしても、まだ待たねばならない。この交響曲は落ち着いて十日もしたら完成させられるだろう。」（一九五四年一月二四日）

六八歳の誕生日をWFは病院で迎えねばならなかった。四三歳のEFがわかっていたのは、彼女の夫は医者の処方に従ってはいるが、むしろ作曲の仕事のことで頭がいっぱいであるということだ。

「私があなたの楽譜を全部車で持ってくるのが良くはないですか？　今日はほとんど一日中あなたのことを考えています。それにしても三週間も私たちは離れていました。あなたに会うのが待ち遠しいです。こんなに長い時間が経つと、さすがに分別も身に付いてきます。確かにいつも我慢しなければなりません。もし私があなたのもとにいても、いつものようにさらに作曲をするべきです。あなたには食事の時と夜だけ会うつもりです。三日間は。」（一九五四年一月二五日）

毎日彼らは電話をしていた。手紙はますますそっけなく控えめになっていった。

ＥＦからＷＦへ
クララン
一九五四年二月十五日

最愛の人よ、

私たちが毎日話したのは良かったです。しかし、感じるのですが―そしてこれは間違っているかもしれませんが―あなたには全く新しい目標があるのではないですか。確かにあなたは将来の人生を設計しています。指揮をすることは、その際、当面の役割を果たすでしょう。しかし、指揮がとても重要ではあっても、それはあなたにわずかの喜びしかもたらさないのです。

あなたは自分の論文を仕上げることができそうですか？

最近、日の経つのが本当に速いです。さらに軽い風邪をひきました。全く愚かです。そんなに熱もなく、いずれにしてもすぐに治るでしょう。ココシュカを既に二度は断りました。

私はあなたに張り切って元気な手紙を送りたいのです。そして私も元気でいたい。おそらく明日は。

一つだけ。アンドレアスは可愛く、愛しく、高貴な子です。彼の姿を見ていると、毎日が幸福です。彼があなたに似ているのは、あなたから離れている私には深い慰めです。

あなたは全てのものから離れたいのではないかと、思えることがしばしばあります。はっきりとわかるのです。

あなたのエリーザベト

一つだけすばらしいのは、私たちがカラカスへ行くかもしれないということです。実現したらこれはちょっとした冒険ね！

WFからEFへ
バーデン＝バーデン
一九五四年二月十四日

最愛の人よ、僕が全てのものから「離れ」たがっている、ともし君が思っているとしたら、それは間違いだ。ここだけに安らぎがあり―とにかく人づき合いということを言うなら、ここでは確かに何日も一人きりだ―徐々に内的な集中ができるようになった。第一交響曲についても思いを巡らせている。この交響曲にはまた興味が出てきた。それから論文だ。最初のもの（プレトリウスのための）を昨晩ズーゼ・ブロックハウスに読んで聞かせた。これはかなりできていて、普通の講演くらいの長さだ。もう一つは近日中にできる。指揮の仕事がまた始まる時には、いくらかは終わっているだろう。

カラカスへ行くことになるのか、奇妙なことにまだわからない。今日になっても電報一つ来ないのだ。

最愛の人よ、何度でも考えると熱くなるのは、君がいて僕が君を愛しているということだ。それは僕の人生で最も大事で美しいことなのだ。他の全てのことを超えている。僕が絶望している時もそれは変わらない。

君を愛し、キスをしよう。最愛の人よ。

アンドレアスとカトリンによろしく。

W

WFからEFへ
バーデン＝バーデン
一九五四年二月十八日

最愛の人よ、電話では君が捕まらなかった。なので書くことによって君と話したい。

僕がいつも感じているのは、君の声すら聞けない日があってはならないということであり、君もそう感じていてほしいということだ。最愛の人よ。今僕は全く独りでいる。ズーゼは昨日からはいないので、これも僕にはとても有難い。僕は独りであり、僕自身の主でもあるのだ。一人で食べ、晩には読書をし、これから作曲に取り掛かるところだ。次にまたこうして独りになれる時が今から楽しみだ。

今まで睡眠もよくできている。豊かな森に囲まれていることとも関係があるのではないかと思うのだが?!

最愛の人よ、僕は君のものであり、何千回となく君にキスをしよう。

W

WFが亡くなる年は既にだいぶ前に始まっていた。EFだけでなく、WFの信頼するフォン・レーヴェンシュタイン博士も、残された力は家で自分にとって本質的なことに集中するために使うべきだと彼に警告していた。

それにもかかわらず、二人は二回の演奏会をするためにカラカスへ飛び、WFはさらにチューリヒとシュトゥットガルトで、彼の第二交響曲を当地のオーケストラと稽古したのだ。再び彼の最初の心配、つまり批評家が（聴衆ではなく！）この曲にどんな反応をするか、ということが頭をもたげてくる。EFはいつものごとく彼が厄介なことに囚われている時は、こう書いて慰めた。「批評が良くても悪くても、役には立たないと思います。この作品は後世まで残るでしょう。他の指揮者がひょっとして二つの中間楽章だけでも取り上げるかもしれないという可能性について、エーザーとは話し合いましたか？　それなら彼らの力でも大丈夫でしょう。なぜなら、それは力の問題でもあるからです。いずれにしても、私はいつもあなたの交響曲のことを考えています。これはとても「重い」曲なので、私の心にその全ての重みをもってのしかかっているのです。この交響曲は浮わついて流れていく音楽界の中で岩のようにそびえ立っています。他の人を威嚇し、妨害しますが、避けることはできない曲なのです。あなたは巨人であり、私は小人です。」（一九五四年四月一日）

休みなく三月から四月にかけて、カラカス、チューリヒ、シュトゥットガルト、ハンブルク、そしてベルリンでの演奏会が続く。ヴィーンではフィッシャー＝ディースカウとのマタイ受難曲が三回演奏された。それからWFはベルリンに行き、三十一日間に渡ってドイツとヨーロッパ各地で二七回もの演奏会をベルリン・フィルと行う大きな演奏旅行の準備に入る。WFが準備したのは―今日演奏旅行をするオーケストラがしばしば持ってくるような―三つの作品とアンコール一曲などというものではなく、ヘンデルからブラッヒャーまで、モーツァルトからベートーヴェンを通ってブラームスまで、ヴァーグナーからシュトラウスまで、十五曲に及ぶプログラムだった。

EFとの文通もまた最高記録に達した。なぜなら、彼が演奏旅行を準備をしている間、二人はベルリンとクラランの間で一週間に十三通もの手紙を書いているのである。面白いことには、WFは十通なのに対して、EFは三通だけである。どうしてだろう？マリアの後は―誰もがそれを随分前から気付いていたが―EFが彼の臨床心理士になっていた。そして、彼自身の手紙はその治療の内容を伝えているのだ。

一九五四年四月二十日のWFからEFへの手紙。「君が一昨日はとても早くに起きて泣いていたとは思ってもみなかった。もし君が僕の所でとても安心して保護されていると感じていたなら、そんなことは全くありえないし、あってはならない。」

一九五四年四月二十日、WFからEFへ。「僕は君のためではなくエゴイズムから書いている。自分のエゴを今ほど感じる時はないが、一切を我慢するのはとても難しい。」

一九五四年四月二十日、WFからEFへ。「二時間もの散歩の健康効果をいくらかは感じているものの、ここに来て以来、あまり良くは寝られない。それがビタミン療法のためなのか、心配が離れないためなのか、はっきりした原因はわからない。今晩も長い間寝付けなかったが、突然こんな思いにとらわれた。あるいは君は、それを僕に言うことなく、ツィーゲンルッカーに宛てて書いたのではないかな？もし君がそうしたとすると・・。しかし、僕が望んでいるのは、そうしてはいないということだ。

彼女と僕はもう会わないだろう。それは彼女のためではなく、僕らのためなのだ。君を愛している。これ以上は言えない。」

一九五四年四月二十一日、WFからEFへ。「僕は今晩、昨日君への手紙に書いた疑いを放棄した。そして、もしあの手紙が君をひどく苦しめてしまったのなら、これをすることはないだろうと思った。人の背後から責め立ててくる想念に僕は捕らわれになるべきではないということ、また僕が君を愛するがゆえに、こんなことは全く重要ではないということ、そしてこれが何を意味するのかということをも、君は知っているのだ。明日は耳を診てもらいに医者に行き、初めて注射をしてもらう。」

一九五四年四月二十二日、EFからWFへ（EFがクラランで使った便箋は、カラカスのホテル・ポトマックで「フルトヴェングラー」のために特に印刷されたものだった）。「二通の手紙を受け取りましたが、今一通また来ました。一番いけないのは、私にしばしば勇気がないことです。私に手紙を書くことがあなたにとっては慰めであるということを読んだ時は驚きました。それは私にとってもそうなのです。今望んでいるのは、あなたが「君は僕のものであり、他の誰のものでもない」と言ってくれることです。そうであれば私がどこかで傷つけられても、動じることはないでしょう。なぜならあなたのための力が湧いてくるからです。今ここで私は疲れていますが、冷えるにもかかわらず、すばらしい天気です。この八日間を健康のために用い—まさにあなたのように—歩きたいと思います。このとても朗らかで快活なエリーザベトを旅行に連れて行ってください。」

一九五四年四月二十三日、WFからEFへ。「今日は医者に耳を診てもらった。結果はすごく元気づけられたとは言えない。明日、最初の注射をすることになった。今度、僕らが会った時に説明しよう。君は少なくとも、フランス、スイス、イタリアに同行ができるように調整してくれ。ドイツとその前のベルリンでの三回の演奏会は、もし君が望むなら同行しなくても良いが、それ以外は君と行きたい。最愛の人よ、君を愛している。」

一九五四年四月二十三日、WFからEFへ。「今日は本当に大変だった。二つの大きなリハーサルとさらに一時間半だ。最初の注射を耳のために受けた。耳の具合はリハーサルが進むほど良くなってきた感じだが、電話だけはだめだ。しかし、長い間には良くなると思う。最愛の人よ、僕らが愛し合っていて一つだということを考えてくれ。」

一九五四年四月二五日、EFからWFへ。「最愛の人、あなたは私を完全に満足させています。たとえあなたが私の全てを好きでなく、私のことを少ししか考えないとしても。このところグリルパルツァーを読んでいます。彼には実際あなたに似ているところがたくさんありますよ。ただ、あなたは—それを認めないかもしれませんが—多くの点でずっと幸せであり、そんなに複雑ではありませんがね。彼のものを読むと、前にはわからなかった多くのことが明らかになるのです。手紙をくれたことに感謝します。本当に助けられました。このところは朗らかに過ごしています。一週間後には一緒になれますね。ただあなたの目だけを見つめていたいのです。」

一九五四年四月二五日、WFからEFへ。「最愛の人よ、ちょうど電話で君の声を聞いたばかりだ。手紙と電話、この二つがうまく補い合っている。僕は今日、大きなリハーサルと長い散歩をしたので、ちょっと疲れた。しかし、「肉体的には」また希望が満ちてきたようだ。これは僕にとって、また僕の生きがいにとってはとても重要なことだ。そうでなければ、音楽もその他のどんなものももう喜びではないし、僕は君には負担になるだろう。そして、このことが犠牲を強いるようになることは許されない。君を愛するなら、僕は独りでないし、独りになってはいけないのだということを、毎日噛みしめている。君に千回キスをしよう。」

一九五四年四月二六日、WFからEFへ。「最愛の人よ、演奏会はうまくいった。安心したし、体の調子も良い。耳だけは昨晩以来また酷くなった。このように具合が変わる理由はわからない。昨日はとにかく疲れ過ぎて、今日は初めて散歩をしなかった。午後はティブルティウス議員の所でお茶を飲んだ。それは突然のことだったが行って良かったよ。彼はかなりの歳だがベルリン生まれで、僕らは昔の時代についてたくさん話し合った。明日と明後日はさらに多くリハーサルなどをしなければならない。それから神の思し召しがあれば、演奏旅行を始める。しかし、今はパリで君に会うのが楽しみだ。最愛の人よ。キスを数えきれないくらいしよう。君を愛している。さようなら！」

一九五四年四月二七日、EFからWFへ。「今日はあなたと電話できて良かったです。お互いにとても良く分かり合えました。あなたの手紙について黙っていることは、全く問題ありません。あなたのことをいっぱい考えています。なにしろ私には、まるで二人がすぐ近くにいるかのように感じられるからです。演奏旅行をあなたと気持ちを同じくして待ち望んでいます。四日後にまた会いましょう。神が望まれるなら。」

一九五四年四月二七日、WFからEFへ。「今日はベルリンでの最後の日だ。すぐにパリで会おう。ちょうど君と電話できるのを待っていた。昨日ついに君からの手紙を二通受け取った。メーリケの詩はすばらしく魅力的だ。だが、最愛の人よ、これは君ではない。これは君の立場ではない。確かに他の人はこれにとても感動させられるだろう。でもね、僕は夜に突然、そこには何かがあると感じたのだ。ああ、最愛の人よ、僕は君だけを愛している。昨日の演奏会もとても良かった。僕は散歩のおかげで気分はさらに良くなったけれど、いつも・・・最愛の人よ、君を愛している。」

WFからEFへ
ベルリン
一九五四年四月二八日

最愛の人よ、

一時間半後に僕らは出発する。はっきりと君の二通の手紙について書きたい。一通はすぐに破棄してしまった。それを他人が読むことを望まないからだ。そして、もう一通を読んで—最愛の人よ、君が無垢のままであること、そして君が僕のもとでも、僕によって天命であり続けていることを知った。君のことを運命として受け止めることができた時、君はまさしく天命だったのだ。これは僕の考えであり望みだ。

昼も夜も僕のあらゆる思い煩いは、ただ自らの力に対する不安から出ている。しかし、もし僕らが会うなら、君はヴィーンでの時とは違う僕を見るだろう。

ただ一つのことだけ君にお願いする。僕については少し忍耐を持ってほしい。どんな疑いも抱かないでくれ。信じてほしいのだ。そうでなければ、こんな言葉を言いはしない。

君を愛している。心の中でキスをしよう。

パリで会う時まで、さようなら！

W

ベルリン・フィルとWFによるドイツとヨーロッパへの大きな演奏旅行は、一九五四年五月二五日まで続いた。しかし、EFはそれを中座せねばならなくなる。演奏旅行の途中、「皇帝邸」が他人に売却されたという知らせがクラランからもたらされたのだ。WFの多忙な演奏会スケジュールと深刻化する健康問題に、さらに急に引っ越さねばならないという負担が加わった。

EFは再び不動産屋と自動車に乗り込み、レマン湖の周りに住まいを探す。「いろいろ見てみました。でも「皇帝邸」へ戻った時、ここが比類なく美しいと思いました。私たちがここに住んだ八年間を考えています。あなたが第二交響曲を書いてから、もう随分経つのですね。自分のことを考えないように本当に努力しています。いつもひと月先を考え、求めれば、また何か新しい仕事が生じてきます。どうしたらこの忙しさの感覚をあなたのために振り払うことができるでしょうか? まさしく本当なのは、子供たちを見れば安心するということです。彼らは将来が楽しみで、時間があります。しかし、そう思うと私にはあの感覚が戻ってきます。カラカス以来、あなたとは離れたままです。ヴィーンとパリでの数日間はあまり計算には入りません。いつも短か過ぎたからです。私の手紙が朗らかでないことを、どうか悲しまないで下さい。あなたはきつい仕事をなさっているので、もしかしたら退屈に感じるのかもしれません。でも、私はあなたの演奏会、そして一緒に楽しく過ごすのを楽しみにしていたのです。」

(一九五四年五月十二日)

「バセ・クーロ」邸―「皇帝邸」のすぐ向かいにあった―は五月から六月にかけて首尾よく購入することに決まった。しかし、引越というハードルはまだ超えられなかった。EFがここで手続きの一切を引き受けた一方、WFは全く別の心配をしていた。ザルツブルク音楽祭での仕事が控えていたが、彼がそれをそもそもこなせるのかが問題だったのだ。

一九五四年七月初め、フォン・レーヴェンシュタイン博士が診察のためクラランを訪れる。聴覚と睡眠の問題に、さらに耳管の炎症が付け加えられ、七月五日以降もエーバーシュタインブルクに滞在せざるをえなくなった。そこに宛ててEFは一九五四年七月八日に書いている。「日に何度も、あなたのことを考えてしまいます。例えば全く偶然にですが、多くの人間にとって、特にあなたにとって当てはまると思ったこの言葉を読んだりした時はです。「夜の病院の納骨堂で君が突如感じた、知恵への不信」それは確かに多くの場合、たいした知恵ではありません。あなたが自分を全く孤独であると感じているのだろうと私は思っています。全くそうでなければ、私は喜ぶことでしょう。ファイアットを小さなメルセデス一八〇Dに取り替えたところです。あなたとザルツブルクからバイロイトまで、故障しないで行きたいからです。それにあなたは車中でぐっすりと寝られます。」

ＷＦはエーバーシュタインブルクから―治癒しないまま―すぐにザルツブルク＝アイゲンのペンション・ヴァルトブルクにやって来た。夏の音楽祭では、彼にどのくらいの仕事が任されたのだろうか？

一九五四年の七月二六日から八月三十日の間は、なんと十五の催しと一つの録画がぎっしりと並んで組まれていた。ヴェーバー《魔弾の射手》の新しい稽古、ベートーヴェン《フィデリオ》の再録音、バイロイトでのベートーヴェン第九交響曲、ルツェルンでのフィルハーモニア管弦楽団との三回の演奏会、そしてザルツブルクでのヴィーン・フィルとの締めくくりの演奏会である。それらの数日前には《ドン・ジョヴァンニ》の映画化のためにまた極度の集中が求められるに違いなかった。

その間もＷＦは自分の耳を心配し、レーヴェンシュタイン博士とはバート・ガスタインでの「応急処置」について話し合った。自然薬だけを彼はまだ求めていた。抗生剤による治療は、胃を痛めてしまったことがあるので、もはや全くの問題外だった。

三日間だけ、彼はクラランの新しい自宅で、音楽祭の苦労から癒されることができた。しかし、新しい任務が既に生じて来ていた。ＥＦは彼を車に乗せてブザンソンへ行く。そこでは数回のリハーサルの後、九月六日に演奏会をした。彼が指揮したのはベートーヴェンばかりで、《コリオラン》序曲、第六、第五交響曲という、フルトヴェングラーの典型的なプログラムだった。

これまでＷＦは彼の第二交響曲を自分で指揮せざるを得なかった。しかし、一九五四年九月十三日、初めて他の若い指揮者がこの作品を演奏することになる。ドルトムントの新しい音楽総監督ロルフ・アゴップが注目しているのを、ＷＦは見逃さなかったのだ。そこで彼はブザンソンからすぐに自動車に乗り、ドルトムントへ向かい、そこから二回のベルリン・フィルの演奏会を指揮するためにベルリンに行った。ベルリンへＥＦは二通の手紙を送り、彼にクラランでの新しい出来事について報告している。

ココシュカとフルトヴェングラーは、家族ぐるみで長い間親しく付き合っていた。「オカ Oka」は一九五五年のザルツブルク音楽祭の《魔笛》の舞台美術を手がけることになっていた(演出はヘルベルト・グラーフ)。しかし、友人同士の固い取り決めがあったにもかかわらず、ＷＦは次の年には指揮をやめようとひそかに考えていた。ＥＦのこの発言も理解できる。「ああ、あなたがこの《魔笛》だけでもほっぽりだしてくれたら!!」一度オカとオルダ夫人は、孤独なＥＦをグシュタードに誘おうとした。ユーディ・メニューインがここに高級な別荘を持っていたのだ。そして、ベルナー・オーバーラントのこのすばらしい場所は、少し後で彼の名前と世界的に有名になった音楽祭によって脚光を浴びることになる。

一九五四年九月十一日、ＥＦの手紙。「あなたに昨日、全く悲しい手紙を書き、それは投函しませんでした。今日はもっと朗らかな手紙を書こうと思いました。あなたは「僕は一人ぼっちで悲しい」と言のでしょう。ドルトムントでの一切がどうであったか、そして何よりも、あなたの具合がどうなのか、知ることができたらと思います。私は今引っ越しの準備に追われています。それのために、一切の悲しい気分を何とか払いのけています。時間がありません！　ココシュカはとても悲しんでいたので、十月まではあなたに会えないでしょう。同様なのは、ヨガ行者とあなたを待っていたメニューインもです。私は月曜日にココシュカ夫妻とグシュタードへ行きます。そもそも、それは私には全く楽しみではありませんが、大切なことには違いないのです。最愛の人よ、私があなたの本当に最愛の人であり、そして時々ほんのちょっぴり可愛く感じる、と私に書いて下さい。いいえ、後半は書かないで下さい。必要ありません。たくさんあなたのことを思っています。いつもです。やることがいろいろあるというのだけは良いですね。ベルリンのことを知らせて下さい！　昨日、新しい家の中を歩いていた時―いっぱい考えていると―突然、胸のつかえが下りました。前にもそんなことが一度あります。それは全く驚くべき感覚でした。あなたもそんな気分であるよう望みますが、それは残念ながら強制はできませんものね。ただそれがまた来ることだけを願っています。」

ベルリンに着くやいなや彼は、悲しげな内容で「発送されなかった」り、「納骨堂」と書いてある、心地よいとは言えない手紙の存在を知る。

WFからEFへ
ベルリン
一九五四年九月十二日

最愛の人よ、

僕がいなかった間に、なぜ君はこんな悲しい手紙を書いたんだい？　君が書いたことの背後には、正しくは理解できない、気になるものがある。いかに僕が君を愛しているか、全くわかっていないんだね。そして、しばしば思うのだが、それは僕の惨めな体の状態のせいでもあるということだ。

ここでちょっとスウェーデンボルグが結婚の愛について書いているのを読んでいる。そこには僕の感覚が全くすばらしく再現されているのだ。あるのは妻と夫だけだ。彼らは結び付いており、この絆は引き裂かれることはない。それが真実の姿なのだ。もし正しいということを非常な幸福だとしてしまうと、人は結婚を堅実に保つことができない。こんなように僕は考えている。君もそう考えてくれるとよいのだが。もし君が悲しんでいると、それは僕を悲しませるだけでなく、僕への不実にもなってしまう。最近の僕は、この耳の疾患が、脊椎症やザンクト・アントンでの転落に、さらには首の硬化に起因していると思っている。ニーハンス博士と話してみてくれないか？　彼は自らの妻に、僕に言ったような処置をし、成功したのだ。おそらく僕の場合も、カルシウムの代謝が阻害されているのだろう。それも最近は間違いなく感じられるくらい悪化してきた。そして今もわからないのは、僕がアメリカにあえて行ってよいかどうかだ。気になってしょうがない。

最愛の人よ、心の中で君にキスをし、息吹を感じ、愛している。世界には君以外いない。今君のもとにいられたらどんなに良いだろう。

最愛の人へ。

最愛の人よ、シュパイザー嬢が、僕（ベルリン）にすぐ二、三本のヒッポファンと二袋のリヌジットを送るよう手配してくれそうだ。

WFからEFへ
ベルリン
一九五四年九月十四日、晩

最愛の人よ、

今日メニューインのもとにいる君に書く。僕は昨日ドルトムントの演奏会には行かなかった。他の人に説得され既に決めていた。しかし、最後の瞬間、突然に心配になって、他の人—イルゼ・カニッツとズーゼ・ブロックハウス—だけで行ってもらったのだ。三十分経つともう僕は後悔した。何か逃亡したような感じがした。アゴップは技術的には僕が長い間思い描いていた最良の楽長だ。彼はこの作品をとてもうまく演奏した。たとえ、滑稽なくらい軽薄なところがいくらかあるとしてもだ。

最愛の人よ、君にスウェーデンボルグの本を持って行こう。これに僕は夢中なのだ。この本には夫婦の愛について書いてあり、それは僕を絶え間なく感動させている。いつも君のことを考えている。それがどのくらいかはとても言えない。

まもなくレーヴェンシュタインは、彼がガスタインについてどう考えているか、僕に書いてくれる。坑道療法などについて知らせてくれるだろう。僕はその意見次第なのだ。十月初めに僕が行く時には、君も一緒に来てほしい。

最愛の人よ、心の中で君に何千回もキスをしよう。

手紙を書いてくれ。君らがブザンソンについて何か（新聞などで）聞いたら。僕はそれをぜひ知りたいのだ。十月からようやく君と子供たちのもとにいられる。これだけがまともな人生というものだ。

最愛の人よ、君を愛している。

W

WFは一九五四年九月十二日付けの手紙を、ドルトムント北部のシュロス・カッペンベルクで書いている。彼がそこにいた時、楽長のアゴップが目にとまったのであった。伯爵夫人イルゼ・カニッツは、EFから特に信頼されていたというわけではなかった。「あなたからは手紙が来ません。おそらく手紙はまだカッペンベルクにあるのでしょう。」（一九五四年九月十五日）実際にEFは後で封筒にインクでこう書いている。「十二日に書かれ、伯爵夫人が投函し忘れる。」三枚のテオドール・ホイスの切手には、一九五四年九月十八日ドルトムントの消印がある。

ようやく九月二十日になって、EFはクラランで手紙を受け取った。電話で長い間知らされていて、さんざん待っていたものだった。その日はWFがベルリン・フィルをティタニア・パラストで最後に指揮した日だった。プログラムは—最後にふさわしく—ベートーヴェンの第一交響曲と彼自らの第二交響曲だった。第二交響曲では最初ファゴットのソロが始まっても、WFはその静かな旋律をもはや聞き取ることができず、どこを演奏しているかわからなくなってしまった。彼は絶望した。もちろん、すぐに楽団は対策を打った。マイクが吊り下げられ、シーメンス社は補聴器を提供した。だが、それはすぐに徒労に終わる。技術もWFを助けることはできなかった。そして、彼は聴覚の衰えにますますうろたえるのだった。

そこでようやく、彼はニーハンス博士の細胞注入療法を受けてみようという気になった。この医師は当初からフルトヴェングラーを崇拝しており、一九四五年、スイスに亡命してきたこの指揮者に二つの部屋を提供していたのである。

EFからWFへ

クララン

一九五四年九月二十日

最愛の人へ、

ちょうどカッペンベルクから、十八日のドルトムント消印のある手紙を受け取りました。私の周りは箱と紙の山ですが、あなたにはこうしてすぐに書かねばなりません。どのくらい私が悲しんでこれを書いていると思います？　いつも私は、何を書いたかを後で思い出せません。そう、あなたをもうこれ以上悲しませたくないのです。愛する神よ、私がこの約束を保つよう助けて下さい！　私は朗らかでいたいのです。あなたの妻は朗らかなのです。一枚の写真を挟んでおきます。私がどんなに可愛くて有能で朗らかか、その写真はあなたに教えることでしょう。

私がそれにもかかわらずあなたの心配に関与し、そのために苦しむことは、あなたを愛しているのだから、全く当然だと思っています。

ニーハンスの療法ですが、もし彼という人について考えるなら、私もとても懐疑的です。しかし、彼のアイデアは確かにドイツでは高く評価されており、危険はありません。私たちが会えるとしたら、あなたに説明するでしょう。

あなたの第三交響曲はどうですか？　そしてシーメンスの試みは？

アメリカへの小旅行は断れないのですか？

子供たちが来てこの手紙をすぐに投函してくれるでしょう。

あなたのE

WFからEFへ
ベルリン
一九五四年九月二十二日

最愛の人よ、
何をすべきか、僕は全く途方に暮れている。まず知りたいのは、僕が自力で（レーヴェンシュタインなしで）再び健康（何より睡眠）になれるかどうかということだ。もしそれが駄目なら、ヴィーンへ行く前に一、二日バーデン＝バーデンに行く。

最愛の人よ、僕たちはずいぶんと長い間離れて暮らしているね。君に会いたい。会えない時ほど、いかに僕たちが互いに結ばれているかを思う。

写真はなかなかいい。ねえ、僕は息子を愛している。彼は本当に多くを君から受け継いでいるね。そして、ただ僕が願うのは、彼が他にも何かを持っていることだ。僕は指揮の才能を持たなかったとしたら、間違いなく不幸にも奈落の底に落ちてしまっただろう。これから何が起こるかなど、誰にもわからないのだよ。

最愛の人よ、君を愛している。これはただ一つ、僕の今の人生で揺るぎない、明白なことなのだ。

W

EFとWFにとって、ヴィーンは彼らの愛の初めと終わりを意味しているようにも思われた。ここで彼らは一九四二年に一緒の道を歩み始めたのであり、ここで彼らの愛の悩みもはっきりと締めくくられたのである。「君が一昨日の早朝に起きて泣いていたことが、僕の頭から離れない。」（WFの手紙　一九五四年四月二十日）EFはその三日前、バッハの《マタイ》受難曲での偉大で圧倒的な最後の合唱を聴いていた。「我らは涙にくれて跪き、墓の中のあなたを呼ぶ。安らかに休みたまえ、安らかに！」一九五四年四月二十二日のEFの手紙。「《マタイ》受難曲にはいつも完全に捉えられてしまいます。何度聴いても一つの箇所が私の心に染みます。」

彼女は何を思い、何を予感したのだろう？　彼に迫る死を、あるいは思いもよらず成就した二人の愛をともかくも考えたのだろうか？　ここで私たちが思い出したい「出来事」は、レナーテ・シュヴァイツァー（一九五二年二月）、マリオン（一九五二年七月）、ツィーゲンルッカー夫人（一九五四年四月）らとのものである。それらはたんなる取るに足りないことだったのだろうか？　しかし明らかなのは、EFが自分自身に絶対的な誠実をもって生きていたことであり、このような生き方を確かに彼にも望んだということである。それは彼が自堕落な愛の遍歴をした後では、彼女には自慢になったかもしれない。「自分によって彼は誠実になった！」と。

なぜWFは最後まで「個人的な自由」に固執しなければならなかったのだろう？　そのために他人によって、何度もEFに対する中傷や侮辱が生じたにもかかわらずである。彼女をこんなにも愛しておきながら、WFは注意や知恵や遠慮によって、この自由を控えることができなかったのだろうか？　いつも彼と多くの他の女性たちとの間で生じたこと、生じたかもしれなかったことは、全くどうでも良かったのだろうか？

WFの死のほんの四分の一年前に、いかに深くEFが傷ついていたか、一九五四年九月十六日に書かれた第一の「レポレロの手紙」が示している。彼女はこれをクラランで書き、ヴィーンのシャウフラー・ガッセ二番地と封筒に宛先を書いているが、切手は貼っていない。斜めに彼女の「発送せず」という書き込みがある。WFがこの手紙を読んでいない可能性は大きい。

EFからWFへ
クララン

一九五四年九月十六日

最愛の人よ、

あなたの手紙はまだ着かないので、今日はもう来ないでしょう。おそらくその手紙を、伯爵夫人は自分のコレクションに加えてしまったのです。

ココシュカは最近笑いながら言いました。しかし基調は怒りながらです。「僕くらいの歳だと、こちらがキスをしたくても相手は友人でいようとし、こちらが友人でいたい相手はキスをしてこようとするんだ。」とても面白い話だと思いました。私はザルツブルクの後、あなたと話す時間がほとんどありませんでした。あなたがそこにいても、私は自分の尊敬の気持ちや悪く思われないために、あなたと話すことは忘れたのだと言わねばなりませんでした。

あなたがそこにいる時はいつでも、つまらないことを考えるような時間はありません。しかし、自分一人になると、本当に辛い気持ちになります。

私は海か森にでもなってしまいたい。しかし、その道はまだ難しく、近いように見えて遠いのです。

ザルツブルクで手に入れたのは―あなたはもうルツェルンへ発ってしまいました―一通の手紙です。「レポレロ」と署名されていて、詩になっています。それを私は自分を苦しめないためにすぐに破りました。なので、ほんの一部しかわかりません。

「愛する、尊敬する夫人、
ずる賢いマエストロ。」
(それから拍手が出て、しばらくすると止む)
「さあ、楽しみましょう。
それを同じようにするのです。
レポレロ」

私は海や森のようになってしまいたいのです。そして何を私は持っているというのでしょうか？　あなたにこれを隠したり、この種の「冷やかし」を簡単に飲み下す力すら、私にはまだありません。

私の自尊心は、この四年間であまりに多くの「平手打ち」を受けました。そして、ますます打たれ弱くなっているのです。ものすごく疲れているから、とても良く眠れます。学生時代のように、ベッドに沈み込み、あなたのことを思います。あなたがそして子供たちが守られるようにと。そうすると安らぎが訪れ、全てはまた良くなります。

確かに私はもともと子供のような無垢な信仰を持っています。お願いですから―これら全てを書かねばならないにしても―それによってあなたは苦しまないで下さい。私はあなたを愛しています。そして、他人からのくだらぬ視線やおしゃべりのことを思っても、あなたとの愛さえあればそれは既に一つの恩恵なのです。

あなたは巨人であり、全てが可能であり、許されています。私が弱いのはあなたを愛するからであり、あなたが強いのは私を愛するからなのです。

結局、あなたから一通でも手紙を受け取っていれば、私も強くなり、おそらくあなたに全てを書いたりはしなかったでしょう。でも、ずいぶん長い間、手紙を受け取っていないのです。

あなたのエリーザベト

「思うのですが、私があなたをいつも一途に愛するのは、あなたには負担になることがあるのではないですか。きっと退屈でもあるのでしょう。」　こうEFは一九五一年の春に葉書に書いている。その裏側はラファエロの聖母の絵になっていて、美しく清らかだ。「この絵はマリアの婚約であり、とてもすばらしい絵です。春にミラノで見ました。」彼女は劇場人のバルロクから「聖エリーザベト」と名付けられている。おそらく彼女は「聖マリア」でもあったろう。人間的にも性格的にもぴったりである。

もう一度彼女自身の言葉を引用するのが良いかもしれない。「私の母はお金を求めたけれど、私は人柄の良さを求めたのよ。」（二〇〇五年十一月六日）　WFはこの点で彼女に似ていなくもなかったが、彼はそれを彼女よりも軽んじた。EFは彼を無条件に愛していたが、何度も彼をめぐって戦わねばならなかった。彼は彼女をめぐって戦う必要はなかった。なぜなら、彼に対し彼

女は、献身的に謙虚に従ったからだ。「あなたは巨人であり、私は小人です。」（EFの手紙。一九五四年四月一日）

三日間、彼女は「レポレロの手紙」をそのままにしておき、WFにその内容について詰問しなかった。確かに疑わしいのは、惨めな健康状態であるにもかかわらず、彼がそんなことをしたのかということだ。

ようやく決心したEFは、一九五四年九月十九日に「レポレロ」の物語をさりげなく質問している。その際、彼女は屈辱的な詩を引用するのは全くあきらめた（「女性としては賢い」──一九八五年六月十二日）。他にもたくさん語るべきことはあった。なぜなら、「皇帝邸」から「バセ・クーロ」への引っ越しが迫っていたからである。WFはヴィーンでの《ヴァルキューレ》の録音と、バート・ガスタインでの湯治の後、ようやくクラランに戻って来た。それから彼は─これは悲劇的でもあるが─彼自身の家で数週間しか過ごすことができなかったのである。

子供たちとの関連では、「ロベルト・ベンツィ」と「ハウエルト」の名前が出てくる。ベンツィは、指揮をする神童だった。他に例を挙げるならロリン・マゼールのような存在である。ベンツィは十一歳の時、パリで初めてオーケストラを指揮した。EFの子供たちはモントルーで、指揮する十六歳の彼を見たのである。ロジャー・ハウエルトは有名な写真家であり、一九五十年代にスイスのキスタ一社からフルトヴェングラーやカラヤンなどの写真集を何冊も出版している。

EFは子供たちのことを考えている時でさえ「謙虚」だった。おそらく、これはそもそも相手の人格への、そしてもちろん自身の家族への彼女の畏敬だろう。彼女は保護するパトロンたろうとしたのだ。しかし、二人が一緒にもうけた息子アンドレアスのために、彼女は自分からは「全く何も助けようとしなかった」ということを、WFはそれから一九五四年九月二十二日の手紙でやんわりと指摘している。「僕は息子を愛している。彼は本当に多くを君から受け継いでいるね。」そこでの彼らのやり取りは、美しいものに思われる。

一九五六年のザルツブルクの《魔笛》を、WFは無理に引き受けていた。しかし、ここでもわかるのは、EFは懸命に彼のその負担を軽くしようとしたのだろうということだ。ココシュカが彼の同年輩の友人によって恐ろしくがっかりさせられることになるのを、この時点ではまだ知らなかったのは良かった。

WFの信頼する医師であるレーヴェンシュタイン博士は、ヴィーンでの録音が済んだら、三週間バート・ガスタインで湯治するよう彼に助言していた。一九五四年十月七日、地下の坑道の中で刺激して血液循環を促進する治療が始まるはずだった。

彼の精神的ストレスは、いつも自作の第二交響曲から生じていた。どんな人も―彼自身を除き―一時間半かかる作品は長すぎると思ったのだ。これは既に一九五一年にこの曲を録音する際に問題となったし、プログラムを組む際には根本的な問題となった。一晩のコンサートを埋めてしまうような長い作品は、そもそも他のどんな曲とも組み合わせられない。協奏曲などとは全く無理である。そこで皆がこの作品は短縮すべきだと言った。WF自身も―反対だったが―そうする用意はあった。

《ペネローペ》はロルフ・リーバーマン作曲の二幕物のオペラで、一九五四年八月十七日にザルツブルクで初演されている。ある時WFがリヒャルト・シュトラウスを「不倶戴天の敵」と呼んだのであるなら、確かにハインリッヒ・シュトローベルもそうだったのだ。シュトローベルは彼の雑誌『メロス』によってWFを取り上げた時、他の全ての現代音楽を擁護した。WFは同じ雑誌でシュトローベルに喧嘩を売りたくてたまらなかっただろう。《ペネローペ》の台本作家でもある彼に対して、WFは前から不快感を抱いていた。

EFからWFへ
クララン
一九五四年九月十九日

最愛の人よ、

今あなたはまさに自分の交響曲を指揮していることでしょう。電報がなかったことからすると、どうやら交響曲は生中継されていないようですね。

子供たちはロベルト・ベンツィの総練習にハウエルトと行きました。ハウエルトは昨日パリから着き、同封の写真を持って来てくれました。

ベルリンからのあなたの手紙は、私の心をしゃんとさせてくれました。今日は皇帝邸での最後の日曜日です。皆は私以外ちょっと感傷的です。私はそうなりたくないのです。なすべきことがたくさんあるのです。

私が子供たちのことを思う時、謙虚と感謝で心は一杯にもかかわらず、あなたがどこかの別の女性と息子をもうけることなどがないようにと願ってしまいます。彼があなたにとても似ているのは、私があなたを恐ろしいほど愛しているからなんでしょう。最近ココシュカはちょっと苦みを込めてこう言いました。「僕がキスをしたい女は友だち付き合いで良いと言うし、こちらが友だち付き合いしたい女はキスをしたがる。」これに私はショックを受けました。後になってですが。そして、このザルツブルクで手に入れたいまいましい詩の手紙のことを思い出したのです。あなたは既にルツェルンに旅立っていました。そして、その手紙には「レポレロ」という署名がありました。しかし、気を取り直しましたから、私はあなたの手紙を見ても優しいのです。

(詩を破り、そもそも何も言いたくなかったのですが。)

あなたは《魔笛》をなさるつもりなのですか？　私は全くそれには反対です。

レーヴェンシュタインはガスタインから何と書いてきていますか？　そして、それはいつ頃になりそうですか？

ドルトムントの演奏会は、恐れていたのが誤りで、とにかく全体はかなり良かったのです。そしてベルリンでの曲のカットをあなた自身はどう思いましたか？

あなたのことを思うのは愉快です。もし私が—今や再びそうであるように—計画や情熱でいっぱいの時には。

ブザンソンの批評は、実際は良いのですよ。

今夏のあなたの最も大きな成功は、ルツェルンとバイロイトでした。疑いの余地は全くありません。

《ペネローペ》についての批評は過大です。あらゆる点でです。あなたが初演の時にいなかったのは本当に良かった。潜水艦の冗談に出てくるオウムのように、私はただ「くそ芝居」と唱えるだけです。笑うのなら新しい冗談がありますよ。

あなたの、ああ、いつも以上にあなたの、エリーザベト

ＷＦからＥＦへ

ベルリン

一九五四年九月二十三日

最愛の人よ、君がザルツブルクでもう「レポレロ」についての手紙を得ていたことを、僕に言ったことはなかったね。それには驚かない。むしろ、そんな手紙が君の性に合わないということに驚いたのだ。常にこのような文章を書くことに情熱を感じる人々がいるものなのだ。君がそもそもこれについて思うことがあるなら、僕にも教えてくれるのが一番良いことなんだが。ココシュカが言ったことは、僕らには当てはまらない。僕を悲しませたのは少し違うことだ。君はそれを知っているし、僕は君を愛し、尊敬し、キスをしたいのだ。

ヴィーンにおいては、ザルツブルクやヴィーン・フィルのゆえに大きな決断となる。だから君はそこにいなければならない。僕はほぼ一つの計画を立ててある。

さようなら、最愛の人よ、心の中で君にキスをしよう。

W

僕がカッペンベルクからスウェーデンボルクについて書いた手紙は受け取っているかい？

WFからEFへ
ベルリン
一九五四年九月二五日

最愛の人よ、
今日は最後の日だ。
善き意図があっても実行が伴わねば破滅に至るとしたら、今がまさしくその時だろう。そこでも僕はまだ天国があると信じ、君に会えるのを楽しみにしている。最愛の人よ、君を愛している。

昨日、医者から言われたのだが、僕の耳はもう手に負えなくて、血液循環障害を起こしているので、内科医の治療を受けるべきだそうだ。このような（音楽家の）場合、補聴器は役に立たないと彼は言う。レーヴェンシュタインの言ったことと基本的には同じだ。

さようなら、最愛の人よ。

君に千回キスをしよう。すぐにそれを実際にできるということだけを願っている。

W

WFはまだ治癒への希望を失っていなかった。ヴィーンでの《ヴァルキューレ》の録音はすばらしい出来栄えとなった。十月六日に録音は終わり、彼は満足し幸福だった。しかし、すぐにバート・ガスタインでの湯治を始めると、聴覚が悪化し、加えて発熱した。EFは彼をクラランの新居「バセ・クーロ」に連れて行く。しかし、ビタミンだけでは—彼がそれを望んだのだが—気管支炎は治らなかった。家族が驚いたことには、彼は死について話し、自分をエーバーシュタインブルクまで連れて来させたのだった。そして一九五四年十一月三十日、彼は自ら選び取った終着点に達した。耳の聞こえない音楽家として生きることなど、彼には全く考えることができなかったのだ。

訳者あとがき

エリーザベト・フルトヴェングラー夫人はいまだお元気でスイスのモントルー近郊のクラランに住んでおられる。一九一〇年生まれの彼女は現在一〇一歳。まさに驚異と言う他はない。本書の原題は『エリーザベト・フルトヴェングラー　九五歳の少女』というのだが、九五歳は原書の刊行時の歳なので、この邦訳では思い切って現在に合わせて『一〇一歳の少女』という、さらにインパクトのある副題に変えさせていただいた。

私が初めて夫人とコンタクトを持ったのは、一九九三年に遡る。音楽大学でフルトヴェングラーの作曲作品について研究していた時のことだ。彼の作曲資料はほとんどがチューリヒ中央図書館に収められていることを知り、自筆譜をコピーやマイクロフィルムで日本に送ってもらった。エリーザベト夫人は夫の没後その作曲原稿を全てこの図書館に寄贈し、一般に閲覧できるようにしてくれていたのである。その恩恵をこうむり、私もフルトヴェングラーの作曲に関する研究を進めることができた。不明な点を夫人に直接質問して解決したこともあった。

夫人との実際の対面は一九九七年にかなった。この年ドイツのイエナ大学で行われたフルトヴェングラー祭に彼女も出席したからである。私も夫人に挨拶をしたが、気さくで誰でも分け隔てなく接する。生前のフルトヴェングラーもこうした夫人の性格に心安さを覚えていたのではないか。ここで行われたシンポジウムで彼女は夫の思い出を語った。興奮してくると、夫の口調が乗り移ったようになり、当時九十歳近い高齢とは思えないほど大きな声（叫び）をあげるのには驚いた。

その後も、クラランの「バセ・クーロ」に夫人をたびたび訪問し、生前のフルトヴェングラーが愛用したピアノのある書斎で、お茶菓子をごちそうになりながら話す機会を得たが、あらためて子供のように無邪気で純粋な夫人の性格を再認識させられた。

日本にはとても熱心なフルトヴェングラーのファンがいることを、夫人は嬉しく思っている。夫人宅には、ときおり日本からの訪問者があり、手紙の類はしょっちゅう届けられるようだ。夫人はそうした写真や手紙のいっぱい詰まったアルバムを運んできた。しかし、その中味についての記憶は不確かであるらしく、「この人を知っているか」と何度もたずねる。

突然、目の前から夫人の姿が消え、「野口さん、いらっしゃい」という声が後ろからした。バルコニーに出ると一面に壮大な夕焼けが広がっていた。その美しさに見入る夫人の横顔は少女のようで幸せそうだった。

こうして三時間ほどはすぐにたってしまい、辞去するためにタクシーを呼ぼうとすると、夫人が外出の身支度を始める。どうしてかたずねると「私がタクシーよ!」

亡夫顔負けの豪快なハンドルさばきとスピードでモントルー駅まで送っていただいた。毎日のように買い物で車に乗っているとのことだったが、一〇一歳の今ではさすがに乗らなくなったそうだ。

エリーザベト夫人には、自著が一冊ある。一九七九年に出版された『回想のフルトヴェングラー』がそれで、わが国でも仙北谷晃一氏による翻訳で愛読されていた。

クラウス・ラング編著の本書も、エリーザベト夫人の肉声を伝えるという意味では、自著に次いで、また自著を補う多くの認識を与えてくれる興味深い一冊と言えよう。

本書を読めばわかるように、自分についての本を刊行することに、彼女は本来積極的ではなかった。この世紀の大音楽家と結婚してから、夫の死後五八年を数える現在まで、一貫して夫の音楽と人間についての語り部であることに徹すること、それは夫人の変わらぬ基本姿勢である。

しかし、クラウス・ラングの巧みな誘導により、夫人から引き出されてくる話も大変に面白い。特に当時としては型破りで、奔放な男性遍歴を持つ母「カティンカ」は、実に強烈な存在感を持った女性であり、それは良くも悪くもエリーザベト夫人の性格形成に大きな影響を与えていると思える。堅実な法律家で実業家のハンス・アッカーマンと最初の結婚をし、四人の子供をもうけ、平和な生活を望んでいたのも彼女なら、後にフルトヴェングラーを巡って異父姉妹のマリアとの間で凄まじい葛藤を味わうことになるのも、同じ彼女なのであった。そして、ついにエリーザベト夫人は、ある意味では母「カティンカ」以上にやっかいな男と結ばれることになる。この偉大な音楽家である夫を心から愛し尊敬しながらも、彼女には心身共に安らぎを覚える時はほとんどなかったに違いない。なぜなら、彼女が直面したものは、これまで同業の音楽家、評論家、愛好者の口から語られてきた、異口同音の尊敬や、ほとんど神格化に近くなっている賞賛の念、つまり「音楽家フルトヴェングラー」とは趣の違う「人間フルトヴェングラー」だったのだ。

ベートーヴェンの指揮よりも、夫人との愛が大事だと言ってはばからない指揮者フルトヴェングラー。本来の使命であるべき作曲に専心せず、ついつい指揮の仕事を引き受けすぎて体調を崩し、夫人から叱咤される作曲家フルトヴェングラー。結婚してからも旅行先でいろいろな女性関係を持ち、それが夫人にばれて必死で弁解をする色男フルトヴェングラー。慢性的な不眠や前立腺の不調に怯え、少しでも信用できる医者を探す老人フルトヴェングラー。極めて精力的で偉大な音楽的業績の裏で、彼も弱い一人の男として、生老病死を経験し、喜怒哀楽を生きていたのだ。

二人のたった一〇年の結婚生活で、これだけ多くの手紙が残されたということは、裏を返せば、いかに二人が一緒に過ごす時間が少なかったかということでもある。二人にとって別れて暮らすのはとても辛いことだったろう。電話事情も今とは比べものにならないほど悪い。もしも当時、携帯電話が普及していたら、手紙もずっと少なくなっていたことだろう。いや電子メールが飛び交って、手紙などは書かれまい。そんな安直な通信手段がなかったからこそ、手紙の内容は一期一会の情熱を帯び、後世の読者にとっては当時の様子を追体験できる貴重な資料となったわけだ。その皮肉な幸運のような結果は、彼の残した演奏録音や作曲作品の本質についても言えるのではなかろうか。

本書の翻訳をお勧めいただいた芸術現代社の大坪盛社長には、大変にお世話になった。また、ドイツ語学研究者の宮澤義臣氏をはじめ、翻訳上の疑問にお付き合いいただいた方々にも心より感謝を申し上げたい。

二〇一二年七月

野口　剛夫

Lang, Klaus: *Herbert von Karajan, der philharmonische Alleinherrscher* (Schott, 1992)

Lang, Klaus: *"Lieber Herr Celibidache...", Wilhelm Furtwängler und sein Statthalter.* Ein philharmonischer Konflikt in der Berliner Nachkriegszeit (Schott, 1988)

Matzner, Joachim: *Furtwängler, Analyse, Dokument, Protokoll* (Atlantis Musikbuch, 1986)

Muck, Peter: *Einhundert Jahre Berliner Philharmonisches Orchester, Darstellung in Dokumenten.* Drei Bände (Hans Schneider, 1982)

Oehlmann, Werner: *Das Berliner Philharmonische Orchester* (Bärenreiter, 1974)

Prieberg, Fred K.: *Musik im NS-Staat* (Fischer, 1982)

Prieberg, Fred K.: *Kraftprobe, Wilhelm Furtwängler im Dritten Reich* (F.A. Brockhaus, 1986)

Rickmers, Moni: *Aus meinem Tagebuch* (Privatdruck, 2002)

Schmoll, Regina: *Die Münchner Philharmoniker von der Gründung bis heute* (Universitätsdruckerei und Verlag Dr. C. Wolf und Sohn, 1985)

Stresemann, Wolfgang: *"... und abends in die Philharmonie".* Erinnerung an große Dirigenten (Kristall bei Langen Müller, 1981)

Stresemann, Wolfgang: *"Ein seltsamer Mann ...".* Erinnerung an Herbert von Karajan (Ullstein, 1991)

Stresemann, Wolfgang: *Zeiten und Klänge.* Ein Leben zwischen Musik und Politik (Ullstein, 1994)

Stresemann, Wolfgang: *Philharmonie und Philharmoniker* (Stapp, 1977)

Umbach, Klaus: *Celibidache, der andere Maestro* (Piper, 1995)

Walton, Chris: *Wilhelm Furtwängler in Diskssion.* Werkverzeichnis (Amadeus, 1996)

Weiler, Klaus: *Celibidache, Musiker und Philosoph* (Schneekluth, 1993)

参考文献

Furtwängler, Elisabeth: *Über Wilhelm Furtwängler* (F.A. Brockhaus, 1980)

Furtwängler, Wilhelm: *Aufzeichnungen 1924 - 1954* (Atlantis Musikbuch, 1980)

Furtwängler, Wilhelm: *Die Programme der Konzerte mit dem Berliner Philharmonischen Orchester, 1922 - 1954* (F.A. Brockhaus, 1958)

Furtwängler, Wilhelm: *Konzertprogramme, Opern und Vorträge, 1947 - 1954* (F.A. Brockhaus, 1980)

Furtwängler, Wilhelm: *A. Discography, compiled by Henning Smidth Olsen* (L.Schipper and the north american Wilhelm Furtwängler Society, 1973)

Furtwängler, Wilhelm: *Der Musiker und sein Publikum* (Atlantis, 1955)

Furtwängler, Wilhelm: *Vermächtnis. Nachgelassene Schriften* (F.A. Brockhaus, 1975)

Furtwängler, Wilhelm: *Briefe, herausgegeben von Frank Thiess* (F.A. Brockhaus, 1980)

Geissmar, Berta: *Musik im Schatten der Politik* (Atlantis Musikbuch, 1945)

Gillis, Daniel: *Furtwängler and America* (Manyland Books INC., 1980)

Haffner, Herbert: *Furtwängler* (Parthas, 2003)

Hellsberg, Clemens: *Demokratie der Könige. Die Geschichte der Wiener Philharmoniker* (Schott, 1992)

Herzfeld, Friedrich: *Wilhelm Furtwängler, Weg und Wesen* (Wilhelm Goldmann, 1941)

Höcker, Karla: *Wilhelm Furtwängler, Begegnungen und Gespräche* (Rembrandt, 1961)

Höcker, Karla: *Wilhelm Furtwängler, Dokumente - Berichte und Bilder - Aufzeichnungen* (Rembrandt, 1968)

Höcker, Karla: *Begegnung mit Furtwängler* (C. Bertelsmann, 1956)

Höcker, Karla: *Die nie vergessenen Klänge. Erinnerungen an Wilhelm Furtwängler* (Arani, 1979)

Hunt, John: *The Furtwängler Sound. Discography* (Short Run Press, 1996)

Hunt, John / Squire, John: *Furtwängler and Great Britain* (Wilhelm Furtwängler Society UK, 1985)

●著者略歴
クラウス・ラング
Klaus Lang

1938年、ガイスリンゲン・アン・デア・シュタイゲ生まれ。ベルリンの劇場で音響技師としてエルヴィン・ピスカートルと4年間共同作業をする。セルジュ・チェリビダッケやヘルベルト・フォン・カラヤンと親しく接した体験は、数々の放送番組になっただけでなく、2冊の刺激的な著作に結実した。SFB（自由ベルリン放送）で制作した300もの音楽番組のうち、いくつかは国際的な賞を受賞している。

●訳者略歴
野口　剛夫
（のぐち　たけお）

中央大学大学院（哲学）、桐朋学園大学研究科（音楽学）を修了。作曲理論を別宮貞雄氏に師事。研究、翻訳、講演、指揮、作編曲など多方面に活動している。現在、東京フルトヴェングラー研究会代表、ジャパン・エレクトロニック・オーケストラ音楽監督。監修書に『フルトヴェングラー歌曲集』（音と言葉社）、訳書にシェンカー著『ベートーヴェン　第5交響曲の分析』、レルケ編『指揮棒は魔法の杖？』（以上　音楽之友社）、作曲に《ピアノのためのコンポジションズ》、交響詩《神代の調べ》などがある。

エリーザベト・フルトヴェングラー
101歳の少女
フルトヴェングラー夫妻、愛の往復書簡

著　者　クラウス・ラング
翻訳者　野口剛夫
発行者　大坪　盛
発行所　株式会社 芸術現代社
〒111-0054
東京都台東区鳥越2-11-11
TOMYビル3F
TEL 03（3861）2159
FAX 03（3861）2157
制　作　株式会社 ソレイユ音楽事務所
印　刷　文唱堂印刷株式会社

2012年9月30日 初版発行
ISBN978-4-87463-193-5